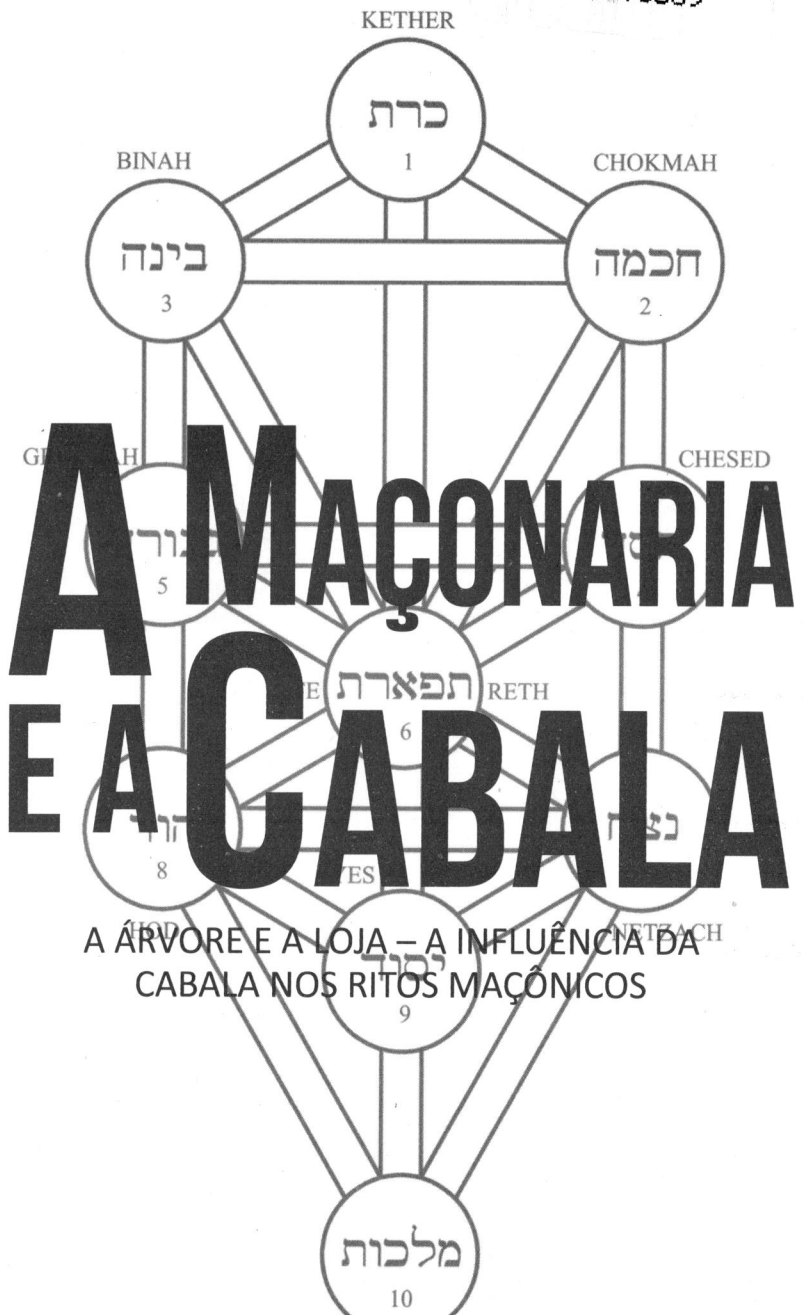

A Maçonaria e a Cabala

A ÁRVORE E A LOJA – A INFLUÊNCIA DA CABALA NOS RITOS MAÇÔNICOS

João Anatalino Rodrigues

A Maçonaria e a Cabala

A ÁRVORE E A LOJA – A INFLUÊNCIA DA
CABALA NOS RITOS MAÇÔNICOS

© 2023, Madras Editora Ltda.

Editor:
Wagner Veneziani Costa (*in memoriam*)

Produção e Capa:
Equipe Técnica Madras

Revisão:
Jerônimo Feitosa
Ana Paula Luccisano
Maria Cristina Scomparini

Dados Internacionais de Catalogação na Publicação (CIP)
(Câmara Brasileira do Livro, SP, Brasil)

Rodrigues, João Anatalino
A maçonaria e a cabala: a árvore e a loja:
a influência da cabala nos ritos maçônicos/João
Anatalino Rodrigues. – São Paulo: Madras, 2023.
Bibliografia.
2.ed
ISBN 978-85-370-1108-9
1. Cabala - História 2. Maçonaria 3. Maçonaria -
Ritos 4. Maçonaria - Simbolismo 5. Maçonaria e cabala
I. Título.

17-10420   CDD-366.1

Índices para catálogo sistemático:
1. Ritos maçônicos: Influência da cabala:
Sociedades secretas 366.1

É proibida a reprodução total ou parcial desta obra, de qualquer forma ou por qualquer meio eletrônico, mecânico, inclusive por meio de processos xerográficos, incluindo ainda o uso da internet, sem a permissão expressa da Madras Editora, na pessoa de seu editor (Lei nº 9.610, de 19/2/1998).

Todos os direitos desta edição reservados pela

MADRAS EDITORA LTDA.
Rua Paulo Gonçalves, 88 – Santana
CEP: 02403-020 – São Paulo/SP
Caixa Postal: 12183 – CEP: 02013-970
Tel.: (11) 2281-5555 – (11) 98128-7754
www.madras.com.br

ÍNDICE

Introdução 11
CAPÍTULO I
O QUE É A CABALA 14

    Um sistema de linguagem 14
    Um código secreto 15
    Guematria, notaricom e temura 16
    As duas vertentes da Cabala 18
    Palavras de poder 20

CAPÍTULO II
AS ORIGENS DA CABALA 22

    Os primeiros cabalistas 22
    A Cabala medieval 24
    Fílon e Maimônides 24
    Isaac Luria 28
    A Cabala renascentista 30
    A Cabala moderna 30

CAPÍTULO III
CABALA E PSICOLOGIA 32

    Cabala e alquimia 32

Jung e o mundo dos arquétipos 33
O poder dos arquétipos 34
Filosofia de autoajuda 35
Luz "pensante" e Luz "perdida" 37

CAPÍTULO IV
O SIMBOLISMO DA CABALA 38

Mercabá, o Carro de Deus 38
A estrutura do universo 39
Metatron ou Relâmpago Flamejante 41
Shehiná, a presença divina no mundo 42
A Shehiná e o Big Bang 44
A Maçonaria e o tema do Apocalipse 45

CAPÍTULO V
A CABALA E A GNOSE 48

Semelhanças e diferenças 48
O que ensina a Gnose 50
A Gnose moderna 51
A Gnose e o atomismo 52
Gnose e hiperfísica 53
O que diz a Cabala 54

CAPÍTULO VI
O UNIVERSO CABALÍSTICO 57

A ordem no Caos 57
Deus "não joga dados" 59
Ciência e religião 60
A "partícula Deus" 62
A mística a serviço da técnica 63
O segredo do Tabernáculo 65
O templo e o homem 66
Criacionismo e evolucionismo 68
Só se Deus não existisse 69

CAPÍTULO VII
A "HIPÓTESE DEUS" 71

A "Hipótese Deus" 71
A ciência e a Bíblia 72
"Existência negativa" e "Existência positiva" 73
O "parto de Deus" 75
Os "sete mundos" da Cabala 77
O Grande Arquiteto do Universo 78

CAPÍTULO VIII
O INEFÁVEL NOME DE DEUS 81

Shemhamforash: o Nome de Deus 81
O poder do Nome Sagrado 82
O segredo da Arca da Aliança 84
O Nome de Deus na Maçonaria 85
A Lenda de Enoque 86
O tetragrama sagrado 88
As colunas do Templo 90
O significado da lenda na Maçonaria 91
A cristianização da lenda 92

CAPÍTULO IX
A ESCADA DE JACÓ 95

A Visão de Jacó – a Merkabah 95
As sete leis herméticas 97
Fluxo energético 100
Simbolismo arquetípico 101
O Cavaleiro Noaquita 102

CAPÍTULO X
OS QUATRO MUNDOS DA CABALA 104

Tzimtzum 104
Os quatro mundos da Cabala 107
Atziloth, o Mundo da Origem 108
Briah, o Mundo da Criação 109
Yetzirah, o Mundo da Formação 110
Assiah, o Mundo da Ação 111
Cabala e ciência: unificação teórica 112

CAPÍTULO XI
A ÁRVORE DA VIDA 115

    A teoria das sefirot 115
    Os planos do Criador..117
    A Árvore da Vida e a Tetractys 118
    A estrutura da Árvore da Vida 119
    Ayn, Ayn Sof e Ayn Sof Aur 120
    O significado das sefirot 121
    A função das sefirot 123

CAPÍTULO XII
O HOMEM E A ÁRVORE DA VIDA 124

    Árvore da Vida e Árvore do Conhecimento 124
    O despertar da consciência...126
    A interpretação científica 127
    A árvore biológica do ser humano 128
    O pecado de Adão 129
    A desordem cósmica 131
    Tikun: a restauração da ordem 133
    A função do Messias..133

CAPÍTULO XIII
A CABALA E OS MISTÉRIOS ANTIGOS 136

    As religiões antigas 136
    Os mistérios antigos 137
    O sacrifício da completação 140
    O sacrifício do homem moderno......................................141
    Hiram Abiff: o sacrificado da Maçonaria 142

CAPÍTULO XIV
O HOMEM UNIVERSAL 144

    Adão Kadmon 144
    O "filho da Terra" 145
    Luz, som e número...146
    O vasto semblante e o Ancião dos Dias...........................148

Elohim é a natureza..149
A CPU cósmica...150

CAPÍTULO XV
A ÁRVORE DA VIDA E O DECÁLOGO..........................152

Cabala, a Ioga do Ocidente...152
A Árvore da Vida e o Decálogo...153
Mitzvot: os Dez Mandamentos..154
Berur, templos à virtude, masmorras ao vício.......................166

CAPÍTULO XVI
O PROCESSO CÁRMICO...168

O sentido da vida...168
O que diz a Cabala...170
Carma é ação..171
Lei da causa e efeito..172
O processo cármico...174
O princípio da transformação..175
A finalidade da reencarnação...176
Cabala, Budismo e Cristianismo...177
O Messias cabalístico..178

CAPÍTULO XVII
O PROCESSO CÁRMICO E A MAÇONARIA................180

O que é a vida?..180
Um processo dirigido..181
Recordando Plotino...182
Os rituais maçônicos...184
A questão da reencarnação..185
A finalidade da ressurreição..186

CAPÍTULO XVIII
A TRANSMIGRAÇÃO DAS ALMAS...............................189

Guilgul neshamot..189
O *Shevirá*..190
Jesus, mestre cabalista..191
Nefesh (espírito vital), Ruah (mente) e Neshama (alma).....193

  A influência na Maçonaria 195

CAPÍTULO XIX
A ÁRVORE E O TEMPLO 197

  A Árvore e o Templo 197
  Kav, o relâmpago brilhante 200
  Caminhos da sabedoria 202
  Planos estruturais do universo 203

CAPÍTULO XX
AS SEFIROT E OS OFICIAIS DA LOJA 205

  A composição da Loja 205
  Kether, o Trono do Venerável 206
  Daath, o Livro da Lei 207
  Triângulo da Emanação 208
  Triângulo Ético 210
  Triângulo da Confirmação 211
  Malkuth, o Cobridor Interno 213

Conclusão 215
Bibliografia 218

Introdução

    Cabala e Maçonaria são duas tradições que se interpenetram e se associam para formar uma vigorosa doutrina de aperfeiçoamento pessoal e uma forma de conhecimento do universo, que amiúde não se encontra em nenhuma outra atividade especulativa desenvolvida pela mente humana.

    Não sabemos precisar quando essas duas poderosas gestações do pensamento humano fizeram intercessão, mas é lícito pensar que ambas coexistiram desde as primeiras manifestações de consciência expressas pelo homem. Não como uma sabedoria organizada, é claro, mas como uma intuição que nasceu com a própria sensibilidade de que havia algo mais a justificar a origem do universo e da própria vida que ele hospeda.

    A Maçonaria, como sabemos, é uma ideia arquetípica que foi inspirada no inconsciente coletivo da humanidade pela necessidade que as primeiras civilizações tinham de preservar os elementos essenciais de sua cultura. Essa ideia era a de que as pessoas mais representativas de uma sociedade precisam criar dentro de suas comunidades grupos de escol, unidos por um ideal comum, para compartilhar de determinadas informações que não devem cair no domínio público. Isso porque, segundo a ótica desenvolvida por esses grupos, são tais informações que constituem o núcleo do poder que conserva o equilíbrio de suas sociedades.

    Desde cedo, na história das civilizações, essa ideia se confundiu com certas particularidades dos credos religiosos adotados pelos mais diversos povos e, depois, evoluiu para uma prática que passou a nortear suas próprias vidas comunais. A religião adotada pelas Confrarias se tornou a religião do Estado, e a moral por elas desenvolvida cristalizou-se em práticas de vida que, mais tarde, lastraram os ordenamentos jurídicos. Nasceu dessas atividades o lastro civilizatório das cidades antigas, desenvolvido em torno de um núcleo de tradições comuns, compartilhadas primeiro por um clã, depois pelos grupos que a ele se agregavam, fosse pela adesão pura e simples, ou pela conquista guerreira e depois pelo povo que se constituiu em nação.[1]

É, precisamente nesse sentido, que temos na comunidade de Israel (Knesset Yisrael) a primeira experiência maçônica da história, pois ela foi constituída como uma comunidade santa, onde todos são tidos como mestres e aprendizes, unidos para a construção de um edifício sagrado, substantivado em uma nação "eleita" e simbolizada em um templo (o Templo de Salomão).

Não é difícil perseguir, no tempo e na história, a evolução das leis que formataram o pensamento dos povos antigos e os seus comportamentos na vida prática. E é fácil também verificar que a origem de todas as legislações está vinculada a arquétipos religiosos, cultivados a princípio pelo núcleo das elites que detinham a prerrogativa de comunicar-se com os deuses locais e deles interpretar a vontade. É nesse sentido que as primeiras expressões de uma ordem jurídica sempre surgem como reflexos de uma "vontade divina" que se manifesta por meio de um legislador, ou de um profeta, "escolhido" pelas divindades cultuadas pelo povo, ou por um grupo de pessoas "especiais", que se supõe ter uma convivência mais próxima com elas.

A Maçonaria é uma organização construída a partir do arquétipo que nós conhecemos como Confraria. Das organizações obreiras medievais – particularmente as guildas dos construtores de igrejas –, ela emprestou a estrutura organizacional e a mística de seus ritos de passagem. Das correntes filosóficas e das ideias que permearam o pensamento religioso místico da alta Idade Média e passagem para a Idade Moderna, ela incorporou a sua base espiritual.

Não conseguimos recensear nenhum documento que mostre, explicitamente, como essa interação foi feita. Acreditamos que ela tenha ocorrido por aproximação de temas e similitude de objetivos que uma e outra tradição agasalham. E principalmente pela entrada de muitos judeus nos quadros da Maçonaria, fato que deve ter ocorrido

---

1. Ver, a esse respeito, COULANGES, Fustel de. *A Cidade Antiga*, São Paulo: Ed. Hemus. 1976.

com regularidade nas primeiras décadas do século XVIII, como bem observa Jean Palou em sua obra.[2]

São várias as influências que constituem essa base. Gnose, hermetismo, pitagorismo, alquimia e, de uma forma especial, a Cabala. Nessa antiga tradição da cultura judaica, encontramos o cerne da espiritualidade cultivada na prática maçônica. Fundamentalmente, Maçonaria e Cabala são sócias do mesmo empreendimento espiritual. Tanto que a Maçonaria pode ser chamada de a "Cabala do Ocidente", porque ambas podem ser entendidas como "jornadas em busca de luz".

O presente trabalho tem como meta mostrar a influência da Cabala nos ritos e na proposta filosófica – espiritualista da Maçonaria. Essa influência é visível praticamente em todos os ritos maçônicos, principalmente nos chamados graus superiores, nos quais os temas ligados a motivos bíblicos, constantes do Velho Testamento, nos remetem a símbolos e imagens cabalísticas que, muitas vezes, aos Irmãos que não têm nenhum conhecimento dessa tradição é difícil de entender.

Essa é a proposta deste nosso trabalho. Proporcionar aos maçons e às pessoas interessadas nesse tema uma breve e singela incursão nesse campo pouco explorado do pensamento maçônico. Não somos especialistas em Cabala. Somos apenas estudiosos dessa tradição, que neste século, especialmente, têm despertado a atenção de muitos intelectuais, que nela veem muitos paralelos com as descobertas feitas pelas ciências modernas.

Mas coletamos suficiente informação sobre as duas disciplinas para apontar as semelhanças que vemos entre ambas e justificá-las com argumentos que serão, no mínimo, interessantes do ponto de vista histórico e doutrinário.

Que esta nossa peça de arquitetura possa acender no coração dos Irmãos a mesma Luz que a sua confecção trouxe para nós. Um Tríplice e Fraternal Abraço para todos.

---

2. PALOU, Jean. *A Franco-Maçonaria Simbólica e Iniciática*. São Paulo: Pensamento. 1964.

CAPÍTULO I

O Que é a Cabala

Um sistema de linguagem

A Cabala é uma doutrina que se fundamenta em um sistema de linguagem desenvolvido pelos estudiosos da religião judaica para interpretar os textos sagrados encontrados na Torá. Seu objetivo é desvendar os grandes segredos contidos na palavra de Deus que, no entender dos mestres dessa religião, esse formidável monumento literário que os judeus legaram ao mundo encerra. Para esses estudiosos da religião de Israel, a Torá teria sido escrita em código, utilizando as propriedades que o alfabeto hebraico possui de concentrar em signos linguísticos imagens, sons e valores para criar novas palavras, apresentando a cada combinação feita um significado diferente. Ou como diz Von Rosenroth, na introdução à sua *Kabbalah Revelada*, "A Bíblia é mais que um simples livro de histórias, que está construído de forma mais elaborada que qualquer outro livro e que contém numerosas passagens obscuras e misteriosas, as quais foram bloqueadas de maneira ininteligível, com uma chave que mantém oculto seu conteúdo. Essa chave é dada precisamente na Qabalah".[3]

Assim, a Cabala se fundamenta na ideia de que o alfabeto hebraico constitui uma forma de escrita que vem de um mundo superior ao nosso, pois foi desenvolvida para fins de comunicação entre Deus e os

---

[3]. ROSENROTH, Knorr von. *A Kabbalah Revelada*: Filosofia Oculta e Ciência. São Paulo: Madras Editora, 2005.

seus agentes, os mestres construtores do universo, assim entendidas as Ordens angélicas surgidas em cada uma das etapas de manifestação da Essência Divina nos quatro mundos da sua ação criadora. Ainda segundo Rosenroth, "a Kabbalah foi delineada por Deus, para um grupo de seletos anjos que formavam uma escola teosófica no Paraíso. Depois da queda, os anjos mais graciosos comunicavam sua doutrina celestial aos filhos desobedientes da Terra, para fortalecer o protoplasma com os significados que assinalariam o caminho de regresso à sua pristina nobreza e felicidade".[4]

Como se vê, até nessa visão a Cabala canta um dueto afinado com a Maçonaria, pois, segundo o pastor Anderson, a Maçonaria também foi estabelecida por Deus, no paraíso, e dali, após a queda, teria sido espalhada pelo mundo pelo filho caçula de Adão, Seth.[5]

Um código secreto

Segundo a tradição, esses "anjos mais graciosos" ensinaram a Cabala a alguns homens na Terra, escolhidos especialmente por Deus para receber essa sabedoria, com a qual a própria humanidade pode contribuir para a tarefa de construção do mundo planejado pelo Criador. Daí o termo "Cabala" significar, em uma tradução livre, "tradição recebida", pois o seu conteúdo semântico, inacessível ao vulgo, só pode ser desvendado por alguns iniciados. Nesse sentido, ela seria uma espécie de código secreto, uma escrita sagrada, cujo significado não deve ser revelado aos profanos.

Diz-se que os sons e os valores numéricos desse alfabeto, devidamente combinados, formam palavras e signos que contêm as verdadeiras fórmulas que Deus usa para construir o universo. Conhecer cada combinação e seus significados é o grande ensinamento dessa tradição. Daí a Cabala ter desenvolvido uma semiótica própria, cujo entendimento, por parte dos não iniciados nessa disciplina, parece ser inacessível. Na verdade, o que se observa nessa antiga tradição é muito mais o uso de um sistema de comunicação, próprio das culturas orientais, que apela para a utilização frequente de um tipo particular de linguagem para dar significado aos conteúdos mais profundos da mente humana, que a linguagem cotidiana não consegue representar. Pois é somente por meio de uma pesquisa que integre as descobertas da ciência na física, na química e na biologia, com a capacidade inata do espírito humano

---
4. Idem, p. 26.
5. ANDERSON, James. *As Constituições*. São Paulo: Ed. Fraternidade, 1982.

para gerar intuições, que se pode entrar no universo cabalístico com alguma luz que nos permita "sentir" as grandes verdades reveladas por essa tradição.

Guematria, notaricom e temura

É nesse sentido que esse tipo de Cabala interessa aos maçons, já que sua arte, a Maçonaria, também se vale dessa simbologia muito particular, que é veiculada por meio de uma linguagem específica. Esse tipo de linguagem, na Idade Média, era a língua dos mestres maçons que construíam as catedrais, e também a língua dos alquimistas, dos mestres cabalistas e dos artistas em geral. Eles formavam, nesses antigos tempos, uma comunidade que cultivava um espírito diferente, rebelde, livre da dogmática conformadora que a Igreja impunha à mentalidade medieval. "Todos se exprimiam em argot; tanto os vagabundos da Corte dos Milagres – com o poeta Villon à cabeça – como os frimasons ou franco-maçons da Idade Média 'hospedeiros do Bom Deus', que edificaram as obras-primas que hoje admiramos", escreve Fulcanelli, mostrando a importância desse elemento de cultura na construção do espírito de uma época.[6] E, segundo o mesmo autor, essa forma de falar e escrever não era apenas uma brincadeira, um jogo de palavras, mas também em tudo isso havia uma verdadeira ciência, uma capacidade inata, prodigalizada aos homens pelo próprio Criador, para exprimir sua sabedoria. Porque, fora disso, diz ele, "a soberania que ele possui sobre tudo que vive perde a sua nobreza, a sua grandeza, a sua beleza e não é mais que uma aflitiva vaidade".[7]

É certo que a linguagem tem uma grande importância na estrutura da Cabala, pois esta, como construção linguística, é baseada em três processos originais de formação de palavras, conhecidos como *guematria, notaricom* e *temura*. A guematria consiste em aproximar duas palavras que têm o mesmo valor numérico no alfabeto hebreu. Como nesse alfabeto cada letra corresponde a um número, as palavras formadas com as diferentes letras representam também um determinado valor e um significado, que variam segundo esse valor.

Assim, diversas palavras, formadas com as mesmas letras, podem ter diferentes significados. As letras da palavra *Abraão*, por exemplo, correspondem ao número 248, que também têm o mesmo valor numérico das palavras misericórdia, piedade, sabedoria, etc. Desse modo, quando

---

6. FULCANELLI, *O Mistério das Catedrais*. Lisboa: Esfinge, 1964.
7. Idem, p. 58.

a Cabala se refere a alguém como sendo um "Abraão", isso significa que esse indivíduo é sábio, misericordioso, piedoso, etc. Da mesma forma, as letras da palavra *escada* equivalem ao número 130 e correspondem, em valor numérico, às palavras Sinai, subida, ascensão. Assim, subir o Monte Sinai, como fez Moisés, significa ascender até o Senhor.

Já o *notaricom* é uma fórmula que permite construir palavras novas a partir das letras iniciais ou finais de uma frase. Também serve para construir frases inteiras a partir de uma só palavra, à semelhança de um acróstico na arte da poesia. Essa fórmula proporciona aos cabalistas uma imensa profusão de construções linguísticas e um arsenal extremamente rico de interpretações da Bíblia. Com muita propriedade, Rosenroth observa que essa técnica foi manipulada com extrema habilidade pelos cabalistas cristãos para tentar provar aos judeus que Jesus era de fato o Messias das escrituras. Ele dá como exemplo de construção teológica cristã, feita com a técnica do notaricom, uma tese desenvolvida por Prosper Rugers, judeu cabalista que abraçou o Cristianismo e passou a vida tentando converter outros judeus à nova fé. Com a palavra *Bereschit,* que é a primeira do Gênesis, ele criou várias outras palavras, construindo com elas frases inteiras, para provar aos judeus que essa palavra, que significa "começo" e "criação", na verdade, se referia a conceitos defendidos pela teologia cristã, ou seja, que a vinda de Jesus já estava prevista nas primeiras frases da Bíblia, que se referem à criação do mundo.[8]

Quanto à técnica denominada *temura*, esta consiste na substituição de uma palavra, ou letra, por outra, de acordo com as combinações alfabéticas denominadas *tsirufim*. Temura significa permutação e, de acordo com as regras estabelecidas para o uso dessa técnica, uma letra é substituída por outra que a precede ou antecede no alfabeto, para formar uma palavra a partir de outra palavra, distinta tanto em ortografia quanto em significado. Rosenroth nos dá como exemplo de expressões linguísticas formadas pela técnica da *temura* as palavras *ben* (filho), *ruach* (espírito), *berackhah* (bênção), todas obtidas por transposição de letras da palavra *bereschit* (criação, princípio).[9] Assim, pelo uso de uma dessas técnicas, ou da combinação entre elas, a palavra hebraica *Gan Éden* (Jardim do Éden), por exemplo, pode assumir significados

---

8. *A Kabbalah Revelada*, op. cit., p. 28. A partir da palavra *Bereschit* ele deduziu as frases *Ben Ruach Ab Shaloshethem Yechad Themim* (O Filho, o Espírito, o Pai, Sua Trindade, Perfeita Unidade); *Bekori Rashuni Asher Shamo Yeshuah Thaubado* (Adorais meu primeiro-nascido, meu unigênito, cujo nome é Jesus).

9. *A Kabbalah Revelada*, op. cit., p. 32.

diferentes, tais como *gouf* (corpo), *nefesh* (alma), *etsem* (ossos), *daath* (ciência), *netsah* (eternidade), etc.[10]

Destarte, de acordo com esses métodos de construção linguística, há uma Torá que pode ser lida por qualquer pessoa alfabetizada e outra que só pode ser entendida pelos iniciados. É nesta última que está oculta a verdadeira sabedoria (*daath*), ou seja, aquela ciência que foi transmitida de forma oral a Abraão e confirmada pela transmissão a Moisés, no Monte Sinai, quando Jeová lhe ditou o Decálogo e os demais preceitos contidos no Pentateuco.

É nesse sentido que os Dez Mandamentos escritos nas tábuas da lei e todas as demais prescrições do Deuteronômio, inclusive as estranhas leis sobre higiene e alimentação que fazem parte dos costumes judaicos, não são meras idiossincrasias medradas pelo inconsciente de um povo supersticioso e chauvinista, como alguns autores antissemitas propagam. Trata-se, na verdade, de prescrições ditadas por intuições longamente testadas de forma empírica e crenças ancestrais rigorosamente observadas em milênios de prática social e religiosa. Por isso, cada palavra, cada símbolo, cada alegoria, cada parábola, cada nome, na língua hebraica e, por consequência, na doutrina cabalística, têm um significado literal e outro, de natureza iniciática, que encerra um conhecimento de fundo esotérico ou moral.

As duas vertentes da Cabala

Historicamente, a Cabala é trabalhada em duas vertentes. A primeira é aquela que nasceu da necessidade de os judeus criarem uma forma de linguagem que servisse de defesa contra o acirrado antissemitismo que se desenvolveu contra o povo de Israel desde as suas origens. Essa rejeição é derivada do fato de os israelitas terem desenvolvido a crença de que constituem um povo especial, eleito por Deus para ser uma espécie de modelo para a humanidade. Esse tipo de opinião ganhou destaque principalmente em círculos intelectuais da Europa Central, onde os judeus formavam colônias bastante numerosas e influentes, dominando, em vários locais, a vida econômica dessas comunidades. Daí o surgimento de um movimento sionista, que logo atraiu a oposição dos não judeus, dando origem ao virulento antissemitismo que acabou desembocando na tragédia nazista, no início do século XX.

Esse tipo de Cabala, que pode ser chamado de prática ou operativa, hospedava, em princípio, um sistema de alta magia, que tinha por

---

10. Paul Vuliou, citado por ALEXANDRIAN, Sarane. *História da Filosofia Oculta*. São Paulo: Martins Fontes, 1983.

objetivo a invocação dos poderes do mundo sobrenatural para realizar os desejos do operador. É nesse contexto que se situam os milagres, as visões e as profecias realizadas pelos antigos profetas do Velho Testamento, os prodígios efetuados por Jesus e seus apóstolos e os santos da Igreja Católica. Inspiraram também as famosas lendas cabalistas que atravessaram séculos e que ainda hoje povoam a imaginação das pessoas, servindo inclusive de fonte de inspiração para formidáveis trabalhos literários.

Mais tarde surgiu outro tipo de Cabala, que podemos chamar de filosófico ou especulativo. Este último inspirou um sistema de pensamento e uma disciplina de conduta moral que foram desenvolvidos por um grupo de filósofos, a maioria de origem judaica, a partir do século XII da Era Cristã, na região conhecida como Provença. Embora a temática desse tipo de Cabala aparecesse somente na Idade Média, e seu conteúdo tenha sofrido uma larga influência da Gnose, as raízes dessa doutrina estão fincadas em uma antiga tradição já encontrada entre os rabinos dos tempos bíblicos e utilizada principalmente por grupos sectários judeus nos séculos anteriores ao nascimento de Jesus Cristo. Pode também ser recenseada em obras de escritores esotéricos cristãos nos primeiros séculos do Cristianismo, que a usaram para disfarçar a pregação da doutrina de Jesus, então posta na clandestinidade pelas autoridades judaicas e romanas.

Um exemplo dessa literatura cristã clandestina, escrita em linguagem simbólica, abusando largamente de fórmulas cabalísticas, é o Apocalipse de São João. Essa curiosa obra, escrita para divulgar a doutrina cristã às Sete Igrejas da Ásia, até hoje desafia a argúcia dos estudiosos, em face da estranha simbologia usada pelo autor. Nessa obra, um dos mais significativos exemplos da técnica cabalística aplicada na linguagem é a que o autor utiliza para designar a enigmática figura da Besta. "E aqui está a sabedoria. Quem tem inteligência calcule o número da Besta. Porque é número de homem. E o número dela é seiscentos e sessenta e seis", escreve o autor. Esse número (666) correspondia, usando-se a técnica da guematria, ao nome do imperador romano Nero, que justamente na época em que o autor escrevia o Apocalipse havia desencadeado uma feroz perseguição aos cristãos em todos os territórios dominados por Roma.[11]

Entretanto, parece que o uso da Cabala como linguagem de código foi popularizado mesmo pelos essênios, seita judaica radical, que entre os séculos I e II antes do nascimento de Jesus se afastou do

---

11. SCHONFIELD, Hugh J. *A Bíblia Estava Certa*. São Paulo: Ibrasa, 1958.

convívio social para viver a sua crença em um final apocalíptico para este mundo e a construção de um mundo novo, liderado pelo Messias. Essa seita, cujos documentos foram recentemente recuperados em cavernas situadas às margens do Mar Morto, é tida como a verdadeira inspiradora do Cristianismo, pois suas doutrinas muito se aproximam daquelas pregadas por Jesus e principalmente por aquele que é considerado seu verdadeiro mentor, o profeta João Batista.[12]

Palavras de poder

Alguns dos precursores da Cabala, segundo os estudiosos desse sistema, foram os profetas bíblicos Ezequiel e Daniel, cujas visões, extremamente difíceis de ser explicadas em linguagem vernacular, só podem ser entendidas por quem domina o arsenal do simbolismo cabalístico. Essas visões constituem a chamada *Mercabá*, uma escola de interpretação cabalística que estuda o fenômeno luminoso como fonte de toda a vida do universo e procura explicar como ele nasceu, desenvolve-se e encontrará o seu apocalipse. É a própria escatologia universal, contida em visões proféticas que Deus teria inspirado aos seus escolhidos para mostrar à humanidade como Ele constrói o universo.

Como explica Northrop Frye em sua obra, "há, no Velho Testamento, uma concepção de linguagem que é poética e 'hieroglífica', não no sentido de uma escrita de sinais, mas no sentido de se usarem as palavras como um tipo particular de sinal".[13] Quer dizer, há, na própria Bíblia, uma visão semiótica toda particular que nos sugere diferentes interpretações para uma mesma palavra, ou de uma frase, que não podem ser conformadas em um único significado.

Destarte, muitas palavras, que na linguagem comum significam uma coisa, na linguagem usada pelos autores desses antigos textos têm sentidos muito diferentes, as quais só podem ser devidamente decodificadas se postas no exato contexto em que viveram os seus autores, e recenseadas as suas relações de sentimento e interação com o ambiente e os acontecimentos que fizeram parte da experiência que eles relatam. Referindo-se ainda ao estudo do autor anteriormente citado, verifica-se que nas sociedades antigas há uma interação mais estreita entre o sujeito e objeto, no sentido de que a ênfase do sentimento experimentado pela pessoa recai mais sobre a relação que a liga ao ambiente do que na própria observação do sentimento em si, coisa que só começou a acontecer depois da experiência grega. Essa

---

12. Sobre esse tema, ver a obra deste autor: ANATALINO, João. *Conhecendo a Arte Real*. São Paulo: Madras Editora, 2009.
13. FRYE, Northrop. *O Código dos Códigos*. Ed. Boitempo, São Paulo, 2004.

característica do pensamento antigo também foi explorada por Frazer em seu estudo sobre as tradições dos antigos povos, quando se refere ao sentimento do homem primitivo em relação aos seus deuses. É uma relação de simbiose entre o observador e o objeto, pois o homem primitivo não possuía um "self" bem desenvolvido, ou seja, um sentimento de si mesmo, independentemente da divindade que ele cultuava.

Essa noção, como bem viu esse autor, só seria desenvolvida mais tarde, já nos tempos históricos, pelos gregos, com a cultura do pensamento filosófico.[14]

É nesse sentido que Frye explica o fato de que "muitas sociedades primitivas possuem palavras que expressam essa energia comum à personalidade humana e à natureza circundante e que são intraduzíveis em nossas categorias e correntes de pensamento. [...] A articulação das palavras pode dar corpo a este poder comum; daí emana uma forma de magia, em que os elementos verbais, como fórmulas de 'feitiço' ou encantamento, ou coisas parecidas, ocupam um papel central. Um corolário desse princípio é o de que pode haver magia em qualquer uso que se faça das palavras. Em tal contexto, as palavras são forças dinâmicas, são palavras de poder".[15]

O autor em questão cita, à guisa de exemplo, a palavra maná, ou mana, que em Êxodo, 16, aparece como uma espécie de farinha que Jeová faz cair do céu para alimentar o faminto povo de Israel no deserto. Essa palavra (man, maná, manes, em várias línguas antigas) refere-se a uma força ou energia que se encontra concentrada em objetos ou pessoas e que pode ser adquirida, conferida ou herdada. Na mitologia romana, por exemplo, esse termo conecta-se com "manes", palavra que designa a influência que os ancestrais mortos podiam exercer sobre os vivos. No Egito antigo falava-se de Menes, que segundo a tradição teria sido o primeiro rei da unificada nação egípcia. Os historiadores suspeitam, no entanto, de que esse Menes está conectado com a lenda de Osíris, o deus que teria instituído a civilização entre os egípcios, sendo, portanto, a representação de uma força natural, ligada à importância que o Sol, ou o Rio Nilo, tinha para esse povo, e não a um personagem histórico.

É nesse sentido que a Cabala desenvolve a sua doutrina, buscando na mística da palavra os fundamentos do Poder Criador, para com ele manter relação de proximidade e equilíbrio, como convém a uma comunidade de mestres e aprendizes, comungados para a construção de um edifício cósmico.

---

14. FRAZER, James George. *O Ramo de Ouro*. São Paulo: Zahar, 1982.
15. *O Código dos Códigos*, op. cit., p. 27.

CAPÍTULO II

As Origens da Cabala

Os primeiros cabalistas

Graficamente, a palavra Cabala deriva da raiz hebraica *Qibel*, que significa "receber". Assim, ela originou o termo hebraico Qabalah (Kabbalah), aportuguesado para Cabala, ou Cabalá, que por definição se refere ao recebimento da doutrina "não escrita" que supostamente estaria escondida em nomes e termos bíblicos, alguns deles intraduzíveis para as linguagens desenvolvidas pelos povos do Ocidente, pois remetem a conceitos esotéricos só conhecidos pelo povo de Israel. Dessa forma, entende-se a Cabala como uma tradição oral transmitida de geração a geração por alguns iniciados na mística da religião judaica e que pretende conter as verdades enunciadas por Deus aos profetas de Israel, verdades essas que não foram reveladas na Torá escrita. E nas partes em que essas verdades são recepcionadas nos livros sagrados, elas aparecem cifradas em títulos, nomes e outros termos, cuja transposição para letras e valores numéricos confere a essas verdades diferentes significados só conhecidos pelos iniciados.[16]

---

16. Cf. *A Bíblia Hebraica*, traduzida por David Gorodovitz e Jairo Fridlin, publicada pela Editora e Livraria Séfer. São Paulo, 2015.

Resumindo, podemos dizer que a Cabala, como sistema de linguagem, é uma tradição que acompanha a saga do povo de Israel desde a sua mais remota origem. Provavelmente, como bem assinala Dion Fortune em seu excelente estudo, suas raízes venham de antigas crenças do povo caldeu, de onde Abraão e seus descendentes a receberam, e por transmissão oral ela foi passando de geração em geração, como forma de tradição, e esta, por fim, acabou desembocando na corrente rabínica dos mestres da religião de Israel que a desenvolveram em um sistema filosófico-místico nos primeiros séculos da nossa era.[17]

A tradição costuma atribuir a codificação da Cabala a um rabino chamado Simeon Ben Yohai, que viveu no século II da Era Cristã, no governo do imperador Adriano. Segundo essa tradição, as autoridades romanas o teriam condenado à morte, razão pela qual Ben Yohai viveu boa parte da sua vida escondido em uma caverna. Teria sido esse rabino que reuniu os ensinamentos dos antigos mestres e repassou-os oralmente ao seu filho, Rabi Ben Eleasar, e a outros discípulos seus, na forma de discursos, feitos em uma linguagem simbólica e mística. Estes, por sua vez, reuniram esses ensinamentos em um livro denominado *Sepher Ha-Zohar* (O Livro do Esplendor), que se tornou a Bíblia cabalística por excelência. Esse livro é composto por vários comentários rabínicos, reunidos em diversos blocos denominados "Siphras", entre os quais os mais importantes são o Siphra Ditzeniovtha (Livro do Mistério Oculto), o Há Idra Rabba Kadisha (A Grande Assembleia Sagrada) e Há Idra Zuta Kadisha (A Assembleia Sagrada Menor).

Há vários outros livros e tratados que se referem a essa tradição, como o *Sepher Yetzirah* e seus comentários que contêm a cosmogonia cabalística, o *Sepher Sefiroth* com suas referências, que esclarecem a teoria das sefirot, e o *Acha Metzareph*, um tratado que relaciona Cabala e alquimia, passível de ser entendido somente por quem domina o arsenal de simbolismo dessas grandes tradições. Porém, o mais importante dos tratados cabalísticos é mesmo o *Sepher Ha-Zohar*,[18] não esquecendo também os livros escritos pelos mestres cabalistas Moisés Cordovero e Abraão Abuláfia, e o grande mestre Isaac Luria, especialmente o seu *Livro das Revoluções das Almas*, no qual esse famoso rabino desenvolve a tese da transmigração das almas, e também as obras de Maimônides, em especial o seu *Guia dos Perplexos*.

---

17. FORTUNE, Dion. *A Cabala Mística*. São Paulo: Pensamento, 1957.
18. *Zohar* significa Luz. É o Livro do Esplendor (brilho, luz), que propaga "o brilho da Torá", a Luz de Deus.

A Cabala medieval

Historicamente, porém, como bem demonstra Alexandrian em seu tratado sobre a filosofia oculta, o *Sepher Ha-Zohar* só aparece no Ocidente em fins do século XIII, revelado por um rabino judeu espanhol, chamado Moisés ben Schemtob (1250-1305), mais conhecido como Moisés de León, que ensinou os princípios da Cabala nos reinos de Leão e Castela.[19] A partir de investigações conduzidas ainda na Idade Média, relatadas pelo autor anteriormente citado, os estudiosos chegaram à conclusão de que o *Zohar*, na verdade, seria um trabalho compilado no século XIII, e dele teriam participado vários autores, a maioria oriunda da região da Provença e liderada por Moisés de Leon.[20] Nessa região, também conhecida como Languedoc (Provença), uma próspera colônia judaica florescera nos territórios dominados pelos príncipes simpáticos à doutrina cátara.

Todavia, ainda que se aceite esse pressuposto, não se pode negar que essa tradição já estava bem desenvolvida na Europa na época medieval, sendo de larga aplicação junto à comunidade judaica e também entre os cristãos gnósticos, anteriormente ao advento do catarismo. A prova disso é a existência de várias escolas de ensinamento cabalístico pelo continente europeu muito antes de a região do Languedoc ter se tornado a capital do misticismo na Europa, e a heresia cátara a principal preocupação da Igreja de Roma. Exemplos dessas escolas foram as de Isaac, o Cego, que ensinou a Cabala entre 1160 e 1180 na Provença, e seu aluno Ezra ben Salmon, que lecionou, na mesma época, essa disciplina na Espanha. Na Itália, destacou-se o sábio cabalista Abraão Abulafia (1240-1291); na Alemanha, Yehuda Ben Samuel, o Piedoso, e Eliazar, rabino de Worms (1176-1238), os mais famosos cabalistas medievais.[21]

Fílon e Maimônides

É nesse sentido que Fílon de Alexandria (20 a.C.-50 d.C.), historiador e filósofo judeu, que também cultivou a Cabala, e Maimônides (Rabi Mussa bin Maimun ibn Abdallah, 1135-1204), um dos mais famosos cabalistas medievais, entendiam ser a Cabala a verdadeira mensagem divina contida na simbologia da linguagem e na mensagem das formas

---

19. *História da Filosofia Oculta*, op. cit.
20. BIALE, David. *A Cabala e Contra História*. São Paulo: Objetiva, 1982.
21. *História da Filosofia Oculta*, op. cit.

geométricas. Fílon foi o filósofo que procurou interpretar as inspirações proféticas judaicas no contexto da filosofia grega, especialmente as ideias de Platão. Ele foi o precursor da escola de pensamento que se tornou conhecida mais tarde como neoplatonismo, a corrente filosófica que deu origem ao gnosticismo. Para esse sábio judeu, o significado dos preceitos veiculados na Lei (a Sitrê Toráh) só podia ser interpretado pelos iniciados no simbolismo iniciático da religião judaica, pois eles continham verdades metafísicas sobre a origem, o desenvolvimento e o  destino do universo que, se reveladas ao vulgo, causariam uma grande tragédia. Por isso, Deus as colocara em símbolos, visões e metáforas que somente uns poucos eleitos conseguiam entender. Dessa forma, a Torá era o instrumento de Criação do mundo, pois ela mesma era o *Inefável Nome de Deus* desdobrado em inúmeras construções linguísticas. Ela seria, no jargão cabalístico, "a própria sefirá Hochmah" (a Sabedoria).[22]

Fílon é o precursor da filosofia que vê o mundo sendo criado pela palavra Divina. Para ele, Deus é o *Logos*, o Verbo, a Palavra que se transforma em obras. O Logos é a ferramenta com a qual Deus constrói o mundo. Os anjos são *logói,* ou seja, palavras saídas da boca de Deus, as primeiras coisas criadas, que combinadas em seus sons e valores tornam-se instrumentos de criação. O Verbo é, pois, a verdadeira ferramenta da Criação, e por meio dele Deus fez todas as coisas. Por isso, Deus, ao apresentar-se a Moisés no Monte Horeb, não declinou o seu Nome, limitando-se a dizer: Eu Sou.

Destarte, na filosofia de Fílon, toda a verdade sobre o mundo e o homem estaria contida na Bíblia na forma de símbolos e alegorias que precisavam ser adequadamente decodificados para serem corretamente entendidos. Assim, Criador e criatura tornavam-se uma coisa só, unida por um vínculo de causa e efeito em que o destino escatológico do mundo se consumava na própria necessidade de Ser. Por isso, Deus era o Verbo. Deus era *Eu Sou*. O finito era o infinito tornado real, e entender o homem era penetrar na mente de Deus.

As ideias de Fílon, como se pode notar, apresentavam um caráter bastante místico que não agradou aos judeus tradicionalistas. Mas alcançou grande repercussão entre os praticantes da nascente doutrina que iria dominar o pensamento ocidental nos séculos seguintes. Essa doutrina era o Cristianismo místico. Foi sobre as especulações de Fílon acerca do Logos e a cosmogonia que delas se derivou, que os pensadores

---

22. Na imagem, o historiador Flávio Josefo (fonte: JOSEFO, Flávio. Obra Completa. Filadélfia: Kleger Publications, 1981). Tudo que se sabe sobre Fílon de Alexandria foi apresentado por esse historiador.

cristãos, classificados como gnósticos, arquitetaram a maioria das suas concepções. Por isso, boa parte da doutrina gnóstica apresenta um arsenal de simbolismo que só pode ser entendido por quem domina a linguagem própria dos iniciados na Cabala.

Maimônides, nascido em 1135 na cidade espanhola de Córdoba, foi um dos mais importantes cabalistas da Idade Média. Foi ele o filósofo que transformou a Cabala em uma verdadeira doutrina filosófica, colocando ordem lógica em uma tradição que havia se abastardado com a influência das diversas doutrinas que invadiram o pensamento ocidental após o advento do Cristianismo. Essas doutrinas vinham principalmente do pensamento cristão gnóstico, impregnado pelos ensinamentos de Aristóteles e pelas concepções do Islamismo, que ganhara muita influência com as conquistas muçulmanas na Europa.

Maimônides era médico e filósofo. Como médico fez importantes contribuições à Medicina, especialmente com seus comentários ao compêndio chamado *Halachá*. Esse compêndio, que contém as principais prescrições dos sábios israelenses sobre questões de saúde, foi grandemente enriquecido pelas observações desse sábio cabalista. Em sua famosa oração do médico, ele mostra ter plena convicção do poder espiritual na Medicina e que esta exerce influência fundamental sobre o corpo, porque alma e o corpo são indivisíveis, sendo que a cura de um depende da plena saúde do outro.

Deus era, para Maimônides, o Médico Celestial, e o médico terrestre não tinha muita força sem a presença d'Ele ao seu lado. Corpo e alma andavam de mãos dadas, e, sem força espiritual para curar as doenças, a cura não aconteceria. É o que qualquer bom médico moderno reconhece: quando o paciente não ajuda, quando ele não acredita na cura, não há remédio que funcione. A atitude do doente em relação a sua cura é mais importante que os medicamentos. Um dos seus principais pressupostos dizia: "Para os mal-humorados, suas vidas não são vida". Ou seja, a alegria e a fé são a fórmula para a conservação da saúde.

Mas foi principalmente o seu trabalho como comentador da Torá que o tornou famoso entre os praticantes do Judaísmo e da Cabala. Os comentários de Maimônides sobre os dois Talmudes, o de Jerusalém e o da Babilônia, são considerados, até hoje, verdadeiros clássicos da literatura rabínica. Esse conjunto de comentários compõe a chamada *Mishnê Torá*. Outra de suas obras clássicas é o chamado *Guia dos Perplexos*, conjunto de 14 livros que contém 982 capítulos e comentários sobre milhares de leis judaicas, escritos em uma linguagem acessível, expurgando a tradição judaica das influências míticas e místicas que lhe foram dadas por Fílon e os neoplatônicos.

Maimônides pode ser considerado o verdadeiro codificador da tradição religiosa dos judeus e o fundador da Cabala filosófica, pois sem o seu trabalho a Cabala teria continuado a ser uma doutrina muito confusa, perdida entre as concepções judaicas e gregas do mundo, coisa que abalava os judeus em sua fé e não ajudava em nada os cristãos que buscavam uma alternativa filosófica entre o atavismo dogmático de Roma e as concepções um tanto delirantes dos gnósticos.[23]

Maimônides simplificou o problema da linguagem que tornava o estudo da tradição oral da religião judaica impraticável ao leigo. O seu *Guia dos Perplexos*, escrito justamente com essa finalidade (desmistificar principalmente as concepções cabalistas-gnósticas dessa tradição), é dividido em três partes. A primeira é dedicada a discussões dos equívocos que podem surgir diretamente do texto da Torá, que em sua opinião apresentava apenas contradições aparentes, geradas por comentadores influenciados por doutrinas estrangeiras. A segunda ataca problemas que brotam das incompatibilidades entre as chamadas abordagens "científicas" (inspiradas na filosofia de Aristóteles) e a visão bíblica de Deus e do mundo. A terceira discute temas filosóficos e teológicos, como a natureza do bem e do mal, o propósito do mundo, o significado ético e sociológico que está por trás dos mandamentos do Decálogo e o caráter moral e filosófico da pura devoção.

Malgrado o seu esforço para expurgar a tradição oral judaica dos aportes que lhe deram Fílon e os neoplatônicos, os quais subsistem ainda hoje na Cabala, Maimônides não escapou da influência que o *Sepher Ha-Zohar*, o texto básico do misticismo judaico, tem sobre toda a tradição oral da religião de Israel.

Apesar disso, mais do que um grande intelectual, notável comentador do Talmude, Maimônides é considerado um grande cabalista. O seu *Guia dos Perplexos* foi responsável pela abertura de uma nova era de investigação filosófica sobre a Bíblia e seu conteúdo, não só em termos religiosos, mas também morais e sociológicos. Sua extensa obra vem abrindo campo para novas pesquisas e servindo tanto como base fundamental para o estudo das obras antigas, quanto como um catalisador para as teses cabalísticas subsequentes.

---

23. Na imagem, o filósofo cabalista Maimônides (fonte: BARSA. *Enciclopédia Britânica*. São Paulo: Planeta, s.d.).

Isaac Luria

A Cabala mística, conquanto tenha sido iniciada pelos filósofos neoplatônicos, com Fílon como precursor, e largamente ampliada pelos cabalistas medievais, como já referido, não obstante só alcançou o seu apogeu no início da Idade Moderna, com os chamados pensadores do denominado movimento Rosa-Cruz. Esse apogeu teve em Isaac Luria seu grande inspirador.[24]

Com a ideia da transmigração das almas, Luria introduziu na Cabala uma doutrina moral que substituiu o plano messiânico de uma salvação futura, em um mundo alhures, incognoscível e inatingível pela mente humana, como aquele que era pregado pelos cristãos, por uma doutrina de salvação aqui e agora, que seria atingida pela adoção de um comportamento ético e moral, o qual, segundo ele, já estava todo previsto na Torá. Era um sistema que valia não só para a alma do indivíduo, como também para toda a humanidade. Com isso, ele lançou a tese de que a redenção espiritual estava vinculada à redenção social.

Essas ideias, como se pode perceber, caíram como uma luva para os pensadores do chamado Século das Luzes, cujos filósofos, não obstante o caráter racionalista das suas pregações, precisavam de um fundo teológico para sua doutrina, vivendo, como viviam, em uma época em que a questão religiosa dominava todos os espíritos. Assim, se o messianismo místico dos sabataístas forneceu o estofo para os argumentos sociológicos dos teóricos do Iluminismo, foi o lurianismo que

lhes deu a base para a sustentação teológica de suas teses. Como bem viu Scholem, "o desejo de libertação total, que desempenhou um papel tão trágico no desenvolvimento do niilismo sabataísta, não foi de maneira alguma puramente uma força autodestrutiva; ao contrário, debaixo da superfície da ausência da lei, do antinomismo e da negação catastrófica, poderosas forças construtivas estavam em ação".[25]

Não obstante o misticismo que envolvia sua prática, as ideias de Luria e suas projeções no movimento sabataísta exerceram um papel preponderante na formação do pensamento ocidental, especialmente aquele

---

24. SCHOLEM, Gershom. *A Cabala e Seu Simbolismo*, São Paulo: Perspectiva, 2015.

25. Citado em *A Cabala e Contra História*, op. cit., p. 101. O sabataísmo é uma corrente cabalística fundada por Shabatai Tizvi (1626-1676), famoso rabino judeu-turco que se autonomeou Messias e deu origem à doutrina que leva o seu nome. Essa doutrina também é conhecida como messianismo. Na imagem, Isaac Luria (fonte: BARSA. *Enciclopédia Britânica*. São Paulo: Planeta, s. d.).

que emergiu da Reforma protestante. Como diz o autor de *A Cabala e Contra História*, o sabataísmo, no plano teórico, preparou o terreno para o moderno secularismo e o surgimento do Século das Luzes. Isso porque a Lei, expressa na Torá, agora era vista com claros contornos gestálticos, no sentido de que, como Scholem sugere, do ponto de vista cabalístico, ela "não é mais que uma sombra do Divino Nome, do mesmo modo que se pode falar em uma sombra da Lei, cuja projeção é cada vez mais longa ao redor da vida dos judeus. Mas, na Cabala, o pétreo muro da Lei se faz gradualmente, de forma transparente. [...] Essa alquimia da Lei é um dos mais profundos paradoxos da Cabala".[26]

Quer dizer: a Lei, a Torá, ela não foi dada por Deus como uma rígida disciplina que condiciona o comportamento humano a um único padrão de conduta; ao contrário, ela serve ao desenvolvimento do universo como um organismo em construção, sempre buscando, em cada conformação, o seu melhor desenho.

A conclusão que se tirava dessa doutrina era a de que o homem, por seu livre-arbítrio, sua própria escolha, devia escolher o seu caminho. Não se submetia mais ao poder coercitivo da interpretação literal que dela davam os talmudistas. Na vida espiritual, por meio da lei do carma e da transmigração das almas, desenvolvidas por Luria e seus seguidores, podia o próprio homem influir no seu destino. E no terreno da redenção social ele passava a ser o próprio responsável por ela. Era, pois, a libertação total das amarras, que tanto o Judaísmo ortodoxo quanto a própria doutrina da Igreja Católica haviam lançado sobre o espírito do homem medieval. Nesse sentido, é possível imaginar a tempestade que tais ideias devem ter causado na cabeça das pessoas que estavam, justamente naquele momento, vivendo os episódios que levaram à Reforma protestante e ao movimento que se convencionou chamar de Renascimento. Nasceram, a partir dessas ideias, as diversas inspirações utópicas que povoaram o pensamento dos intelectuais renascentistas, e o enorme anseio espiritual pelo estabelecimento de uma nova ordem mundial, presente especialmente nas místicas aspirações dos rosa-cruzes e de outros movimentos religiosos, políticos e filosóficos, dentre os quais emergiu, no início do século XVIII, a Maçonaria tal qual hoje a conhecemos.[27]

---

26. Idem, p. 96.
27. Ver, nesse sentido, as obras de YATES, A. Frances: *Giordano Bruno e a Tradição Hermética* e *O Iluminismo Rosa-Cruz*, ambas publicadas no Brasil pela Editora Cultrix.

A Cabala renascentista

Não obstante ter servido de base teológica para um sistema de pensamento tão marcado pelo apelo ao racionalismo, como foi o Iluminismo, pode-se dizer que esse tipo de doutrina estava profundamente impregnada de elementos esotéricos, embora em seus resultados ela almejasse um objetivo bem prático. Sua função era revelar aos seus iniciados os grandes segredos da natureza, mediante os quais se poderia conseguir poder sobre ela. Nesse sentido ela se equiparava à alquimia, e em muitos casos as duas tradições conviveram estreitamente, compartilhando os mesmos símbolos. Foi graças a isso que esse ramo mágico da Cabala acabou inspirando vários pensadores místicos cristãos, que viam nela uma forma de conhecimento da natureza. Foram esses filósofos cabalistas os mestres que compartilharam com os pensadores rosacrucianos o desenvolvimento da filosofia oculta e o apostolado do livre pensamento, em uma época em que discordar ou pensar diferente dos doutores da Igreja significava a prisão, a tortura nas masmorras e a morte nas fogueiras. Entre esses pensadores podemos listar os cabalistas Moisés Cordovero (1522-1570), Jacob Boehme (1575-1624); os filósofos Pico Della Mirandola (1463-1494), a quem se atribui o desenvolvimento da Cabala cristã, Marsílio Ficino (1433-1499), Johann Reuchlin (1455-1522), pensadores que tiveram grande influência na Reforma; e ainda Cornelius Agrippa (1486-1535), Giordano Bruno (1548-1600), Guilherme Postel (1510-1581), Cornelius Paracelso (1493-1541), Robert Fludd (1574-1673); e conhecidos ocultistas como Blaise de Vigenére, Fabbre d'Olivet, Eliphas Lévi e Estanilau de Guiata, famosos mestres da filosofia oculta e consagrados alquimistas; ainda Elias Ashmole, Martinez de Pasqually e Louis Claude de Saint-Martin, nomes famosos na divulgação da Maçonaria como instituto cultural de abrangência mundial.[28]

A Cabala moderna

Com a interpolação desse tema, mais os conceitos desenvolvidos acerca do processo cármico e a teoria da reencarnação, elementos fundamentais para o entendimento da doutrina cabalística, essa tradição acabou derivando, em sua parte filosófica, uma vigorosa disciplina de autoajuda, erigindo, ao mesmo tempo que pugnava por uma liberdade de pensamento estranha aos costumes da época, um edifício cosmológico

---
28. *História da Filosofia Oculta*, op. cit.

e ético que viria contribuir em muito para a construção das correntes de pensamento que influenciaram a Reforma religiosa e o sistema filosófico que se seguiu, o Iluminismo. Isso porque a Cabala recuperava a espiritualidade da experiência bíblica, conspurcada, de certo modo, pela doutrina católica, cuja contaminação pela filosofia grega (especialmente a de Aristóteles) era visível. Por meio dos mitos e dos símbolos cabalísticos, uma nova Gnose estava sendo desenvolvida pelos intelectuais que trilhavam o caminho da Reforma. Grandes escritores, artistas e filósofos, como Dante, Milton, Francis Bacon, Shakespeare, o pintor Rembrandt, Spinoza, Leibnitz, Hegel, Schelling, e principalmente Victor Hugo, Goethe, o poeta William Blake e outros, já nos séculos XVIII e XIX, devem à Cabala algumas das suas mais profundas inspirações. Alguns dos movimentos filosóficos e literários mais importantes da história do pensamento ocidental também sofreram grande influência das doutrinas cabalistas, especialmente da corrente desenvolvida por Isaac Luria. Citam-se, apenas à guisa de exemplo, os movimentos conhecidos como idealismo e o niilismo sabataísta, que congregaram vários intelectuais de renome, principalmente na Alemanha e em países da Europa Central, entre os quais se pode elencar Hegel, Schelling, Nietzsche e o grande Franz Kafka, tido por muitos críticos literários como um verdadeiro autor cabalista.

Esse ramo da Cabala é hoje o mais difundido entre os povos de cultura cristã, pois encampa um vasto domínio nas doutrinas de conteúdo moral, sendo utilizado inclusive por profissionais da Psicologia e da Psicanálise para subsidiar estudos sobre o conteúdo mais profundo da mente humana. O exemplo mais conhecido da aplicação dessa doutrina na Psicologia se encontra nos trabalhos do grande psicanalista e pesquisador Carl Gustav Jung.

Jung faz muitas referências à Cabala em seus escritos, especialmente quanto às relações que ele encontrou entre os sonhos de seus clientes e os símbolos cabalísticos. Em uma de suas obras, ele fala da necessidade de estudar essa tradição do ponto de vista científico, pois os símbolos e as visões presentes nessa doutrina estão intimamente conectados com o conteúdo psíquico que se hospeda no chamado inconsciente coletivo da humanidade.

CAPÍTULO III

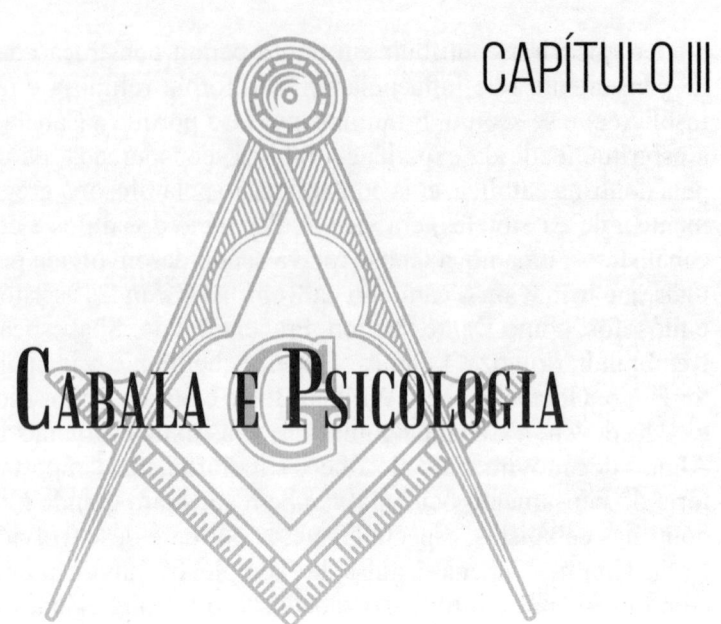

CABALA E PSICOLOGIA

Cabala e alquimia

Cabala e alquimia são duas tradições culturais com raízes plantadas em idênticos núcleos simbólicos. Por isso encontraremos em uma e outra os mesmos símbolos arquetípicos e, praticamente, a mesma fundamentação para as ideias e imagens que sedimentam suas práticas e seus rituais.

Assim como na Maçonaria, a prática cabalística também hospeda uma forma operativa e uma especulativa. A Cabala operativa, em certo momento da história, congregou alquimistas e praticantes do ocultismo, na busca de meios para preservar a saúde, obter riqueza material, sucesso em empreendimentos profanos, ou simplesmente como processo de conhecimento, com o objetivo de atingir a Gnose.

Esse tipo de prática cabalística, em princípio, foi desenvolvido pelos mestres da religião judaica como fórmula de reação ao rancoroso antissemitismo que se instalou entre os cristãos logo após o Cristianismo ter se transformado na religião oficial do Império Romano.

Mais tarde, ela foi apropriada pelos adeptos da Arte de Hermes, que nela viram uma poderosa ferramenta para o estudo e o desenvolvimento do processo alquímico que conduzia à obtenção da pedra filosofal. Daí muitos autores dizerem que a alquimia era, na verdade, uma espécie de Cabala operativa. Foi dessa vertente cabalística que emergiram, especialmente, os chamados cultores do pensamento rosa-cruz, movimento espiritualista-filosófico que forneceu a semente da Maçonaria como hoje a conhecemos. Na prática, essa atividade desenvolvida por cabalistas e operadores alquímicos concorreu para o desenvolvimento de uma técnica que buscava aplicar o conhecimento esotérico contido nas combinações numéricas e sonoras do alfabeto sagrado (o alfabeto hebraico) para a resolução de problemas da vida real. Nasceu, dessa técnica, a chamada aritmosofia, com suas diversas variantes esotéricas, tais como a matese, a esteganografia, a geometria sagrada e outras práticas, que renderam aos seus cultores muitas acusações de charlatanismo. Porém, foi na pesquisa da chamada pedra filosofal que a Cabala encontrou a sua forma mais ampla de utilização, servindo como guia para importantes descobertas e aplicações resolutivas no campo das ciências e da filosofia, como mostram Pauwels e Bergier em sua obra, ao se referirem ao trabalho realizado pelos alquimistas na pesquisa da Grande Obra.[29]

Jung e o mundo dos arquétipos

A partir da análise dos sonhos de seus pacientes, Jung deduziu que certas imagens e conceitos existentes na mente de um indivíduo eram comuns a todas as pessoas, em lugares e tempos diferentes. O exemplo veio do sonho de um paciente psicótico que se referia ao "falo do sol como sendo a origem do vento".

Pesquisando o sentido psicológico dessa imagem, ele encontrou o mesmo conteúdo simbólico em um mito de uma antiga religião persa. Depois de estudar vários casos semelhantes, ele concluiu que esses símbolos e imagens eram manifestações do inconsciente coletivo da humanidade, os quais estavam presentes na psique mais profunda de todos os indivíduos, independentemente de suas origens e de suas crenças. Foram a essas imagens e símbolos que ele chamou de arquétipos.

O termo arquétipo foi inspirado na filosofia de Platão. Para esse filósofo, a mente humana trabalha com duas estruturas conceituais: uma, que é a imagem das coisas particulares, as quais podem ser conhecidas por meio dos nossos sentidos; a outra, a imagem das coisas universais, as quais, segundo acreditava, vinham da mente dos deuses e serviam de base para todos os modelos conceituais adotados pelos seres humanos.

O mundo das coisas particulares, dizia Platão, é um mundo inferior, do qual participamos com os sentidos. Nele nos relacionamos com as

---

29. BERGIER, Jacques; PAUWELS, Louis. *O Despertar dos Mágicos*. 26. ed. Rio de Janeiro: Bertrand Brasil, 1996.

coisas físicas que podem ser identificadas no tempo e no espaço pelos atributos que elas têm: um animal, uma planta, um ser humano, um elemento químico, um alimento, um fenômeno da natureza, etc. Mas além desse mundo inferior há outro, superior, com qual só podemos nos comunicar com a nossa mente: esse é o mundo das ideias, das formas ideais, um universo composto de essência imaterial e eterna.

Esse, segundo Platão, é o verdadeiro mundo, pois o meio físico em que vivemos é feito apenas de cópias desse universo arquetípico. Nesse sentido, alguns conceitos desenvolvidos pela civilização eram formas incorpóreas, imateriais, pensadas pelos deuses e transmitidas à consciência humana como "coisas universais", porque serviam, indistintamente, a todos os indivíduos e povos como padrões de pensamento e conduta. Destarte, conceitos como moral, justiça, bondade, beleza eram arquétipos compartilhados pela humanidade em geral, assim como as formas geométricas e os números, as cores e outros padrões comuns de pensamento e sensibilidade, que são suscetíveis de serem pensados e sentidos por vários indivíduos, de modo geral, em todos os lugares e tempos.[30]

Os arquétipos se manifestam em nossa vida emocional por intermédio de sonhos, fantasias, hábitos, crenças e muitas vezes são causas de distúrbios psíquicos e comportamentos aberrantes como aqueles inspirados por complexos, que Freud chamou de Complexos de Édipo ou de Eletra, respectivamente.[31]

O poder dos arquétipos

Esses padrões exercem uma grande influência em nossa psique. A grande maioria dos heróis e vilões do cinema e da literatura é inspirada em figuras arquetípicas. Homens e mulheres sem filhos, por exemplo, ao ter de tomar conta de um bebê, podem praticar, inconscientemente, os mesmos comportamentos que uma mãe, ou um pai, teriam em relação a uma criança. Algumas mães adotivas, mesmo sem ter tido a experiência da maternidade, conseguem amamentar uma criança por inspiração do arquétipo mãe.

---

30. Na imagem Carl Gustav Jung (fonte: BARSA. *Enciclopédia Britânica*. São Paulo: Planeta, s. d.).
31. Édipo e Eletra são personagens mitológicas da cultura grega. Ambos viveram tragédias pessoais em virtude das inconscientes atrações psicossexuais que eles sentiam por seus pais. Édipo, com relação a sua mãe, Jocasta, e Eletra, com relação a Agamemnon, seu pai.

Arquétipos geram heróis e bandidos. Podem inspirar um santo ou fabricar um demônio. Hitler, por exemplo, foi extremamente influenciado pelo arquétipo do super-homem, desenvolvido por Nietzsche. César e Napoleão reconheceram publicamente a influência que receberam do arquétipo do conquistador simbolizado em Alexandre, o Grande, da mesma forma que este se inspirava no mito do guerreiro Aquiles.[32]

Filosofia de autoajuda

Já a Cabala especulativa procurou construir um sistema cosmológico e ético capaz de explicar as origens, o desenvolvimento e o processo de construção do universo, e a maneira pela qual o homem pode se harmonizar com ele.

A Cabala especulativa também integra a parte dita filosófica, aplicativo mais moderno dessa doutrina, desenvolvida principalmente após as incursões de Jung nesse assunto. As concepções doutrinárias que hoje são trabalhadas nesse tema constituem uma eficiente ferramenta para psicólogos e terapeutas holísticos que trabalham com orientação espiritual. É nesse sentido que esse tipo de Cabala, estudando as relações da mente humana com a simbologia hospedada nas suas camadas mais profundas, procura encontrar caminhos mais seguros para uma formação moral e ética do homem, levando-o a encontrar o equilíbrio entre os seus próprios desejos e o ambiente em que vive.

Em vista disso, boa parte da doutrina moral ensinada pela moderna Cabala também pode ser encontrada nos pressupostos do chamado pensamento positivo, nos ensinamentos da psicologia gestaltiana e nas fórmulas utilizadas pelos praticantes da técnica conhecida como programação neurolinguística (PNL). Isso porque, sendo a Cabala uma disciplina que trabalha, fundamentalmente, com informações armazenadas no nosso inconsciente, informações essas codificadas na forma de símbolos e mitos, ela abre as portas desse mundo estranho e incompreensível que se hospeda nas profundezas da nossa psique e nos traz respostas mais completas sobre aspectos ligados às raízes do nosso próprio ego.[33]

Tratando de temas tão caros à vida moderna, como equilíbrio interior e interação com o meio ambiente, o sentido da vida, o processo cármico, a reencarnação, a integração entre ciência e religião, a busca

---

32. Sobre o poder dos arquétipos, ver obra deste autor: ANATALINO, João. *PNL para a Vida Diária – O Poder dos Arquétipos*. São Paulo: Madras, 2012.
33. Ver, a esse respeito, BERG, Michael. *O Caminho: Usando a Sabedoria da Cabala para a Transformação e Plenitude Espiritual*. Rio de Janeiro: Imago, 2001.

do prazer e a forma de evitar a dor, a Cabala, ao abordar esses assuntos, nos dá uma visão bastante ampla de um processo pelo qual é possível obter respostas interessantes para todos esses questionamentos, sem excluir nenhuma crença. Ao contrário, oferece uma visão integradora de todas as partes envolvidas no processo de desenvolvimento interno (espiritual) e externo (material) do ser humano e do mundo em que ele vive, proporcionando melhor entendimento do nosso papel nesse processo.

Como dissemos antes, essa visão da Cabala como ferramenta de análise psicológica e aperfeiçoamento pessoal é mérito de Jung. Ele analisou a personalidade dos mais famosos autores e praticantes das ciências ocultas, especialmente grandes mestres cabalistas, praticantes de alquimia, pensadores gnósticos, taumaturgos, e concluiu que geralmente a pessoa que atinge um alto grau de maturidade psíquica tem um lado místico bastante pronunciado. O verdadeiro cientista, diz Jung, não é, como comumente se pensa, um racionalista empedernido, que só acredita no que vê e aceita só o que se pode provar por meio de raciocínios lógicos ou laudos científicos. Ele é, antes de tudo, um visionário, cujo espírito não se contenta em permanecer no território da razão lógica e constantemente se aventura pelo lado sutil das suas experiências, sentindo que é no mistério que geralmente se encontram as causas fundamentais dos fenômenos observados. É nesse mesmo sentido que Gershom Scholem assevera que a Cabala não é um conjunto de mitos e expressões metafísicas, como muitos autores racionalistas quiseram fazer crer, mas uma doutrina que tem uma história e uma proposta filosófica que pode muito bem ser estudada de forma epistemológica. Isso apesar de as forças construtivas da Cabala estarem, não na razão, mas, sim, no irracionalismo da inconsciência. Não obstante, diz esse autor, as grandes realizações da humanidade partem, em princípio, de projetos que, à maioria das pessoas, parecem irracionais.[34]

Einstein chegou à idêntica conclusão. Uma de suas frases mais famosas resume sua ideia sobre ciência e religião: "a ciência sem religião é coxa, a religião sem ciência é cega", disse ele. Outra de suas frases célebres é a que afirma que a coisa mais perfeita que podemos experimentar é o misterioso. O mistério é a fonte de toda arte e de toda ciência verdadeira.

Dessa forma, a Cabala tem um lado prático que pode muito bem ser estudado de forma acadêmica, como se fosse, de fato, uma corrente de pensamento (uma filosofia), uma ciência de comportamento e uma

---

34. *A Cabala e Seu Simbolismo*, op. cit., p. 37.

síntese cosmológica. Depois de Jung, ela deixou de ser apenas mais uma aventura metafísica muito a gosto de taumaturgos fantasiosos, "mistificadores do improvável", como Pauwels e Bergier chamam os falsos mágicos que iludem a boa-fé dos incautos que vivem à procura do maravilhoso em causas que são apenas naturais.[35]

E depois de Capra e dos trabalhos dos chamados "novos gnósticos" de Princeton, as intuições da Cabala passaram a ser vistas pelos cientistas, senão com respeito, pelo menos com muito interesse.[36]

Luz "pensante" e Luz "perdida"

Outro interessante paralelo entre a Cabala e a Psicologia jungiana é o conceito desenvolvido pelo famoso psquiatra suíço a respeito das chamadas categorias conscientes e inconscientes que ele chama de "sombra e luz". A "luz" é, no caso, aquilo que pode ser acessado e trazido para a consciência como conhecimento; a "sombra" é o lado oculto da mente, que se hospeda no inconsciente e só de modo incidental aflora em nossos sonhos e comportamentos aberrantes. Na Cabala esses conceitos são referidos como "luz pensante" e "luz perdida", como o define o cabalista Nathan de Gaza. Ou, como diz Leonora Leet, "A Luz 'pensante' e a Luz 'perdida' podem talvez ser relacionadas às categorias do consciente e inconsciente da moderna psicologia, esta última incluindo os conceitos jungianos das sombras. Para Jung, o desenvolvimento de um 'homem completo' requer a 'dissipação das suas sombras', aquela parte das pessoas que ele não teve necessidade anterior de conhecer, e, portanto, de reprimir, com graves consequências para sua saúde física e evolução espiritual".[37]

Em outras palavras, o "homem completo" precisa confrontar os arquétipos que influenciam suas crenças e valores, para com isso poder obter aquele "conhecimento de si mesmo" de que falava Sócrates e que constitui o problema central de toda a Filosofia e, também, de toda a Psicologia.

---

35. *O Despertar dos Mágicos*, op. cit., p. 18.
36. Referência às obras do físico teórico e escritor Fritjof Capra, *Pertencendo ao Universo, O Tao da Física, Sabedoria Incomum* e *O Ponto de Mutação*, todas publicadas no Brasil pela Ed. Cultrix, São Paulo.
37. LEET, Leonora. *A Kabbalah da Alma*. São Paulo: Madras, 2006.

CAPÍTULO IV

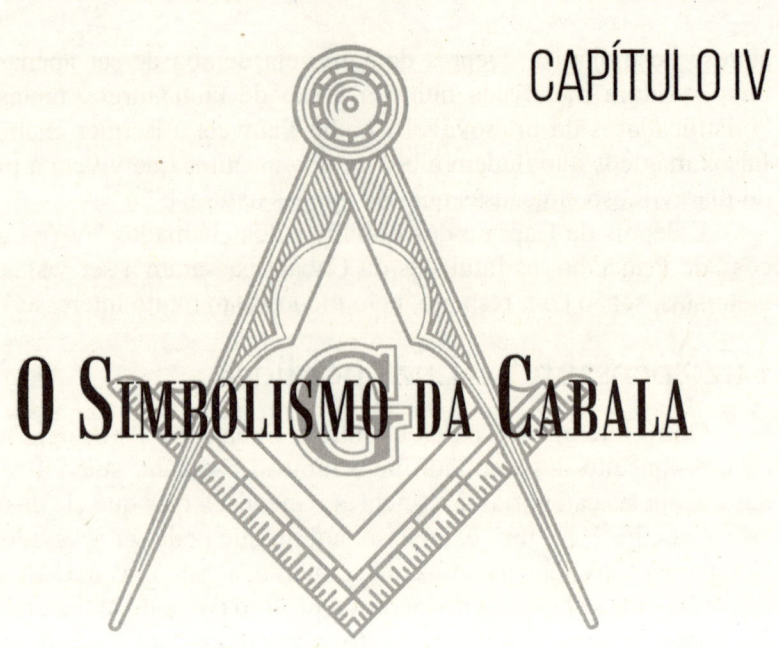

O Simbolismo da Cabala

Mercabá, o Carro de Deus

A *Mercabá* é a visão registrada pelo profeta Ezequiel em seu iniciático livro. Ele a teve quando, cativo na Babilônia, sentou-se para descansar nas margens do Rio Kevar e elevou seus olhos para o céu.

"Olhei e vi que um vento tempestuoso vinha do norte, uma nuvem imensa, dentro da qual resplandecia uma chama que se refletia ao seu redor, e da qual emanava um brilho, semelhante ao do cobre em fusão. E no meio da chama havia algo que se assemelhava a quatro seres vivos e sua aparência era a dos seres humanos [...]".[38]

Ezequiel continua descrevendo a imagem de sua visão, falando da aparência estranha dos seres dentro da chama, que tinham quatro rostos, quatro asas, pés de bezerro e cor de cobre polido. Mas também mostravam, além de aparência humana, rostos de touro, de leão e de águia. E eram como tochas que emitiam coruscantes relâmpagos enquanto corriam de um lado para outro.

E logo o profeta percebeu que junto aos quatro seres havia rodas brilhantes, como feitas de berílio, translúcidas, de forma que cada uma,

---

38. Ezequiel, 28:20.

embora iguais em tamanho, parecia estar uma dentro das outras. E elas se movimentavam no mesmo ritmo dos estranhos seres. Acima delas e dos seres, o firmamento, onde se via um trono resplandecente. E sobre ele a imagem de um homem.

"Tinha a aparência do arco-íris, que surge entre as nuvens em um dia de chuva; assim era o reflexo ao seu redor", remata o profeta. "Pareceu-me ser esta a aparência da Glória do Eterno. Quando a vi, caí prostrado na terra e ouvi uma voz que me falava: [...].".[39]

As visões de Ezequiel constituem o que os cabalistas chamam de *Mercabá*, ou a Carruagem de Deus, e esta, segundo a visão dos mestres dessa antiga tradição, se refere ao próprio universo e seu processo de Criação. Pela ótica cabalista, a *Mercabá* é uma visão do mundo dos arquétipos, ou seja, é a própria imagem visual da Torá, ou a totalidade da Palavra de Deus, nela depositada. Ou como diz Scholem, "Na linguagem dos cabalistas, este mundo dos arquétipos é frequentemente chamado Mercabá, a 'Carruagem de Deus', e Recanati prossegue dizendo que cada pormenor no ritual da Torá é ligado com uma parte específica da Mercabá".[40]

A *Mercabá* tornou-se uma escola de interpretação cabalística. De acordo com as *Hekhalots* (Cap. XV), os membros dessa escola tinham de ser verdadeiros iniciados na doutrina secreta da religião de Israel e eram escolhidos a dedo, em um processo semelhante ao de uma admissão na Maçonaria. Tinham de cumprir oito condições necessárias (indicadas em sua vida pessoal e intelectual) e não podiam ter nenhum defeito físico ou aparência desagradável. A eles eram comunicados, por iniciação, os mistérios mais profundos da Cabala, especialmente aqueles conexos com a visão de Ezequiel, que, como já se disse, resume o próprio fenômeno da Criação.[41]

A estrutura do universo

A *Mercabá* tem sido interpretada de diversas formas. Uma delas é a de que o profeta teve uma visão que revela a estrutura fundamental do universo, ou seja, na línguagem da física moderna, ele viu a intimidade do campo energético que está na origem do mundo físico. Esse núcleo, que seria semelhante ao que se observa no interior de um átomo, guarda

---

39. Idem, 28:21.
40. *A Cabala e Seu Simbolismo*, op. cit., p. 150.
41. SEROUYA, Henry. *A Cabala*. Traduzido do francês: *La Kabbale*. Paris: Presses Universitaires de France, 1970.

certa analogia com a descrição feita pelo profeta (um núcleo brilhante com rodas coruscantes, umas dentro das outras girando ao seu redor). E dentro dessa estrutura estaria contida a totalidade do universo, como o escritor Jorge Luis Borges descreveria em seu conto cabalístico, "O Aleph".[42] Dessa forma, a *Mercabá* seria uma visão do próprio universo em estado latente, sendo gestado no pensamento de Deus.

Essa concepção está presente principalmente nos trabalhos de Isaac Luria, em que o espaço cósmico é dividido em sete dimensões, nas quais a luz residual oriunda do *Tzimtzum*[43] (a *reshimu*) preenche essas esferas, dando forma ao futuro cósmico por um processo que se desenvolve de fora para dentro e de dentro para fora, em um claro paralelo com a cosmogonia descrita por Teilhard de Chardin. Essa visão, segundo Leonora Leet, "não só é coerente com a cosmologia quântica da ciência moderna, como também oferece um modelo intelectual mais satisfatório para as nossas origens cósmicas".[44]

Além da totalidade do universo real, Ezequiel teria visto na *Mercabá* a Glória de Deus estampada no firmamento, onde o seu Trono estava posto. Dali, o Eterno projetava a sua energia em forma de luz, criando as realidades do mundo físico e espiritual, consubstanciadas nas rodas e nas criaturas que elas circundavam e nas emanações que elas projetavam: esferas de energia, imagens de arcanjos e potestades, energias em suspensão, fogos reluzentes, cores deslumbrantes.

Destarte, segundo a interpretação dada pela filosofia gnóstica, a estranha *gestalt* que o profeta Ezequiel construiu pode ser interpretada como uma imagem do Pleroma, ou seja, a esfera resplandecente da Divindade, com os seus aeons, arcontes e potestades, que nesse sistema de pensamento designa a totalidade dos poderes divinos para realizar a Criação. E, dessa forma, a descrição cabalista da origem do Cosmo se harmoniza com a ciência moderna, pois esta, como se diz no *Zohar*, começou com a emanação da Luz, vinda de um centro único, e daí se espalhando pelo nada cósmico. No dizer de Leonora Leet, "uma razão final para preferir localizar a fonte de emanação no centro, como na contribuição zohárica do nosso modelo, é que essa localização torna o nosso modelo final coerente com a teoria do Big Bang da cosmologia quântica, uma vantagem para qualquer modelo espiritual moderno".[45]

---

42. BORGES, Jorge Luis. *O Aleph*. São Paulo: Círculo do Livro, 1980.
43. Ver, no capítulo XII, o significado de *Tzimtzum*.
44. *A Kabbalah da Alma*, op. cit., p. 33.
45. Idem, p. 33. Pleroma (em grego πλήρωμα) significa *plenitude*.

Na Física moderna, esses habitantes do Pleroma poderiam ser associados aos elementos do mundo atômico, os quais recebem nomes tão estranhos como os seres do mundo cabalístico. Aqui eles são chamados de quarks, elétrons, hádrons, etc., componentes do estofo energético que dá origem a tudo que existe no mundo real. Nesse sentido, Ezequiel estaria contemplando o próprio nascimento do universo, no momento exato em que Deus estaria realizando esse parto, o que, na expressão da moderna ciência astrofísica, seria o Big Bang.

Como a palavra *Mercabá* significa "carro", ou seja, refere-se à mobilidade, a visão de Ezequiel foi associada a construção, desenvolvimento, movimento. Por isso, deu nome a uma das mais antigas escolas cabalísticas de interpretação bíblica, tendo nos comentários chamados *Hekhalot* (a Grande e a Pequena) as suas principais obras escritas a esse respeito. Nesses comentários, os cabalistas associam o Trono que aparece na visão de Ezequiel com a sefirá Kether, a esfera fulgurante da Divindade, primeira manifestação do poder divino no mundo físico. Essa sefirá é a representação simbólica das letras IHVH (*Iod-He-Vau--He*), chamada Tetragramaton pelos gregos, palavra essa que designa o Inefável Nome de Deus, cujas combinações entre suas letras geram a energia que dá nascimento ao universo físico.

Metatron ou Relâmpago Flamejante

De fato, a visão da *Mercabá*, para os mestres cabalistas, especialmente os seguidores de Isaac Luria, é uma imagem representativa da própria Árvore da Vida, porque o Ser Supremo, o Logos Criador do Mundo, após ter dado existência positiva a Si mesmo por meio da sefirá Kether, espalhou sua energia criadora pelas sefirot seguintes (que são esferas ou planos de evolução da matéria inorgânica e orgânica e da consciência que nelas habita). Assim, a luz que a Carruagem de Deus emite é a que a Cabala chama de Relâmpago Brilhante, ou o *Relâmpago Flamejante* da Maçonaria, cuja luz atravessa os véus da matéria universal dando vida e consciência ao Cosmo.

A Carruagem de Deus é o "veículo" que transporta a energia divina pelo mundo. Essa é a razão de, em alguns textos cabalísticos, esse veículo, carro ou espada ser chamado de Metatron, o Raio Luminoso, que corresponde, na hierarquia angélica, ao Arcanjo Mikael (Miguel), ou ao próprio Sol, na tradição das religiões solares.

Em algumas concepções gnósticas o próprio Jesus é identificado com o Arcanjo Miguel. Nelas se revela a clara intenção dos filósofos dessa escola em equiparar Jesus ao arcanjo que a Cabala chama de Metatron (ou Miguel para os cristãos), portador da Luz divina, cuja missão é trazer luz para o mundo. Pois, segundo a doutrina luriana, o pecado de Adão deu origem a um desequilíbrio cósmico, "quebrando os vasos" que deveriam conter a luz divina. Assim, a vinda do Messias (a própria presença física de Deus no mundo) teria o condão de "reunir" novamente as centelhas de luz que o pecado de Adão espalhou pelo mundo e, além disso, separá-las de suas partes materiais (as *kelipot*) para fim de reconduzi-las ao Centro Irradiador. É nesse sentido que se entende o apostolado de Jesus quando ele se coloca como o Messias e diz que o seu reino não era desse mundo, oferece-se como "cordeiro para o sacrifício", recusa-se a prestar referência ao Diabo, "o rei do mundo", e cumpre afinal a sua estranha missão libertadora. Pois, como explica Scholem em suas lições sobre o conceito messiânico, "Enquanto a última centelha divina de santidade e beatitude que caiu no tempo do pecado primordial de Adão no reino impuro das kelipot não tenha sido devolvida a sua fonte [...] o processo de redenção estará incompleto".[46]

Dessa forma, os teólogos cristãos, inspirando-se francamente nas doutrinas cabalistas, viram em Jesus a própria *Shehiná*, a presença divina no mundo, realizando-se. Condição essa que mais tarde o profeta judeu-turco Shabtai Tzivi também iria reivindicar.[47]

Shehiná, a presença divina no mundo

Alguns cabalistas sustentam que na visão da *Mercabá* estaria refletido também o simbolismo da Arca da Aliança, na conformidade das estranhas instruções que o Eterno deu a Moisés para a sua construção. Com efeito, em Êxodo 25:10-22, lemos que a Arca da Aliança foi construída segundo um plano elaborado de forma meticulosa, com medidas criteriosamente planejadas e materiais arranjados com cuidado, de modo a constituir um artefato com uma finalidade precípua. Tinha caixa e tampa de madeira de acácia, com dois côvados e meio de comprimento (1 metro e 11 centímetros) e um côvado e meio, tanto de largura como de altura (66,6 centímetros). Era coberta de ouro puro por dentro e por fora, com bordaduras desse metal ao redor.

Sobre a tampa da arca havia o chamado propiciatório (o *Kapporeth*), formado por peças fundidas em ouro, representando dois querubins de

---
46. . Idem, p. 53 (citado por Leonora Leet). *Kelipot* (em português) é o plural de *Qliphah*, cujo significado literal é "mulher indecente".
47. Sobre Shabatai Tzivi e o messianismo, ver o Capítulo II e, especialmente, a nota 44.

frente um para o outro, cujas asas cobriam e formavam uma só peça "com a tampa". Na Arca, segundo diz o relato do versículo 22, "no tempo marcado estarei ali, e falarei contigo de cima do tampo dentre os dois querubins que estão sobre a Arca do Testemunho a respeito de tudo o que ordenarei para os filhos de Israel".[48] Segundo os cabalistas, Deus se fazia presente no propiciatório, no meio dos dois querubins de ouro, na forma de uma presença misteriosa chamada Shehiná.

A doutrina que se oculta sob o nome de *Shehiná (ou Shekináh)* é oriunda do Antigo Testamento e sua origem se encontra nas instruções que Deus dá a Moisés para a construção do Tabernáculo e a Arca da Aliança. Essas instruções tratam da instituição de um centro religioso e espiritual entre os israelitas, no qual a presença divina se realizaria de forma positiva e constante. Esse centro teria se cristalizado na construção da Arca da Aliança e do Tabernáculo, e mais tarde na edificação do Templo de Salomão. Por isso é que se diz que o Templo de Jerusalém foi construído segundo proporções imitativas do próprio universo, para ser efetivamente um lugar propício à presença divina no mundo, ou seja, para que Deus pudesse estar, como presença real, entre os homens.

Por isso a *Shehiná (presença divina no mundo)* é sempre representada como "Luz", *Domus Lucis, Portae Lucis, Janua Lux, Fiat Lux,* etc., expressões essas que os ritos maçônicos têm conservado na simbologia da letra G (Geometria), que na tradição maçônica se representa pela letra hebraica Yod. Esse conceito também estaria representado no Hexagrama da Criação, desenvolvido pelos pitagóricos, o qual é construído com séries harmônicas presentes nas chaves esotéricas da Geometria e da Música. Não é outra a razão pela qual essas duas disciplinas são tão caras aos maçons, pois na tradição maçônica Deus constrói o universo usando a escala diatônica, que incorpora o som, a forma e o número.[49]

Essa tradição, que se refere à construção do Tabernáculo e do Templo de Salomão, talvez seja os resquícios da memória da ciência arcana que informava a construção dos antigos templos, o que, diga-se a verdade, não foi uma técnica desenvolvida pelos israelitas, mas apenas idealizada por eles naquilo que se revela como arte maçônica. Pois, como se sabe, os templos da Antiguidade eram construídos com proporções geométricas deduzidas segundo conhecimentos de astrologia, os quais eram reproduzidos na estrutura e na conformação desses

---

48. Êxodo, 25: 22.
49. Ver o ritual do Grau 30 do REAA, que se refere às Sete Artes Liberais.. Sobre o mesmo tema, ver *A Kabbalah da Alma,* op. cit., p. 484 ss.

edifícios, sempre com a intenção de proporcionar um canal de comunicação entre o deus a quem ele era dedicado e o povo que o cultuava.[50]

A Shehiná e o Big Bang

No imenso do cosmo, como no ínfimo da matéria que lhe dá forma, parecem funcionar as mesmas leis de constituição. Stephen Hawking, em um de seus trabalhos, dá-nos uma ideia dessa constituição. "Atualmente os cientistas descrevem o universo por meio de duas teorias parciais: a teoria geral da relatividade e a mecânica quântica, que são as duas grandes contribuições intelectuais da primeira metade deste século. A teoria geral da relatividade descreve a força da gravidade e macroestrutura do universo, ou seja, a estrutura em escalas de apenas poucos quilômetros para um tamanho tão grande quanto um setilhão de quilômetros, que é o tamanho do universo observável. A mecânica quântica, por outro lado, lida com fenômenos em escalas extremamente pequenas, tais como um trilinésimo de centímetro".[51] Embora Hawking conclua que as duas teorias são incompatíveis entre si e, portanto, não podem ser ambas corretas, não se pode evitar que suas conclusões guardem estreitos paralelos com as intuições dos místicos de todos os tempos, para quem o que acontece nos céus repercute sobre a Terra, já que ambos comungam de estruturas semelhantes e se formam por idênticas leis. Assim, o que se aprende sobre a mecânica quântica, ou seja, como é formada a estrutura da matéria em sua intimidade atômica, pode ser estendido para as grandes massas siderais e, consequentemente, para o próprio Princípio Luminoso que deu origem a tudo.[52]

Assim, a *Mercabá*, dizem os cabalistas, com sensível razão, é uma imagem completa do Ato Criador. Em termos científicos, seria uma visão mística do Big Bang, com todas as suas consequências futuras, da mesma forma que a visão da Escada de Jacó é uma viagem esotérica pelas etapas da Criação e o Apocalipse é um retrato da etapa final da Obra de Deus. Temos assim uma visão escatológica do nascimento, vida e consumação finalística *deste* mundo, que por não caber nos termos estreitos da linguagem humana foi mostrada em símbolos visuais, ao profeta Ezequiel, por meio da *Mercabá,*

---

50. Ver, nesse sentido, OVASON, David. *A Cidade Secreta da Maçonaria*. São Paulo: Planeta, 2007.
51. HAWKING, Stephen. *Uma Breve História do Tempo*. São Paulo: Círculo do Livro, 1989.
52. Imagem: O nascimento de uma Estrela. Fonte: Wikipédia Fundation.

ao patriarca Jacó por intermédio da *Escada Mística* e ao apóstolo João na visão do Apocalipse.[53]

A Maçonaria e o tema do Apocalipse

A visão de Jacó, conhecida como a "Escada Mística", por se tratar de uma alegoria extremamente importante na ritualística da Maçonaria, será estudada em capítulo próprio.

O Apocalipse é uma obra escrita e inspirada pela doutrina da Cabala e seu autor se revela um profundo conhecedor dos métodos cabalísticos de escrita. Ele faz larga utilização de símbolos e alegorias e nela se percebe, claramente, o uso dos métodos cabalísticos de escrita conhecidos com *temura, notaricon e guematria*. Essas formas de escrever foram usadas na composição das estranhas descrições que ele faz do processo de julgamento do velho mundo e da composição do novo, que seria reorganizado e gerido por Jesus Cristo.

A importância da visão apocalíptica do mundo está no fato de que ela resume o destino escatológico do universo. Por isso, vários profetas no Velho e no Novo Testamento se ocuparam dessas visões. É um arquétipo que está presente na história de Israel e se confunde mesmo com a sua própria saga como nação. Israel é a "maquete" da nação que Deus construiu como modelo para a humanidade. Dessa forma, o que vale para o seu destino vale para o destino da humanidade toda. Por isso esse tema aparece em vários escritos proféticos, como os de Ezequiel, Daniel, Amós, Zacarias, Malaquias, além do cristão João. E em vários apócrifos, como o Livro de Enoque, o Apocalipse de Abraão, o Testamento de Isaque, etc.

Essa temática foi apropriada pela Maçonaria no desenvolvimento de um de seus temas rituais. Mais propriamente, na decoração da Loja do Grau 19 encontraremos uma tela de formato quadrado, representando uma cidade. Essa cidade simboliza a *Jerusalém Celeste* com suas três portas de cada lado, tendo no centro a *Árvore da Vida*, produzindo 12 frutos diferentes. A Jerusalém Celeste parece baixar do céu, conforme mostrada no painel do Grau. Nesse sentido, esse painel reflete a visão do profeta João. Ela é chamada de Templo da Verdade ou Templo da Razão. Significa que a sabedoria divulgada nesse Grau é o apostolado da razão. Por isso, a pergunta básica que ali é feita: "Que seria dele (o

---

53. Para mais detalhes sobre o Apocalipse e a utilização desse tema nos rituais da Maçonaria, ver a obra deste autor: ANATALINO, João. *Mestres do Universo*. São Paulo: Biblioteca 24x7, 2010.

homem), apesar da consciência e da inteligência, sem a Razão? Viveria perpetuamente no erro e só a casualidade lhe proporcionaria algum progresso".[54]

A Jerusalém Celestial da visão profética tinha "um muro alto e grande com 12 portas; e nas portas 12 anjos, e uns nomes inscritos, que são os nomes das 12 tribos de Israel". Clara alusão a temas cabalísticos, ligados à mística do povo judeu, pois o número 12 é sagrado para o povo de Israel. Ele representa a estrutura do universo perfeito, que se revela nos 12 signos do zodíaco e reflete no modelo perfeito da humanidade sobre a Terra, que seria a nação de Israel, com seu modelo de Estado dividido em 12 tribos.

No painel desse Grau pode ser vista uma escada elevatória que representa a luta pelo autoaperfeiçoamento espiritual, que deve ser buscado pelo maçom. Essa escada é uma alusão à Escada de Jacó, que sobe do piso da Loja e serpenteia elipticamente pelos 12 signos zodiacais. E para reforçar ainda mais as influências cabalísticas que permeiam as instruções desse grau, ali encontraremos também a Árvore da Vida.

Por fim, cabe dizer que, no ritual do Grau 19, a Jerusalém Celeste é o símbolo correspondente ao Éden bíblico e ao Reino de Deus pregado por Jesus. Nesse reino mítico só entrarão os "eleitos", ou seja, não os espíritos que foram julgados puros no Juízo Final, mas, sim, aqueles que serão os representantes, perante Deus, da nova humanidade. O Apocalipse diz que serão 144 mil "eleitos", fórmula resultante da multiplicação da base 12 por 12.000, a qual, como se vê, é a formula estrutural da nação de Israel.

Lembrando que a Árvore da Vida tem 32 *caminhos* pelos quais a energia criadora se distribui entre as sefirot, a Jerusalém Celeste também possui 32 "portas" e "caminhos, os quais são conotativas das etapas que um maçom deve percorrer para fazer parte desse grupo de 'eleitos'".

Analogamente, a cadeia iniciática da Maçonaria do Rito Escocês (REAA) se distribui por 33 graus, sendo 32 de aperfeiçoamento e um (o Grau 33) de apoteose. Assim, o Grau 33 implica a realização plena da escalada iniciática da Maçonaria e significa a integração final do espírito do Irmão ao Centro Irradiante de Luz, que na Maçonaria é representado pela letra G e na Cabala pela sefirá Kether.

---

54. Cf. o Ritual do Grau 19.

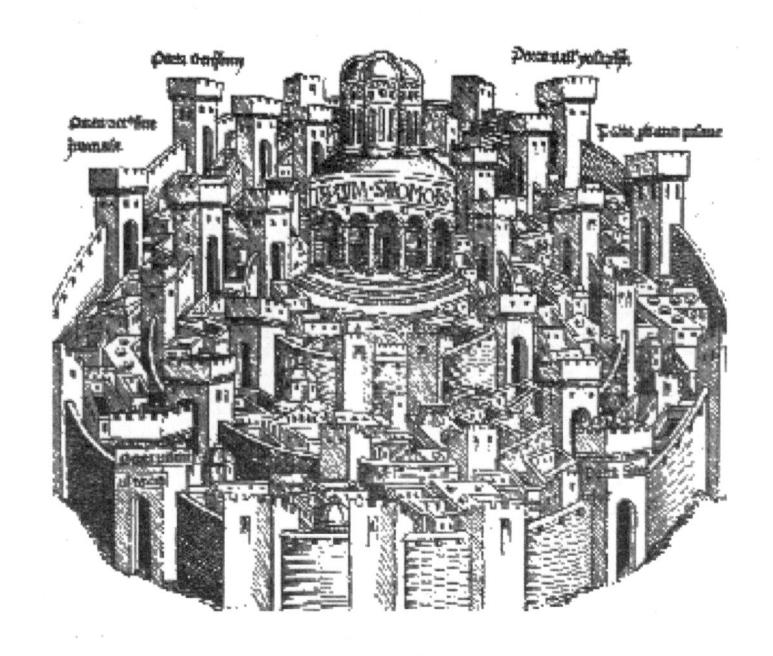

A Jerusalém Celeste, Painel do Grau 19.

CAPÍTULO V

A Cabala e a Gnose

Semelhanças e diferenças

Uma das diferenças fundamentais entre as duas tradições é o fato de a Gnose ser uma disciplina bem mais democrática do que a Cabala. A Gnose procurou fazer uma síntese do pensamento religioso existente nos primeiros séculos do Cristianismo, enquanto a Cabala, originariamente, tinha como meta provar a supremacia do Judaísmo sobre as demais religiões. Após a Reforma Protestante, e principalmente depois que os filósofos gnósticos incorporaram a doutrina cabalística como ferramenta de apoio às suas próprias visões cosmológicas, esse enfoque mudou, mas a princípio esses dois fundamentos (o fato de a Cabala ser uma inspiração judaica e a Gnose se identificar com o Cristianismo) tornavam as duas grandes tradições quase inconciliáveis.

Malgrado as diferenças existentes entre as duas disciplinas, a Cabala e a Gnose, desde suas origens, compartilharam muitas coisas em comum. Como nos mostra Gershom Scholem, a Cabala, como de resto todas as demais doutrinas místicas, não deixa de ser uma forma de gnosticismo. Provavelmente tenha servido, ela mesma, de fonte para o desenvolvimento da maioria das teses gnósticas.[55]

Um dos domínios em que as duas disciplinas fizeram intercessão foi na prática da alquimia, e principalmente na crença de um mundo

---

55. *A Cabala e Seu Simbolismo*, op. cit., p. 59.

construído por meio de emanações divinas. Nesse sentido, os cabalistas viam o universo como um edifício que vem sendo construído segundo leis físicas e morais, forças que regulam a edificação das suas duas estruturas: a material e a espiritual. Esse simbolismo sugere a ideia de que o universo é erigido segundo um plano traçado por um arquiteto e é executado pela ação de seus mestres (arcanjos arcontes) e pedreiros (os homens). Essa visão, como se sabe, é compartilhada pela Maçonaria, que em cima dessa alegoria desenvolve a estrutura central do seu simbolismo.

Como os gnósticos, os cabalistas medievais acreditavam na existência de uma divindade inacessível, impossível de se dar a conhecer pela mente humana, já que, depois de ter criado o mundo e provido leis definitivas para seu controle e evolução, dele se ausentou. Pois, como diz a Bíblia, Deus, após ter completado o ato de criação, simplesmente descansou. Outra das diferenças entre a Cabala e a Gnose era de origem teológica. Enquanto a Cabala pugnava por uma doutrina monoteísta, a Gnose era uma doutrina dualista. Dois deuses conviviam em eterna luta. Um era o deus bom e o outro era o deus mau. Mas, enquanto o mau se revelava e criava o mundo, o deus bom permanecia oculto e não podia ser atingido pelo conhecimento humano. Somente a sua glória corporal, que era a Luz da Gnose, poderia ser atingida pela experiência iniciática. Já o deus mau era o Demiurgo, criador do universo físico.

Essa aparente incompatibilidade foi resolvida por alguns mestres cabalistas com a tese da dupla personalidade divina, na qual se via Deus não mais como pensava a teologia judaica tradicional, que pregava uma criação *ex nihilo* (uma criação a partir do nada), mas como um Criador que "tirava" o mundo de si mesmo, ou seja, criava o universo a partir das suas próprias potencialidades. Assim Deus passava a ser o Espírito que gerou um corpo para si mesmo, a partir de sua própria essência. Da Existência Negativa (*ayn*, o nada), ele gerou uma Existência Positiva (*Ayn Sof*, o ilimitado, o tudo). A partir dessa visão, alguns gnósticos abandonaram a ideia de um mundo feito por um deus mau e passaram a admitir a tese cabalista de um universo emanado a partir de manifestações de um deus único. Isso permitiu uma aproximação conceitual entre as duas grandes tradições. Essa aproximação teológica entre Cabala e Gnose foi possível porque os gnósticos viam no Criador uma espécie de energia, um Princípio que se traduzia em uma visão luminosa, projetada a partir de um abismo sombrio (Sige), enquanto os cabalistas o designavam como uma Presença que se manifesta no mundo na forma de um fenômeno luminoso (a sefirá Kether).

Assim, visões que antes pareciam ser incompatíveis começaram a fazer sentido para os cultores dos dois sistemas de pensamento, de forma que encontraremos, já entre os cabalistas e gnósticos da Renascença, uma certa unificação de pensamento sobre esse tema.

O que ensina a Gnose

Gnose, na história da filosofia, designa uma escola de pensamento que apareceu nos dois primeiros séculos anteriores ao Cristianismo, tendo alcançado o apogeu entre os séculos II, III e IV da Era Cristã, sendo praticamente esquecida por volta do século V, quando a Igreja de Roma conseguiu impor sua autoridade como religião oficial do Império Romano.

A ambição dos gnósticos era criar uma espécie de religião filosófica, unindo as duas grandes vertentes do pensamento religioso dominante no Ocidente nos primeiros séculos da Era Cristã, que eram o Cristianismo e a filosofia neoplatônica. Nesse sentido, eles procuravam conciliar os grandes mitos das religiões greco-romanas e orientais com o espiritualismo da doutrina cristã, buscando obter uma síntese que pudesse agradar aos adeptos de ambas as crenças.[56]

No que, evidentemente, não tiveram sucesso, pois a partir do Conselho de Niceia, realizado em 325 da Era Cristã, as chamadas doutrinas gnósticas já haviam sido consideradas heréticas e atiradas à clandestinidade. Atacadas tanto pelos cristãos ortodoxos quanto pelos defensores das religiões pagãs, elas passaram à história como um conjunto de doutrinas curiosas, formuladas por pensadores heréticos e com intenções contestatórias ao verdadeiro Cristianismo.

Em razão disso, o gnosticismo, na prática, ficou confinado a algumas parcas manifestações espirituais, praticadas por seitas consideradas heréticas. Algumas delas, como os cátaros, os bogomilos e os arianos, por exemplo, foram combatidas com extrema violência e rigor pela Igreja de Roma.

No entanto, elas não desapareceram do rol das doutrinas filosóficas e religiosas. Durante toda a Idade Média, sobreviveram na prática dos alquimistas e nas crenças de seitas consideradas heréticas, como os cátaros e, como acreditam muitos autores, de algumas Ordens religiosas, como os Cistercienses, os Templários, os Hospitalários e os Cavaleiros Teutônicos.

---

56. *História da Filosofia Oculta*, op. cit.

Porém, com a chamada Renascença, as doutrinas que se fundamentavam no pensamento gnóstico-neoplatônico experimentaram uma forte ressurreição. Muitos estudiosos, como Scholem, por exemplo, acreditam que elas tiveram um papel fundamental no desencadeamento da Reforma Protestante.[57] Não é uma ideia a se desprezar, porquanto se sabe que o próprio Martinho Lutero, desencadeador da Reforma, andou flertando muito de perto com o misticismo rosacruciano, que no início do século XVII encantou uma geração de intelectuais em toda a Europa.[58] Desde então, malgrado o chamado "Século das Luzes" que o pensamento iluminista veio inaugurar, e depois o arraigado racionalismo positivista que tomou de assalto a história do pensamento ocidental, o gnosticismo nunca perdeu o interesse para os amantes da filosofia oculta.

A Gnose moderna

Hoje, alguns temas desenvolvidos pelo pensamento gnóstico e cabalístico são estudados por cientistas atuais da Física Quântica e da Astronomia moderna, que neles encontram extraordinários paralelos com as descobertas da ciência mais avançada. Nas teses gnósticas, os estudiosos da ciência moderna veem uma interessante correspondência com o atomismo desenvolvido pelos filósofos gregos Demócrito e Leucipo. Com base nessa correspondência, os modernos gnósticos desenvolveram a tese de que o universo é formado por uma "rede de relações", informada pelos núcleos dos átomos. Estes estão carregados com informações primordiais que os fazem buscar as interações de que necessitam para dar nascimento e forma às realidades do mundo físico.[59] Nessa área específica do conhecimento humano, que estuda o espiritualismo, parece que o esoterismo e a ciência física estão, finalmente, dando as mãos. De um lado é o mundo sutil que constitui o estofo do universo físico que começa a ser desvendado a partir das descobertas científicas e, por outro, a ciência sendo

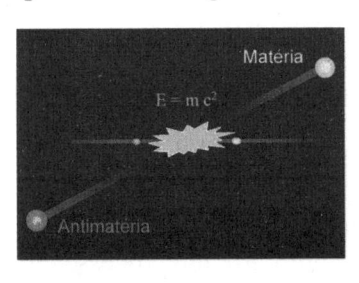

---

57. *A Cabala e Contra História*, op. cit., p. 100.
58. Ver nesse sentido, YATES, Frances. *Giordano Bruno e a Tradição Hermética* e *O Iluminismo Rosa-Cruz*, já citados nesta obra.
59. Ver, nesse sentido, RUYER, Raymond. *A Gnose de Princeton*. São Paulo: Cultrix, 1974. Ver também: CAPRA, Fritjof. *O Tao da Física*. São Paulo: Cultrix, 1992.

enriquecida na mesma proporção pelas intuições da sensibilidade humana, que são, como as vemos, manifestações do espírito do homem na sua busca pelo conhecimento.[60]

Nesse sentido, matéria e espírito são vistos como polos opostos da mesma corrente energética. Um não pode existir sem o outro, nem qualquer das duas correntes subsistir por si mesma. Ou, como as chama a moderna ciência atômica, matéria e antimatéria, uma como contraposição da outra, mas sustentando-se mutuamente. Talvez elas se desenvolvam em sentido contrário uma a outra, como intuiu o grande Teilhard de Chardin; a matéria se desenvolvendo para fora, no sentido do imenso, gerando o universo físico, e o espírito se desenvolvendo para dentro, no sentido do ínfimo, formatando o universo espiritual. Porém, de qualquer modo, são grandezas que se sustentam obedecendo a um processo que, no fundo, se completa em uma totalidade estrutural que tem sentido e finalidade, porque se trata de um plano arquitetado pela Mente de Deus.[61]

A Gnose e o atomismo

Em face dos novos conhecimentos trazidos pelos estudos da Astronomia, que mostram a Terra como uma diminuta fração do universo real, a visão astrológica dos antigos gnósticos talvez não tenha mais sentido. Isso afeta também a sua cosmologia e a ideia que eles faziam sobre a forma como Deus constrói o universo. Sabemos agora que o nosso é apenas um entre milhões de planetas que podem ter gerado a vida. Assim, a ideia de que Deus teria urdido um plano de resgate de sua criação teria de envolver todo o universo, diante da possibilidade de que a vida possa existir em outros sistemas além do nosso.

As visões gnósticas eram desenvolvidas considerando-se sempre a crença geocêntrica, que coloca a Terra como centro do universo e o homem como coroa da criação. Destarte, fora da Terra, para os antigos astrônomos, não havia mais nada e, assim, toda a preocupação de Deus se resumia ao nosso planeta e seus habitantes. Sabemos agora que não é assim. O universo, como bem nos mostram as obras de Teilhard de Chardin e a moderna ciência astronômica comprova, é um processo em evolução, assim como a própria vida que ele hospeda.

Entretanto, uma das mais interessantes concepções da Gnose ainda é válida. É a ideia de que a alma-espírito é uma centelha de luz

---

60. Imagem na página anterior: Fonte: *Eternos Aprendizes*, Ricardo Orsini de Castro.
61. CHARDIN, Pierre Teilhard de. *O Fenômeno Humano*. São Paulo: Cultrix, 1968.

aprisionada na matéria. Essa visão é compartilhada por Leonora Leet, que na sua obra *A Kabbalah da Alma* desenvolve uma interessante tese a respeito das propriedades da alma humana, que muito se assemelha às visões de Aristóteles e Teilhard de Chardin.

Por seu turno, os antigos filósofos atomistas acreditavam que os átomos eram "animados", isto é, continham uma espécie de energia interna que lhes era comunicada por uma fonte externa, pois eles eram impelidos por "átomos maiores, mais puros" (de origem divina). Assim, a doutrina do atomismo, que está na origem da moderna ciência física, não descarta a presença de uma energia de origem superior para dar vida ao universo e, também, não refuta a ideia da existência de "entidades" de constituição sutil (espiritual) na gerência desse processo.[62]

Gnose e hiperfísica

Essa também é a crença que inspira Teilhard de Chardin no desenvolvimento da sua hiperfísica. Segundo esse grande pensador (que alguns estudiosos dizem ser o maior do século XX), existem dois tipos de energia atuando na construção do universo: a física e a espiritual, que ele define como o "Dentro e o Fora das Coisas". A primeira gera a massa física do mundo, por força das interações entre os elementos (átomos), e a segunda dá origem à sua parte espiritual, por força do enrolamento dessa energia sobre si mesma em unidades cada vez menores. "Essas duas energias", escreve o grande filósofo, "espalhadas respectivamente sobre as duas folhas externa e interna do Mundo, têm, no conjunto, o mesmo andamento. Estão completamente associadas e passam, de algum modo, de uma para a outra. Mas parece impossível fazer com que suas curvas simplesmente se correspondam. Por um lado, somente uma fração ínfima de Energia 'física' se acha utilizada pelos mais elevados desenvolvimentos da Energia espiritual. E, por outro lado, essa fração mínima, uma vez absorvida, traduz-se, no quadro interior, pelas mais inesperadas oscilações".[63]

Teilhard quer com isso dizer que espírito e matéria são forças que se orientam em sentidos diversos, mas que são extremamente dependentes uma da outra; que não há desenvolvimento material sem um correspondente desenvolvimento espiritual, da mesma forma que a recíproca igualmente é verdadeira. Essa assertiva também está assente

---

62. Ver, nesse sentido, a interessante obra de WEISS, Brian L. *Muitas Vidas, Muitos Mestres*, 30. ed. São Paulo: Sextante, 2001.
63. *O Fenômeno Humano*, op. cit., p. 63.

na fórmula que sustenta a tese hedonista de que para pensar é preciso comer. Quer dizer, se a base do espírito é o pensamento e a qualidade deste depende das boas condições químico-físicas do organismo, e isso é certo, também é verdade que o organismo não conseguirá manter boas condições de saúde física se não tiver, em igual proporção, o mesmo cuidado sanitário com o seu lado espiritual. Esse pressuposto, aliás, já era defendido pelo médico cabalista Maimônides, como vimos no capítulo II.

Nesse sentido é que certas correntes gnósticas veem o espírito humano como uma espécie de camada de elétrons, presa ao seu centro material; e seu movimento em volta desse núcleo gera calor e luz, e estes se convertem em ações. Essas noções, antes tratadas de forma puramente esotérica, hoje são objeto da nova ciência chamada *noética*, que procura provar, de forma científica, a existência de energias transcendentais, especialmente aquilo que chamamos de mundo espiritual.[64]

O que diz a Cabala

Embora usando termos e linguagem diferentes, essas ideias não são muito estranhas à doutrina da Cabala. Para os modernos cabalistas, as leis naturais são "entidades" (arcanjos e potestades) cuja função na construção do universo é a de gerir esse processo, inspirando e orientando os homens em suas ações. Nesse processo, no qual Deus aparece como o Arquiteto Supremo, os arcanjos são os mestres e os homens são os aprendizes.

Tudo que já foi, é e será já existia em estado latente no universo anterior ao nosso. Como diz o *Zohar*, "antes que o equilíbrio se consolidasse, o semblante não tinha semblante". Quer dizer, antes que o mundo existisse na sua forma física, ele já existia em sua forma espiritual (energética), embora não tivesse imagem nem formato. Bem como diz a Bíblia em seu texto literal: "a terra era sem forma e vazia e existia escuridão sobre a face do abismo" (Gênesis, 1:2). Essa é a verdadeira ciência física do espírito.[65]

---

64. A noética (em grego *nous*) é a ciência que se refere a tudo que tem relação com o pensamento humano, especialmente no que tange a seu objetivo e significado cósmico. O termo deriva da filosofia de Aristóteles. Na imagem, o padre Teilhard de Chardin (fonte: *O Fenômeno Humano*, op. cit.).

65. *A Kabbalah Revelada*, op. cit., p. 65.

Na ótica cabalística não existe, literalmente, uma "criação" espontânea do universo, mas um conjunto de manifestações da Divindade, pois Ela e tudo que há no mundo já tinham existência anterior (em forma de energia) antes de despontar como matéria. Por isso diz a Bíblia que "o Espírito de Deus pairava sobre a face das águas". Assim, para os cabalistas, Deus não "criou" literalmente o mundo, mas "manifestou-o" a partir da sua própria potencialidade. O mundo não surgiu do nada. Ele sempre esteve presente na própria essência do ser Criador.[66]

Destarte, o mundo é visto como resultado de sucessivas manifestações da Vontade criadora, em diferentes etapas de atuação das forças que Ele liberou ao se manifestar. Tudo acaba sendo produto da interação matéria/espírito em um movimento coordenado por uma Vontade que dirige esse processo para uma finalidade determinada, que não precisa, necessariamente, ter um fim. Isso justifica o postulado segundo o qual "nada se cria, nada se perde, tudo se transforma", conhecido axioma de Antoine-Laurent de Lavoisier (1743-1794), famoso químico e filósofo iluminista francês, considerado o criador da química moderna. Esse postulado é válido também para as realidades espirituais, o que nos leva a admitir a existência de alguma forma de vida, antes e após a morte, pois, como nos têm mostrado as recentes descobertas da ciência chamada noética, a nossa alma-espírito tem massa e, consequentemente, pode ser considerada alguma forma de energia que atua em um plano diferente da nossa massa física. Desse modo, como energia, ela também estaria sujeita ao princípio denunciado por Lavoisier. Quer dizer, ela também não é "criada" (porque sempre existiu), nem desaparece, mas apenas se transforma.

Por meio da sua atividade mental o homem pode transpor a barreira da matéria e atingir o mundo do espírito, encontrando a salvação. Essa é a esperança gnóstica de ontem e de hoje, e é o que a Cabala também ensina. Nesse processo, a mente humana tem de superar a fase dos burros que querem andar em diferentes direções, isto é, precisa utilizar o que aprendeu para integrar matéria e espírito em uma unidade indissolúvel. Essa é a chamada "ciência com consciência", de que falava o iniciado Rabelais. E também é a ciência ensinada pela Maçonaria.[67] Por consequência, essa igualmente é a chama que anima os maçons em sua escalada pela Escada de Jacó, como veremos na conclusão deste trabalho.

---

66. *A Cabala e Seu Simbolismo*, op. cit., p. 124 ess.
67. François Rabelais, (1483-1543) . Padre, médico, humanista e escritor, autor do clássico *Gargantua e Pantagruel*, que descreve, na forma de um romance de aventuras, o método usado pelos alquimistas para atingir a iluminação (a pedra filosofal).

Por ora, é importante ter em mente as visões gnósticas e cabalistas desse conceito, porquanto é nessas visões que a Maçonaria se inspira para desenvolver a maioria dos temas que aparecem em seus rituais.

CAPÍTULO VI

O Universo Cabalístico

A ordem no Caos

Nos capítulos anteriores, assinalamos alguns paralelos entre as intuições cabalísticas e as descobertas da ciência moderna nos campos da física nuclear, da astronomia e da biologia. Assinalaremos agora outros que nos parecem interessantes do ponto de vista especulativo e que foram eliciados para fundamentar alguns dos pressupostos aqui colocados. Até porque muitos desses temas serão encontrados nos ensinamentos maçônicos, e sua referência nos rituais, às vezes, causa certa perplexidade nos Irmãos, que muito a custo conseguem entender a razão de eles estarem inseridos ali.

Em suas pesquisas sobre a origem do universo, a ciência só conseguiu, até agora, chegar ao conceito do "átomo primordial", ou seja, um "campo energético" tão densamente carregado de energia que, não podendo conter em si tamanha pressão, um dia explodiu.

Por falta de um nome melhor para designar essa "densidade energética dos princípios" que vazou para além de si mesma, deram-lhe um nome ainda mais estranho. Chamaram-na de *Singularidade*, ou seja, "algo" que explodiu, dando início ao tempo e preenchendo o espaço cósmico com a matéria derivada do imenso potencial energético que esse "algo" continha. E daí a visão científica do nascimento do universo por meio do fenômeno que eles chamam de Big Bang, ou a grande explosão.

Essa explosão inicial liberou a energia que estava presa dentro dessa *Singularidade*. Espalhando-se pelo nada cósmico, ela tomou o formato de uma enorme bolha de gás de partículas atômicas, que, desde então, se encontra em expansão constante. Nessa visão, o universo pode ser imaginado como se fosse uma bexiga cheia de pontinhos luminosos, que está sendo preenchida eternamente; a cada soprada ela se torna maior e os pontinhos se afastam cada vez mais uns dos outros.

Assim, segundo a moderna ciência, vivemos em um universo em eterna expansão. Essa expansão, todavia, não é aleatória nem descontrolada, porque dentro dele existe uma força que atua em um sentido contrário ao que orienta a sua expansão. É uma força de retração, que está presente em maior ou menor grau em todos os corpos materiais e faz com que suas massas se agrupem e formem compostos e sistemas. Teilhard de Chardin nos dá uma ideia bastante lúcida dessa propriedade da matéria universal: "A ordenação das partes do universo tem sido para os homens um motivo de deslumbramento", escreve ele. "Ora, esse arranjo se revela cada dia mais espantoso, à medida que nossa Ciência se torna capaz de um estudo mais preciso e mais penetrante dos fatos. Quanto mais longe e profundamente penetramos na Matéria, por meios sempre mais poderosos, tanto mais nos confunde a interligação de suas partes. Cada elemento do Cosmo é positivamente tecido de todos os outros; abaixo de si próprio, pelo misterioso fenômeno da 'composição', que o faz subsistir pela extremidade de um conjunto organizado; e, acima, pela influência recebida das unidades de ordem superior que o englobam e o dominam para seus próprios fins [...]. A perder de vista, em volta de nós, o Universo se sustenta por seu conjunto. E não há uma única maneira realmente possível de considerá-lo. É tomá-lo como um bloco, todo inteiro." [68]

Portanto, por fora, o universo se forma por dispersão; por dentro, ele se organiza pela união. Por fora atua a relatividade; por dentro trabalha a gravidade. Duas leis que parecem antagônicas, mas que, no entanto, se completam na formação do todo. Assim, na imensidade do plano cósmico os corpos menores são atraídos pelos corpos maiores e ficam presos em suas órbitas, girando em volta deles, formando os sistemas planetários. Estes, por sua vez, se agrupam formando galáxias, e estas, as nebulosas, fazendo do universo uma espécie de organismo, com suas células, órgãos e sistemas. A força da atração, que se traduz pela lei da gravidade, por sua vez, impede que o universo se torne um imenso caos de forças desordenadas, como se fosse uma manada de

---

68. *O Fenômeno Humano*, op. cit., p. 96.

bois estourada, correndo em todas as direções. Nasce dessa maneira a organização estelar, da mesma forma que a matéria bruta e a matéria orgânica também assim se estruturam para formar elementos químicos, compostos, produtos, biomas, ecossistemas, organismos. É a ordem posta no caos da materialidade. A *Ordo ab Chaos* da Maçonaria, em sua visão cósmica.[69]

Deus "não joga dados"

Nesse particular, o discurso científico não deixa de conter certo esoterismo, e na mística contida no discurso esotérico também podemos encontrar fumos de ciência. A matéria bruta é feita de átomos, os átomos se juntam para formar compostos e os compostos constituem a maior parte da matéria universal. Igualmente a matéria orgânica se maneira a partir de células que se juntam para formar moléculas e estas se reúnem em sistemas. Todos com seus domínios e funções, da mesma forma que cada vida, humana ou animal, tem o seu domínio, sua função e sua missão na estrutura do universo. No imenso do espaço cósmico e no ínfimo do núcleo atômico da matéria, fundem-se os domínios da física com os da metafísica para nos dar a compreensão de como o universo funciona e como ele está sendo construído. É uma verdadeira *Cosmogênese* que se processa, segundo um plano e uma finalidade que talvez nunca cheguemos a compreender, mas que é possível entrever nas leis que regem a formação dos corpos materiais e do próprio fenômeno da vida.

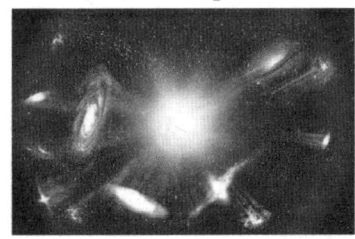

A natureza não faz nada que não seja absolutamente útil. A menor partícula existente na matéria universal cumpre papel extremamente importante nessa formidável rede de relações em que vai se tornando o universo físico que saiu do Big Bang. Essa rede de relações parece obedecer a um plano extremamente lógico, como se ela estivesse sob o comando de uma Mente Universal que tudo planeja e controla.

Às vezes temos a impressão de que todos os eventos universais acontecem aleatoriamente, como em um jogo de dados. Mas isso é porque, do nosso limitado campo de visão, nós só temos a perspectiva do imediato. Se nos fosse dado o privilégio de ver todos os desenhos

---

69. *Ordo ab Chaos*: expressão latina que designa o processo de organização que vem ocorrendo no universo físico que saiu da explosão do Big Bang. Imagem: O universo em expansão (fonte: *Galileu*. Disponível em: <globo.com>. Acesso em: 20 jun. 2016).

futuros que o tecido universal assumirá, ou no passado todos que já assumiu, então a nossa preocupação seria apenas a de procurar entender o nosso papel nesse processo. Pois, como bem expressa o autor de *O Fenômeno Humano*, "nós somos o ápice momentâneo de uma Antropogênese, que, por sua vez, coroa uma Cosmogênese", ou seja, somos a espécie mais elaborada que o fenômeno da vida produziu, até agora, dentro de um projeto de vida cósmico, elaborado pela Mente Universal. É nesse sentido que Einstein disse que "Deus não joga dados". Quer dizer, Deus não constrói o universo aleatoriamente, testando alternativas para ver no que vai dar.

Conscientes desse processo, devemos evitar ações que venham causar "defeitos" na urdidura desse tecido, pois, embora o universo tenha mecanismos de recomposição para todos os desequilíbrios que nele são gerados, qualquer ação que viole os princípios de organização e desenvolvimento postos na natureza sempre exige um custo maior em dispêndio de energia para realizar uma recomposição. Essa é a noção que a Cabala nos dá sobre a finalidade dos conceitos do bem e do mal. O bem é a ação que concorre para realizar a ordem cósmica; o mal, o seu contrário. É nesse mesmo sentido que a Maçonaria ensina: "a virtude é uma disposição da alma que nos induz a praticar o bem, e o vício é o hábito desgraçado que nos arrasta para o mal".[70]

Ciência e religião

Os livros sagrados de todas as religiões do mundo, sejam elas "reveladas" ou frutos da especulação que o homem faz em busca de uma realidade que está além da sua própria sabedoria, sustentam que o universo começou pela ação de uma Divindade, que de alguma forma deu início ao mundo, tal como o vemos. Essa ideia é um arquétipo que está presente em todas as tradições dos povos antigos e subsiste nas crenças por eles legadas aos povos modernos. E, como vimos, começa a ser agora admitida por cientistas de renome.

A Bíblia, que é a fonte mais conhecida de uma religião revelada, diz que Deus fez todas as coisas tirando a luz das trevas. E quando viu que a luz era boa, Ele fez o restante do universo com ela. Para os cientistas, como já vimos, o universo teve início com a explosão de um "átomo" carregado de energia, há cerca de 15 bilhões de anos. Essa explosão, que pode ser vista ainda hoje, liberou "quantas" de energia, em forma de luz. Nesse sentido, luz e energia são sinônimos do mesmo

---

70. Cf. O Ritual do Aprendiz (REEA).

fenômeno, constituindo aquilo que Teilhard de Chardin chama de "estofo do universo".

Assim, ciência e religião, no fundo, dizem a mesma coisa: Deus é luz, o mundo foi feito de luz, todas as coisas existentes no universo são condensações de energia luminosa, inclusive nós mesmos. Por isso temos uma alma-espírito que também é pura luz. E, conforme nos ensina a Gnose, a nossa alma é uma centelha de luz (ou energia) presa em um invólucro material. E de uma forma ou de outra, usando diferentes figuras de linguagem, todas as doutrinas trabalham com esse mesmo princípio: o de que somos uma massa corpórea animada por alguma forma de energia.

Essa é uma interessante concepção que nos dá muito que pensar. Mas ela só pode ser expressada por meio de símbolos, metáforas e analogias. A mente humana cria figuras de linguagem para descrever realidades que a nossa intuição sabe que existem, mas não consegue descrevê-las porque o sistema de comunicação que desenvolvemos não tem elementos suficientes para fazer uma exata configuração delas.

Na verdade, o que seduz tanto os místicos quanto os cientistas é a ideia de que toda a matéria universal tem sua origem em uma forma de energia. No princípio do universo, nisso tanto a religião quanto a ciência concordam, existia apenas a energia da grande explosão do Big Bang. Nesse estágio embrionário do Cosmo, aquilo que chamamos de massa ainda não havia se formado. Nada tinha peso ou qualquer outra qualidade que pudesse ser identificada como matéria. Todos os corpos que existem, existiram e existirão são somente uma coleção de partículas subatômicas dispersas, movendo-se à velocidade da luz. Um certo tipo dessas partículas (fótons, elétrons, neutrinos) formava uma espécie de oceano invisível, um campo energético de infinita radioatividade. Foi na interação com esse "oceano" que certas partículas, como os quarks (que formam basicamente toda a matéria universal, inclusive o nosso corpo), adquiriram massa e vieram a se tornar o que conhecemos como universo físico.[71]

Na força que os quarks fazem para atravessar esse oceano oleoso, dizem os cientistas, é que a massa física do mundo acaba sendo gerada. Isso significa que sem esse "oceano primordial" não haveria matéria. Mais ou menos como diz a Bíblia: "No princípio, ao criar Deus os céus e a terra, a terra era sem forma e vazia, e havia escuridão sobre a face do abismo, e o espírito de Deus pairava sobre a face das águas".[72]

---

71. HAWKING, Stephen. *O Universo Numa Casca de Noz*. São Paulo: Intrínseca, 2001.
72. Gênesis, 1: 1,2.

Galáxias, estrelas, planetas, asteroides, tudo são condensações de energia, presas por um vínculo de união e organizadas segundo um padrão de estabilidade. Como disse o físico Heisenberg, se a gravidade fosse retirada do universo, a luz também desapareceria e o mundo desabaria sobre si mesmo.[73]

Por seu turno, Hawking nos mostra que no universo existem duas forças que regem a sua formação: a força da expansão, que faz com que o universo se expanda na velocidade da luz, e a força da contração, que faz com que as massas cósmicas se agrupem e formem os sistemas planetários. Essas duas forças se traduzem em duas leis: a relatividade e a gravidade. Assim, o que hoje se descobre nos laboratórios já estava presente na intuição dos taumaturgos e pensadores do passado. Bastaria uma consulta ao *Zohar*, que a descrição do Big Bang já estava lá com todas as suas cores: "No início, quando a vontade do Rei começou a ter efeito, Ele imprimiu signos na esfera celeste. Uma flama escura brotou do fundo do recesso mais escondido, do mistério do Infinito, qual uma névoa formando-se no informe, encerrado no anel daquela esfera, nem branca nem preta, nem vermelha nem verde, de cor nenhuma. Só quando a flama começou a assumir tamanho e dimensão foi que produziu cores radiantes. Pois do centro mais íntimo da flama brotou uma fonte, da qual emanaram cores que se alastraram sobre tudo que estava embaixo, oculto no mistério do ocultamento do Infinito. A nascente irrompeu, e, no entanto, não irrompeu através do éter (da esfera). Não era possível reconhecê-la de modo algum, até que um ponto escondido, sublime, raiou sob o impacto do irrompimento final. Nada para além desse ponto é cognoscível, e é por isso que se chama reschit, o começo, a primeira daquelas palavras criadoras, por meio das quais o universo foi criado".[74]

A "partícula Deus"

É muito bom que os cientistas tenham descoberto (se é que de fato descobriram) o DNA do universo físico (que eles chamam de bóson de Higgs). Mas nada disso nos leva à compreensão do que realmente Deus é, e qual o caminho mais seguro e correto para se chegar a Ele. Isso porque o caminho para Deus nunca será desvelado no estudo do que é simplesmente material. Por isso é que a ciência jamais prescindirá da

---

73. Werner Karl Heisenberg (1901-1976), físico teórico alemão, Prêmio Nobel de Física em 1932, pela descrição dos princípios da mecânica quântica.

74. *Sepher Ha-Zohar*, I 15, a.

Filosofia (e dentro desta a Teologia) como ferramenta de investigação dessa parte oculta do universo, que é a sua porção espiritual. Talvez, se os cientistas não fossem tão teimosos, eles já teriam descoberto como o universo nasceu na descrição que o cronista bíblico faz da criação do mundo, e assim não precisaríamos gastar tanto tempo, fosfato e dinheiro para comprovar o que a intuição taumatúrgica já sabe desde o princípio dos tempos.[75]

A mística a serviço da técnica

Na visão estrutural do plano cósmico que a Cabala nos dá, fica mais simples encontrar um lugar para o complexo das intuições humanas que a nossa mente, por falta de uma linguagem apropriada, não consegue explicar. Os pressupostos da metafísica, que tanta perplexidade causam aos estudiosos quando são comprovados em testes de laboratório, assumem contornos mais visíveis, mais inteligíveis e mais belos, até porque nesse caso eles vêm vestidos de uma simbologia que nos enche os olhos e de uma poesia que nos alegra a alma. Como diz o mestre cabalista Shimon Halevi, "os diferentes níveis apresentados nos quatro mundos foram dispostos pelos cabalistas numa escala revolucionária chamada os 'cinquenta portões'. Ali é descrita a progressão que se seguiu ao caos, através da formação dos elementos, até a Terra tal como a conhecemos. Prossegue então contando a história do crescimento dos vegetais, saídos do mundo mineral, e o desenvolvimento do animal até o aparecimento do vertebrado. Aí a evolução do homem é apresentada, passo a passo, até a sua aproximação da imagem de Deus. A isso se segue uma descrição das esferas celestes, da Lua através dos níveis planetários até o império do Céu, através do *primum mobile*. Depois disso, os níveis angélicos das hierarquias celestiais são mostrados, finalmente, com o portal de Ayn Soph, a luz sem fim".[76]

Não é, pois, sem razão, que a Maçonaria chama Deus de Grande Arquiteto do Universo. E o porquê de o Templo onde se reúnem os maçons ter sido concebido como um simulacro do Cosmo, adotando uma estrutura semelhante ao desenho da Árvore da Vida. Isso ocorre porque, nessa visão mística do processo de construção do edifício universal, a Divindade é comparada a um arquiteto que projeta o

---

75. Na imagem, o bóson de Higgs – "a partícula Deus". Fonte: Wikipédia Fundation.
76. HALEVI, Shimon. *A Árvore da Vida (Cabala)*. São Paulo: Três, 1973.

edifício e depois os seus mestres de obras, os arcanjos (arcontes), e os seus pedreiros, os homens, o constroem. É nesse mesmo sentido que a planta do Templo Maçônico é desenhada como se fosse uma espécie de mandala mágica, e construída de forma a captar a energia criadora, para que o psiquismo dos Irmãos ali reunidos seja carregado com as melhores virtudes, e os vícios porventura existentes sejam dissolvidos. Essa é a ciência maçônica por excelência, que é sintetizada na chamada "egrégora", palavra que designa a energia cósmica captada pela mente das pessoas reunidas no Templo, em estreita união, e convergentes para a consecução de um mesmo objetivo. E não é outra a razão pela qual a tradição maçônica reforça tanto o simbolismo que há nas conexões arquitetônicas que existem entre o céu e a Terra. E releva também o fato de as antigas religiões, cujas influências nos ritos maçônicos são evidentes, terem a preocupação de orientar seus templos em direção a determinadas estrelas, que eram representações de seus deuses. E não podemos esquecer a tradição dos maçons medievais de orientar o frontispício das igrejas conforme o nascer do sol nos dias do santo a quem o templo era dedicado. Como bem observa Ovason em sua volumosa obra sobre o simbolismo maçônico presente na arquitetura da capital americana, Washington, nem mesmo os iluministas arquitetos e políticos que construíram a grande nação americana conseguiram escapar dessa mística, pois, segundo esse autor: "As conexões da Maçonaria com a influência civilizadora da república foram cimentadas em grande parte pelo desenvolvimento de uma nova linguagem fraterna e pelo encorajamento da aspiração por virtude, conhecimento e religião. Essas duas influências receberam expressão máxima na disseminação das cerimônias da pedra angular, planejadas para marcar a fundação de construções ou projetos de engenharia importantes. Simbolicamente, tais cerimônias asseguravam que havia um relacionamento entre o Céu e a Terra: a arquitetura era vista como um instrumento para permitir o influxo irrestrito de virtudes celestiais na localidade onde os prédios cosmicamente orientados eram erguidos".[77]

Eis a mística a serviço da técnica e da organização política, para justificar um propósito e um sonho, ou seja, o sonho americano, fundado na utopia iluminista. Esse também, diga-se de passagem, é o elo simbólico que justifica a tradição maçônica de considerar como uma cópia do Templo de Jerusalém o edifício onde os Irmãos se reúnem, na forma como ele foi projetado pelo arquiteto Hiram Abiff e construído pelos arquitetos do rei Salomão.

---

77. *A Cidade Secreta da Maçonaria*, op. cit.

O segredo do Tabernáculo

Todo iniciado na tradição maçônica sabe que o Templo de Jerusalém foi erigido segundo instruções místicas, que visavam reproduzir nesse edifício o próprio desenho do Cosmo, e que, segundo acreditavam os israelitas, era a "morada de Deus".[78]

Essa visão se justifica plenamente, pois na construção de um edifício, quanto mais sofisticado ele for, mais encontraremos noções de ciência aplicada. Nele se aplicam conhecimentos de Física, Química, Geologia, Sociologia, Matemática, Astronomia e muitas outras disciplinas, necessárias à perfeita construção e adequação do logradouro às necessidades que ele visa atender. É o que dizia Fulcanelli, por exemplo, quando se referia à catedral gótica que, no seu entender, era um verdadeiro santuário de tradição e aplicação das ciências físicas e sociais.[79]

A Cabala chama de *Sod* aos enigmas que estão ligados ao desenho estrutural do universo, os quais foram reproduzidos na planta do primeiro Templo de Jerusalém. Por isso ele era originalmente chamado de Santuário da Solidão, pois ali reinava o Único, o Santo dos Santos, que não tinha par entre todas as potestades do universo. Como se sabe, o Templo de Jerusalém foi desenhado a partir das instruções que Deus deu a Moisés para a construção do Tabernáculo. Todos os utensílios, os adereços, as vestes dos sacerdotes e as próprias medidas do Templo tinham uma função específica e um significado arcano de grande importância.

O Tabernáculo tinha três divisões representando o *céu* (o altar onde ficava o Santo dos Santos), cuja separação do restante do Templo era feita por um véu (*paroketh*); o *mar* (onde ficava o Lavatório, a grande bacia de bronze); e a *terra* (o Átrio, onde ficavam o povo e o altar do holocausto). Aqui, nota-se claramente a presença de conceitos cabalistas a influenciar essa estrutura, uma vez que no universo da Cabala também existe um "véu" a separar a dimensão do Deus manifesto (o universo físico) da dimensão do Deus imanifesto, ou seja, o "véu da Existência Negativa", em que a essência da Divindade (Ayn Soph) é a única realidade existente. No altar do Santo dos Santos, somente o sumo sacerdote podia entrar, uma vez por ano, para receber a manifestação divina em forma de oráculos, que, por sua vez, eram transmitidos à congregação dos sacerdotes, para que estes os repassassem ao povo.

---

78. HORNE, Alex. *O Templo do Rei Salomão na Tradição Maçônica*. São Paulo: Pensamento, 1998.
79. *O Mistério das Catedrais*, op. cit.

Os quatro tipos de tecido usados na confecção do Tabernáculo simbolizavam os quatro elementos; a sobrepeliz do sacerdote supremo (*Cohen gadol*) com suas variações cromáticas era a imagem do universo nascente, que em sua origem apresentava uma profusão fantástica de cores. As campainhas significavam a harmonia do som, já que esse é um dos elementos com os quais Deus constrói o universo; as 12 pedras preciosas no peitoral do sacerdote e os 12 pães da preposição simbolizavam, no plano cósmico, os 12 signos do zodíaco e no sociológico as 12 tribos de Israel, maquete da Humanidade Autêntica. As duas esmeraldas nas ombreiras do sacerdote eram o Sol e a Lua. Na mitra do sacerdote, as quatro letras do Nome de Deus (IHVH) diziam que todo o universo era construído a partir das letras do Nome Sagrado. O candelabro de sete braços (*menorah*) significava os sete planetas conhecidos na época. A mesa arrumada na direção Norte, com os pães da preposição e o sal, todos arranjados na forma de uma mandala mágica, homenageavam a chuva e o vento, forças necessárias à produção da Terra. A grande bacia de bronze que os sacerdotes usavam para lavar os pés e as mãos simbolizava a limpeza de caráter que o homem devia mostrar diante da divindade.

Assim, na simbologia do Templo de Jerusalém e de seus utensílios estava descrita toda a estrutura de constituição física do universo e, além disso, um vigoroso código de moral para guiar os seus construtores. Essa também seria a formulação simbólica que viria a inspirar, na Idade Média, os maçons operativos na mística da sua arte. Por isso é que eles mostravam, na execução do trabalho puramente operativo, o desvelo próprio de um artista que sente estar copiando a própria obra de Deus; e na alma que assim se consagra a esse trabalho havia um sentimento de ascese que transcendia o plano físico para levá-lo ao arrebatamento próprio daqueles que se dedicam a uma prática de natureza sagrada. Estava, assim, nascida a mística operativa que deu origem à Maçonaria.

O templo e o homem

Por outro lado, são muitas as tradições que sustentam ser o organismo humano, integrado à sua parte espiritual, um desenho do próprio universo, do qual reflete sua formulação mecânica e suas leis de formação e desenvolvimento. Essa analogia entre o homem e o universo se revela no postulado, tão caro aos hermetistas e já bem aceito por cientistas de renome, de que no microcosmo (o homem) se repetem as mesmas leis que formatam o macrocosmo (o universo).

Se tudo isso é verdade provada ou mera especulação, só Deus poderia dizer. Nós só podemos deduzir e acreditar ou não. Mas há algumas coisas que não podem ser ignoradas. Uma delas é o que diz a teoria da evolução. Segundo essa teoria, todas as espécies vivas são "fabricadas" pela natureza com um "programa" específico que as submete a um processo evolutivo inexorável. Esse "programa" é necessário tendo em vista as constantes mudanças ambientais a que o universo está sujeito. A espécie que não consegue adaptar-se a essas mudanças acaba sendo substituída por outras mais competentes.

Essa é uma lei existente na natureza, chamada pelos antropólogos de *lei dos revezamentos*. Essa lei, deduzida pelos estudiosos da Antropologia, existe para promover uma necessária evolução nas espécies por ela produzidas por meio do aperfeiçoamento das suas habilidades e capacidades. Não se aplica somente às espécies vivas, mas a toda a realidade universal, inclusive aos elementos químicos e à matéria bruta em geral. Pois todos os elementos químicos também são obtidos por interação de seus componentes, da mesma forma que os organismos moleculares. Quer dizer, repetem-se na matéria bruta os mesmos processos que formatam a matéria orgânica, e tanto uma quanto outra estão sujeitas às mesmas leis de nascimento, formação, desenvolvimento e desaparecimento, o que se dá pelo fenômeno da transformação seletiva.

Por isso, a teoria da evolução encontra mais paralelos na doutrina da Cabala do que nas outras tradições religiosas. Aqui, ela é figurada por meio de um desenho mágico-filosófico, chamado Árvore Sefirótica, ou Árvore da Vida, esquema místico que representa as manifestações da Vontade Criadora no mundo das realidades sensíveis. Nesse desenho, cada sefirá (que aqui é vista como um campo de energia atuante) é uma fase de construção do universo e reflete um processo de evolução perene, constante e ordenado, que serve para explicar tanto o processo de construção das realidades do mundo material, quanto do mundo espiritual.

A Árvore da Vida mostra o mundo (e o homem) sendo construído como se ele fosse um lago que transborda e vaza para outro lago, até formar o grande mar universal, onde todas as formas de existência, físicas e espirituais, podem ser encontradas. Essa visão não deve ser considerada uma alucinação mística nem apenas uma especulação metafísica. Sabemos que quando ocorre interação entre dois elementos químicos eles formam um composto. Conservam suas características particulares, mas também "geram" um terceiro elemento com diferentes propriedades. O composto, que é o filho nascido dessa união, possui as propriedades dos elementos que o formaram e agrega aquelas que são desenvolvidas por ele mesmo. Nessa fórmula está o segredo da teoria da evolução. Dois átomos de hidrogênio combinados com um de oxigênio formam uma molécula de água. A água é um composto, "filho de H_2O", que tem H (hidrogênio) e O (oxigênio) na sua composição, mas também tem outras propriedades que seus "pais", individualmente, não possuem. Ela tem a propriedade de incubar a vida. A água é necessária à vida. É o útero onde ela se desenvolve. É nesse sentido que Teilhard de Chardin vê o homem como um "complexo-consciência", ou seja, um composto feito por elementos orgânicos, obtidos por sínteses naturais (seleção natural), e elementos psíquicos, produzidos por sínteses mentais cada vez mais elaboradas, que resultam em um espírito individual, e este em um ser pluralístico, que no final comporá um ser espiritual coletivo, de natureza cósmica, que ele chama de Ponto Ômega.[80]

Assim também acontece com o restante do universo. Cada fase da evolução é uma combinação de elementos. Cada nova fase desenvolve suas próprias particularidades, que são as propriedades com as quais ela contribui para o desenvolvimento do universo em sua totalidade. Por isso, cada fase constitui um passo a mais no processo de evolução porque o composto que nasce da união dos elementos é sempre um resultado mais complexo que os elementos que o formam. Nada se perde do que já foi conquistado, apenas se transforma em algo novo, com diferentes propriedades, sempre em um estágio mais avançado de evolução.

Por isso o novo é sempre maior que a soma das suas partes. Novas propriedades são adicionadas ao universo a partir de cada interação praticada por seus elementos. E assim ele se supera em cada momento da sua constituição.

Criacionismo e evolucionismo

Um plano de evolução do mundo físico e da vida em seus aspectos material e espiritual é o que nos proporciona a doutrina da Cabala. Ela oferece uma explicação de como o universo acontece, como se desenvolve e a que finalidade se presta. Da mesma forma, a vida que se cria e evolui dentro dele. É uma evolução que se desenha em um

---
80. *O Fenômeno Humano*, op. cit.

processo iniciado no mais ínfimo grão de energia (um quanta de energia) tornando-se matéria que se complexifica, evolui tornando-se vida, em vida que se espiritualiza, em espírito que se diviniza, sempre num sentido ascendente, por meio de sínteses químicas e mentais cada vez mais complexas, seguindo o mesmo rumo: a flecha da evolução. Nossa missão, nesse esquema, torna-se clara e insofismável, pois, sendo uma presença indispensável nesse processo, o homem torna-se o centro da perspectiva universal, já que é a partir da sua mente que o universo se organiza e adquire uma identidade.

Assim, não podemos compartilhar dos receios daqueles que temem pelo futuro da humanidade. A humanidade jamais perecerá: ela apenas se transformará. Os adeptos da teoria da evolução dizem que o ser humano evoluiu desde uma matriz animal até a configuração que temos agora. Já aqueles que acreditam no criacionismo dizem que nós nascemos perfeitos, mas nos tornamos imperfeitos por força de uma série de quedas e ascensões em nosso processo evolutivo.

São duas teorias diametralmente opostas. Uns dizendo que já fomos piores do que somos hoje e outros sustentando que já fomos melhores. Mas no fundo elas se completam, pois ambas sustentam que a vida está submetida a um processo de evolução que é inexorável. Se nascemos rastejantes como répteis e mediante um processo de evolução nos alçamos até a altura do céu, ou se nascemos no céu e por um motivo qualquer descemos à Terra e agora estamos nos esforçando para voltar ao céu, são apenas formas diferentes de ler o mesmo processo. Uma vai do pé para a cabeça, outra da cabeça para o pé. Acreditar em uma ou outra depende da sensibilidade de cada um. É exatamente a ideia que a teoria das sefirot nos inspira. Do céu para a Terra, o fluxo da energia divina formata a realidade cósmica que se consuma no espírito humano; da Terra para o céu, o espírito humano se eleva e se condensa em uma esfera luminosa, que constitui uma espécie de Pleroma que alimenta a vida cósmica. É nesse sentido que entendemos a visão teilhardiana do Ponto Ômega e a própria experiência mística que a Cabala e a Maçonaria trabalham.[81]

Só se Deus não existisse

Para nós não importa saber quem tem razão. Na verdade, o que nos parece tão assustador com os rumos que a humanidade vem tomando é resultado apenas da nossa ignorância. Não temos como saber o que

---

81. Idem..

poderá acontecer a cada nova experiência interativa que os elementos do universo promovem. Isso porque o Criador colocou nesse processo uma lei chamada "princípio da incerteza" (deduzido pelo físico alemão Werner Heisenberg). Segundo esse princípio, é impossível prever o que acontecerá no futuro, porque não temos como saber qual a posição e a velocidade que as partículas de energia que formam a massa física do universo assumirão no momento seguinte da sua aceleração. Só podemos estudar as tendências que elas têm de se comportar de certo modo, mas nunca uma certeza de que será exatamente assim. Isso porque a tendência de uma partícula se comportar desta ou daquela maneira só pode ser deduzida a partir dos seus comportamentos no momento em que são observadas. Mas a própria observação do movimento da partícula já concorre para modificar esse movimento. Portanto, ao aplicar aos elementos do universo o nosso pensamento e a nossa observação, nós já o estamos modificando. Assim, é impossível saber como ele será no futuro porque o mundo sempre poderá ser diferente em função da própria observação que dele fazemos.[82]

Isso é válido para o mundo da Física Quântica e também para a nossa vida em geral. Essa é uma boa sabedoria que a moderna observação científica nos dá, e a Cabala também.

O que se deduz disso tudo é que, se o universo futuro será bom ou ruim para nós, isso só depende do nosso comportamento no presente. Mas isso não nos será dado saber em nível de consciência individual. E, depois, bem e mal são conceitos puramente humanos. Quando não formos mais o que somos hoje, talvez não precisemos desses conceitos para justificar os nossos sentimentos a respeito. Dessa forma, o que podemos dizer com certeza é que o mundo só não teria futuro se Deus não existisse. Mas Ele simplesmente (e felizmente) existe.

---

82. O princípio da incerteza é um enunciado da mecânica quântica, feito em 1927 pelo físico Werner Heisenberg.

CAPÍTULO VII

A "Hipótese Deus"

A "Hipótese Deus"

Não faz muito tempo que os cosmologistas começaram a aceitar a possibilidade de que o universo pode ser uma estrutura perfeitamente planejada e que ele está sendo construído de "certo modo". A tese de que ele era estático e igual em toda parte passou a ser substituída pela ideia de um "ser" em constante evolução, em que as leis naturais funcionam como uma espécie de "constituição" reguladora desse processo.

Nesse sentido, esses cientistas começaram a considerar a possibilidade da chamada "Hipótese Deus", admitindo finalmente a existência de uma Mente Universal na origem desse planejamento. Essas constatações têm sido facilitadas pelos modernos métodos científicos utilizados por esses estudiosos em suas investigações, que mostram, na organização estrutural da matéria física, uma perturbadora semelhança com a organização do próprio universo em sua estrutura cósmica. Com essas coincidências, perfeitamente prováveis por medições científicas, já não é mais possível admitir, de pleno, que o universo seja regido unicamente por leis mecânicas, sem uma Vontade a organizar esse processo, como antes se admitia no meio científico.[83]

Hoje se sabe que o universo é constituído de tal modo que é difícil, se não impossível, pensar somente em uma ordem natural a gerir o

---

83. Como Pierre Simon Laplace (1749-1827), o grande matemático, astrônomo e físico francês, por exemplo, para quem Deus era uma hipótese perfeitamente desnecessária.

processo da sua formação. Essa constatação é feita pelo fato de que se pode reconhecer, no processo de geração da matéria universal, a existência de três funções que seriam impossíveis de ser encontradas em uma ordem puramente mecanicista: a *complexidade*, que permite aos elementos componentes da matéria física se compor em graus complexos cada vez maiores; a *mutabilidade*, que permite a mutação gradativa de todos os seus componentes; e a *perenidade*, que admite a mudança de sua estrutura sem, no entanto, eliminar suas propriedades particulares. Tudo isso só é possível na existência de um sistema perfeitamente planejado, como bem o definiu Mallove.[84]

A ciência e a Bíblia

Em um de seus mais interessantes trabalhos, o físico Stephen Hawking situa o início do tempo no momento de nascimento do universo conhecido, momento esse chamado de Big Bang.[85] Assim, o tempo, para os cientistas, começou juntamente com o espaço e, por isso, o universo sempre é representado por duas linhas que começam em um ponto zero e se alongam na mesma proporção, em setas orientadas em duas dimensões: a dimensão do tempo, que nos faz pensar na eternidade, e a dimensão do espaço, que nos faz pensar na infinidade.

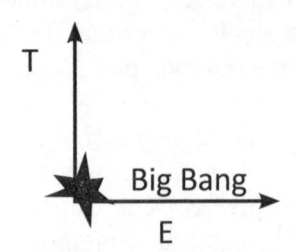

Quando se começa a especular sobre esse tema, surge a intrigante pergunta: se foi Deus quem fez o universo, o que Ele era e o que fazia antes de começar a fazê-lo? Ele já existia antes disso? Ou Ele "nasceu" juntamente com o universo?

"Há cerca de 15 bilhões de anos", escreve Hawking, "todas (as galáxias) teriam estado umas sobre as outras, e a densidade teria sido enorme. Esse estado foi denominado átomo primordial pelo sacerdote católico Georges Lemaiter, o primeiro a investigar a origem do universo que agora chamamos de Big Bang". A partir desse momento, segundo

---

84. MALLOVE, Eugene Franklin. New York: St. Martin's Press, 1987.
85. *Uma Breve História do Tempo*, op. cit.

essa tese, o universo, que estava contido nessa região extremamente carregada de energia, tornou-se uma imensa bolha de gás que nunca mais deixou de se expandir.[86]

A Bíblia, ao registrar esse fato, não é menos metafórica e misteriosa que os compêndios científicos que procuram explicar como o universo nasceu. Ela fala que "no início Deus criou o céu e a terra. A terra, porém, estava informe e vazia e as trevas cobriam a face do abismo". E, então, do meio às trevas Deus fez sair a luz. E Deus viu que a luz era boa e por isso a separou das trevas.[87]

O texto bíblico parece sugerir que Deus já existia antes de começar a fazer o universo. Assim, Ele não pode *ser* o universo, como sustentam os adeptos do panteísmo, que identificam Deus com a sua própria criação, como se esta fosse capaz de existir por si mesma.

A Bíblia fala de Deus como o "Espírito que se movia sobre as águas". Expressão enigmática que nunca pôde ser explicada a contento dentro da lógica comum, já que, se o mundo ainda era pura treva e a terra era informe e vazia, que "águas" eram essas sobre as quais o Espírito de Deus se movia? Pois, ao que parece, elas já existiam antes de Deus separar a luz das trevas. Não obstante, a Bíblia nos dá uma identificação e uma ideia do que era Deus antes de começar o mundo: Ele era "Espírito", seja qual for o significado que o cronista bíblico quisesse dar a essa expressão. Mas não responde à segunda pergunta: o que Ele fazia antes de começar o mundo?

"Existência negativa" e "Existência positiva"

Essas especulações se tornaram tão intrigantes que os próprios rabinos, comentadores da Bíblia, tiveram de quebrar a cabeça para responder à multiplicidade de perguntas que surgiram a esse respeito. Foi então que nasceu, entre esses mestres, a chamada Grande Assembleia Sagrada, que se refere a um grupo de rabinos que se dedicou ao estudo da personalidade do Ser Supremo, sua natureza e seus atributos. Das especulações produzidas por esse grupo surgiu o *Sefer Yetzirá*, livro que contém os comentários rabínicos a respeito da formação do mundo por meio das manifestações divinas.[88]

---

86. *O Universo numa Casca de Noz*, op. cit., p. 22.
87. Gênesis, 1: 3.
88. *A Cabala e Seu Simbolismo*, op. cit., p. 202.

Para responder à intrigante pergunta de quem era Deus e o que fazia antes de começar a fazer o universo físico, eles desenvolveram os conceitos de "Existência Negativa" e "Existência Positiva".

Assim, "Existência Negativa" e "Existência Positiva" são termos utilizados pelos cultores da Cabala mística para designar Deus "antes" e "depois" de fazer o mundo. Nesse sistema, a essência de Deus (*Ayn* em hebraico) é vista como uma forma de "energia" latente, que em dado momento se manifestou como realidade positiva (*Ayn Sof*, o Infinito); e a partir dessa manifestação transformou-se em pura Luz (*Ayn Sof Aur*, que significa Luz Ilimitada). Essa energia concentrou-se em um ponto luminoso, dando origem ao universo material, representado pela sefirá Kether. E daí espalhou-se pelo nada cósmico, em uma grande explosão de Luz (o Big Bang).

Essa visão mística do nascimento do universo também foi registrada no *Zohar* com a misteriosa frase: "Antes que o equilíbrio se consolidasse, o semblante não tinha semblante".[89]

Aqui está inserta a estranha ideia de que antes de fazer o mundo, ou seja, antes de Deus manifestar-se como existência no mundo das realidades sensíveis, Ele existia como potência que, embora não notória, já continha todos os atributos do universo manifestado. Ele era uma "Existência Negativa", na qual a mente humana não pode penetrar justamente porque ela só pode conceber um plano de Existência Positiva, em que as ações podem ser identificadas e suas causas, recenseadas. Ele era incognoscível, informe, inatingível, impossível sequer de ser imaginado. Ele era, no dizer do mestre Halevi, o universo absoluto antes de manifestar-se como universo relativo. Ou nos seus próprios dizeres: "A existência negativa é a zona intermediária entre a cabeça de Deus e a sua criação. É a pausa antes da música, o silêncio entre cada nota, a tela em branco antes de cada quadro e o espaço vazio pronto para ser preenchido. Sem essa não existência nada pode ter sua essência. É o vazio, mas sem ele e seu potencial o universo relativo não poderia se manifestar".[90]

No entanto, como podemos capturar uma realidade que está além da nossa capacidade de mentalização? Sabemos que ela existe porque suas manifestações emanam para o plano da realidade sensível, e é causa de fenômenos observáveis e mensuráveis. Quem sabe o que é um elétron, por exemplo? Sabemos como ele se manifesta, como atua e até já aprendemos a usá-lo para as nossas finalidades, mas o que ele é

---
89. Idem, p. 65.
90. *A Árvore da Vida (Cabala)*, op. cit., p. 25.

nenhum cientista ou filósofo, até agora, ousou definir. É nesse sentido que os cientistas falam do elétron como a "torção do nada negativamente carregado", expressão enigmática que sugere a existência de uma forma de energia que está além de toda realidade manifesta, mas que, no entanto, emite sinais detectáveis de sua existência pelos efeitos que projeta sobre a realidade observável.[91]

"Antes que o equilíbrio se manifestasse, o semblante não tinha semblante" é uma forma metafórica de explicar aquilo que a nossa linguagem não consegue articular em um discurso lógico. Ou seja, que o universo já existia mesmo antes de ele ser manifestado, e que ele já estava perfeitamente planejado na Mente do seu Criador antes de ele se manifestar. Ele apenas não tinha forma e leis que regulavam seu desenvolvimento. Era *Tohú* (sem forma) e *Bohú* (vazio). Nessa locução, a Terra é sinônimo do próprio universo.

A Cabala diz que, quando Deus se manifestou como Existência Positiva (a sefirá Kether, ou a Singularidade do Big Bang), o universo, que estava na sua Divina Mente, passou a existir, mas ainda não tinha uma forma. Pois, como diz a Bíblia, "a terra (ou seja, o mundo) era informe e vazia". E como dizem os cientistas, quando o universo saiu do Big Bang, tudo era um caos. O Caos Primordial, dos filósofos gnósticos. Um todo informe. Para pôr ordem nesse caos, Deus criou as leis naturais. Uma lei para regular a expansão da matéria no vazio cósmico, que é a relatividade, e outra lei para organizá-la em sistemas, que é a gravidade. Assim a Cabala recorre à metáfora, ou ao símbolo, para dizer que Deus já existia antes de o universo ser "manifestado". E que o universo também já existia antes de ser "organizado".

Ou, como diz Rosenroth, "O universo inteiro é a vestimenta da Divindade: Ele não apenas contém tudo, mas também Ele mesmo é tudo e existe em tudo". Essa é outra maneira de dizer que Deus, em sua Existência Negativa, é o "Espírito que se move sobre as águas" e, na sua "Existência Positiva", Ele é o próprio universo, embora com Ele não se confunda essencialmente.[92]

O "parto de Deus"

Outra visão dessa realidade pode ser posta em forma de analogia, seguida de um símbolo mediato. Os cultores da Cabala mística dizem

---

91. Essa definição foi dada pelos cientistas Léon Brillouin e Robert Andrews Mullikan. Cf. *O Despertar dos Mágicos*, op. cit.
92. *A Kabbalah Revelada*, op. cit.

que "Deus é pressão", e que sua manifestação no mundo das realidades fenomênicas tem a forma de um círculo, cujo centro está em toda parte e cuja circunferência está em parte alguma. Sabemos que todo círculo tem um centro e uma circunferência. O centro é o ponto de onde ele emana e a circunferência, uma corda que o limita. Dizer que o centro do círculo está em toda parte e que sua circunferência está em parte alguma é falar de um espaço que não começa em ponto algum nem acaba em lugar nenhum, uma dimensão sem início nem fim. Ou, como diz MacGregor Mathers, "O oceano sem limites da luz negativa não procede de um centro, pois não o possui. Ao contrário, é essa luz negativa que concentra um centro, a qual é a primeira das sefirot manifestas, Kether, a Coroa".[93]

Assim, essa noção cabalística da Divindade supre a necessidade que a mente humana tem de situar um início temporal para o universo e imaginar não um fim para ele, mas uma *finalidade*. Destarte, a dimensão da Existência Negativa é um momento anterior a qualquer manifestação da Divindade no terreno das realidades positivas, ou seja, um estado latente de potência concentrada em si mesma, que em dado momento cedeu à "pressão" interna da sua própria potencialidade e "gerou um corpo material para si mesmo" e um espaço conceitual onde pudesse se manifestar.

Figurativamente, o Big Bang seria o "parto de Deus", o qual de modo simbólico poderia ser representado por um ponto dentro do círculo, como o faz Madame Blavatsky em sua cosmogonia da Criação e como é mostrado na figura anterior. Ou como faz a Cabala com a representação simbólica por meio da sefirá Kether.

Essa visão da Cabala sobre as origens e o desenvolvimento do universo físico encontra uma interessante correspondência nos cultores da teosofia e na cosmogonia védica, para quem, no início "Vixinu-Xiva estava em plena latência, prenhe de todas as suas vidas futuras". Nessa concepção, o poeta hindu descreve o momento em que Deus se manifesta no território das realidades positivas, figurando-o por meio da relação masculino-feminino, representado pelos deuses Vixinu-Xiva, que na tradição vedanta são os responsáveis pelo surgimento do universo físico.

Na filosofia chinesa do Taoismo também iremos encontrar um conceito análogo. No verso primeiro do *Tao Te Ching*, livro básico

---

93. Citado por Dion Fortune, *A Cabala Mística*, op. cit.

dessa antiga filosofia, Lao-Tsé escreve: "Uma via que pode ser traçada não é a Via Eterna, o Tao. Um nome que pode ser pronunciado não é o Nome Eterno. Sem Nome está na origem do Céu e da Terra. Com Nome é a mãe dos 10 mil seres. Assim, um Não desejo eterno exprime sua essência, e por meio de um desejo eterno manifesta um limite. Ambos os estados coexistem inseparáveis e diferem apenas no nome. Pensados juntos, Mistério. Mistério dos mistérios. É o Portal de todas as essências".[94]

O Sem Nome é o Tao, princípio ativo que deu origem ao universo. Com Nome é o universo material que resultou da manifestação desse princípio. Os "10 mil seres" são o conjunto dos seres vivos em sua totalidade.

Os "sete mundos" da Cabala

Em todas as concepções cosmológicas urdidas pelos povos antigos, o "Espírito de Deus" é visto como pura energia. E a sua manifestação no mundo das realidades sensíveis se dá em forma de luz. Assim, luz é o princípio básico de tudo que existe no universo. Esse é um ponto em que todos os sábios da Antiguidade concordam e a ciência moderna não refuta: o mundo físico é feito de energia que se condensa em massa quando ela é acelerada na velocidade da luz. Daí a equação de Einstein, enunciando a equivalência massa-energia, conhecida como teoria da relatividade: $e = mc^2$.

Segundo a tradição da Cabala, a estrutura cósmica é dividida em sete esferas de manifestação energética da Divindade, que são os chamados mundos Originário, Celestial, Elemental, Astral, Infernal, Inteligível e Temporal. Nós vivemos no mundo Temporal, limitados pelas linhas do espaço e do tempo, que formam a esfera do Inteligível. As demais esferas são espaços de manifestação divina (Originária), angélica (Celestial e Infernal) e espiritual (Elemental e Astral). Essas esferas de manifestação da energia criadora são etapas da construção universal, nas quais as diferentes entidades (ou leis naturais) interagem, dando origem ao universo real, em suas estruturas, física e espiritual. Dessa forma as populações, angélica e humana, são tidas como as efetivas construtoras do universo real (nele integrados tanto a matéria quanto o espírito), pois uns traçam os planos de construção (os anjos inspiram as ações) e os outros as executam (os homens, dando forma à realidade).

---

94. LAO-TSÉ. *Tao Te Ching*. São Paulo: Pensamento, 1986.

Essa cosmogonia, desenvolvida principalmente nos trabalhos de Isaac Luria e seus seguidores, vê a energia primordial (Deus) se contraindo em si mesma em um espaço conceitual tão pequeno que não pode mais se conter (Tzimtzum) e, por isso, vazou. Espalhou a luz liberta nessa explosão por sete esferas concêntricas que cabem umas dentro das outras, mas cada uma com um espaço infinito, que se alarga a partir da pressão que vem de dentro e se massifica a partir da força que vem de fora. Em outras palavras, relatividade (a pressão que vem de dentro, a explosão inicial) e a gravidade (a força que vem de fora, dos próprios corpos formados, no seu sentido de união). É por isso que Leonora Leet vê na cosmogonia luriana um modelo intelectual satisfatório para compatibilizar a sabedoria arcana da Cabala com as teses defendidas pela ciência moderna.[95]

É com esse mesmo sentido místico que Teilhard de Chardin desenvolve a sua tese evolucionista: "A ciência, em suas ascensões e mesmo – como mostrarei – a Humanidade em sua marcha", escreve esse grande pensador, "marcam passo neste momento porque os espíritos hesitam em reconhecer que há uma orientação precisa e um eixo privilegiado de evolução. Debilitadas por essa dúvida fundamental, as pesquisas se dispersam e as vontades não se decidem a construir a Terra. Gostaria de fazer compreender aqui por que é que, postos de lado qualquer antropocentrismo e qualquer antropomorfismo, creio ver que existem, para a Vida, um sentido e uma linha de progresso; – sentido e linhas tão bem definidas até, quanto a sua realidade, disso estou convencido – que serão universalmente admitidos pela Ciência de amanhã."[96]

Quer dizer, tudo faz parte de um plano previamente concebido pela Mente Universal e que está sendo meticulosamente executado.

O Grande Arquiteto do Universo

Não é sem razão, pois, que a estrutura simbólica da Maçonaria tivesse sido desenvolvida em cima da tradição da arquitetura, e que um de seus mais significativos símbolos seja a construção e a reconstrução do primeiro Templo de Jerusalém, o chamado Templo de Salomão. É que esse edifício, inspirado e orientado em sua construção pelo Grande Arquiteto do Universo, segundo a Bíblia, é o arquétipo fundamental que reflete a estrutura do próprio Cosmo. É um edifício que simboliza não só os planos de Deus para a arquitetura cósmica, como também a

---
95. *A Kabbalah da Alma*, op. cit., p. 33.
96. *O Fenômeno Humano*, op. cit., p. 160.

construção, a destruição e a reconstrução, ao longo do tempo, da própria humanidade, suscetível, em sua marcha evolutiva, a uma série de ascensões e quedas. Isso pelo menos é o que quis nos fazer acreditar o dr. Anderson em suas Constituições, no que foi seguido por uma plêiade de escritores maçons de orientação mística.[97]

A alegoria que mostra Deus como Grande Arquiteto, e anjos e homens como seus mestres e pedreiros, é uma clara inspiração cabalista, mas também foi utilizada por outros pensadores. São Tomás de Aquino, por exemplo, usou a simbologia dos "anjos construtores" do universo para ilustrar seus pensamentos. Em sua obra mais conhecida, *A Cidade de Deus*, ele se refere a Deus como a "primeira causa do universo, aos anjos como a causa secundária visível e aos homens a sua causa final". Todos trabalhando, em suas relativas esferas de ação, para construir o edifício universal. Como bem assinala Halevi, foi Tomás de Aquino que trouxe para o universo da lógica aristotélica, na qual toda a teologia da Igreja medieval se fundamentava, a ideia de que havia uma influência angélica no mundo das plantas, dos animais e dos homens, por meio de um fluxo intermitente de emanações. "Desse conceito cabalístico", diz o citado autor, "vieram as nove ordens de hierarquia da Igreja. Até os construtores das grandes catedrais foram influenciados. Erigidas por pedreiros que se baseavam no Templo de Salomão, o lado Oeste de cada igreja possuía duas torres representando as colunas gêmeas de cada lado do véu do Templo".[98]

Eis aí, portanto, a Cabala ditando sabedoria a um doutor da Igreja e servindo de inspiração aos maçons medievais, de quem a Maçonaria moderna emprestou a forma e a estrutura da sua Organização.

Assim, em analogia à visão cabalística do nascimento e desenvolvimento do universo, poderíamos dizer que o Big Bang dos cientistas equivale ao momento em que Deus "separou a luz das trevas", ou seja, o instante em que o Grande Arquiteto iniciou a construção do mundo físico, na tradição maçônica. As fases posteriores dessa construção se desenvolvem segundo um plano de evolução, que na Cabala é retratado na Árvore da Vida e na ciência moderna nas diversas tentativas dos cientistas de integrar em uma teoria as descobertas já realizadas nos campos da Física, da Astronomia, da Química e da Biologia, e assim construir, como diz Hawking, uma teoria do tudo.[99]

---

97. *O Templo de Salomão na Tradição Maçônica*, op. cit.
98. *A Árvore da Vida (Cabala)*, op. cit., p. 17.
99. *O Universo numa Casca de Noz*, op. cit.

Essa visão está na base da formidável especulação que a inteligência dos sábios rabinos de Israel concebeu e que a sensibilidade mística dos espíritos, que não se contentam em viver no estreito território que a linguagem lógica nos obriga a permanecer, adotou. Entre estes estão os maçons espiritualistas, que veem na sua Arte muito mais que uma mera prática social derivada de uma tradição que incorpora ideais estéticos, filosóficos, sociais e especulações metafísicas.

O conceito de Deus como um arquiteto tem sido empregado em muitos sistemas de pensamento, e o Cristianismo místico o tem adotado em várias de suas manifestações. Ilustrações da Divindade como o Grande Arquiteto do Universo podem ser encontradas nas nossas Bíblias desde os primeiros séculos da Idade Média e têm sido regularmente empregadas pelos doutrinadores cristãos de todas as tendências.

Na Cabala, como já foi dito, os planos de construção do universo e o seu resultado são demonstrados nos chamados Quatro Mundos da Criação e no desenho mágico-filosófico da Árvore da Vida, ou Árvore Sefirótica, símbolo de extraordinário conteúdo esotérico, que se presta às mais diversas analogias e ilações, unindo a mística das antigas religiões do Oriente com as modernas descobertas da física atômica.[100] E que, por uma estranha coincidência, é reproduzida na planta do Templo Maçônico, como veremos nos capítulos finais deste trabalho.

---

100. Na imagem, Deus, o Grande Arquiteto, traça os planos do Universo. Gravura de William Blake, O Ancião dos Dias. Galeria de Arte Huntington, Inglaterra (fonte: NICHOLS, Sallie. *Jung e o Tarô*. São Paulo: Cultrix, 1980).

CAPÍTULO VIII

O Inefável Nome de Deus

Shemhamforash: o Nome de Deus

Outro interessante simbolismo encontrado na tradição cabalística e utilizado na transmissão do ensinamento maçônico se refere ao poder que o Verdadeiro Nome de Deus possui.

Segundo uma lenda cabalista, o Eterno Deus tem cerca de 9 bilhões de nomes, mas somente um é o verdadeiro, e este só pode ser conhecido por quem a ele for revelado por Deus propriamente. É um nome que, sendo conhecido por quem for eleito para deter essa sabedoria, jamais deve ser pronunciado na frente de não iniciados, assim como o vulgo também não deve pronunciar seus nomes derivados em vão. Destarte, nomes como Jeová, Elhoim, Adonai, Elói, Aton, Adon, Alháh, Marduc, Aura Mazda, etc., denominações que os povos semitas davam a Deus, não são o seu nome verdadeiro, mas apenas transposições linguísticas feitas com as letras do seu nome de origem. Outros nomes, usados pelos diversos povos do mundo, também entram nesse cômputo como resultado das combinações que podem ser feitas com essas letras, mas o Nome Inefável, contido no Tetragrama IHVH, esse só podia ser conhecido por um grupo muito seleto de iniciados.

Não há concordância quanto à origem dessa tradição, nem se registrou a sua história ao longo do tempo. É possível que ela tenha se originado do próprio texto do Decálogo, que em seu terceiro mandamento proíbe que o nome de Deus seja pronunciado em vão. Todavia, o que se veta nesse preceito é o uso indiscriminado e vazio desse nome. Assim, em algum período após o exílio babilônico, os judeus adotaram o termo *Adhonái* para se referir ao seu Deus, pois a primeira combinação obtida com as letras do Tetragrama הוחי (Jeová ou Javé, em português) passou a ter sua escrita e pronúncia proibidas.

Desse modo, as iniciais YHVH, com as quais os hebreus grafavam o Nome Sagrado, receberam sinais vocálicos, colocados pelos copistas do texto massorético, para que o Nome Sagrado fosse pronunciado Adonai (em português), de forma que a verdadeira pronúncia dos nomes codificados nas letras IHVH fosse reservada somente aos iniciados nos mistérios da religião judaica. Por isso, nos antigos rituais hebraicos, somente o sumo sacerdote tinha o direito de pronunciar o Verdadeiro Nome de Deus (o Shemhamforash) e era a única pessoa autorizada a cruzar o *Véu de Paroketh* e entrar no recinto sagrado do Santo dos Santos.[101]

O poder do Nome Sagrado

Destarte, a par dos elementos de magia que já foram referidos, os operadores desse tipo de Cabala se dedicavam à pesquisa do *Inefável Nome de Deus*, palavra sagrada, mística, impronunciável, somente conhecida de alguns poucos iniciados. Estes últimos formavam um grupo seleto de rabinos que se opunha aos rigores doutrinários prescritos pelo Talmud (a tradição escrita) e à Mishná (a tradição oral), conjuntos de ensinamentos considerados códigos oficiais do Judaísmo, cujo teor era tido por esses estudiosos como extremamente dogmático e muito pobre em interesse espiritual. O Talmud, como se sabe, é uma compilação de comentários rabínicos sobre a Torá escrita, fruto dos debates realizados por um grupo de mestres dessa religião entre os anos 70 e 200 da Era Cristã. Compilados por um rabino chamado Judá ha Nasi, tornou-se o principal livro de exegese da religião judaica. Já o termo Mishná (em hebraico הנשמ) significa "repetição". Deriva do verbo הנש (*shanah*, "estudar e revisar"). É a parte do Talmud que contém a chamada tradição oral da religião de Israel.[102]

O conhecimento do Nome Verdadeiro de Deus, segundo os adeptos dessa tradição, conferia ao iniciado nos mistérios da Cabala um

---

101. Texto massorético é a versão da Bíblia que serviu para a tradução dos textos hebraicos antigos para as línguas ocidentais modernas. O Véu de Paroketh era o véu que separava o altar do Templo de Salomão (o Santo dos Santos), onde estava depositada a Arca da Aliança, do resto do edifício. Em termos místicos, é o véu que separa a Existência Negativa de Deus da sua Existência Positiva, ou seja, o Espírito Divino da Matéria que Ele emana.

102. *História da Filosofia Oculta*, op. cit., p. 126.

poder sem limites, que o capacitava a repetir o próprio ato divino no exercício de criação. Seus aspectos estão diretamente ligados à crença judaica de que certas palavras, se pronunciadas com sua grafia e som corretos, possuem um grande poder. Alguns rabinos diziam mesmo que a Cabala continha os ensinamentos que Deus transmitiu a Adão no Éden, ensinamentos esses que permitiram ao homem dar nomes à Criação e, por meio dos nomes dados, exercer o seu domínio sobre ela. Pois, como diz a Bíblia, "O eterno Deus formou da terra todo animal do campo e toda ave do céu, e os trouxe ao homem para ver como os chamaria; e tudo que chamasse o homem à alma viva, esse seria seu nome".[103] Com isso, Deus teria introduzido no mundo o chamado *princípio da identidade* e, por meio desse princípio, o homem ficou apto a colocar *Ordem no Caos* da Criação. Isso porque, segundo o cabalista Martin Buber, "Toda interação entre Deus e o mundo deve ser mediada pelo homem. Deus é a 'fonte' da linguagem, porém é o homem que 'nomeia' os objetos e, assim fazendo, 'faz vir o mundo perante Deus'. Pelo processo de nominação, o homem concretiza a linguagem divina e a torna humana".[104]

Dessa maneira, certas palavras, quando se aprende a formá-las e pronunciá-las com seus sons corretos, podem construir ou destruir o próprio mundo. Foi dessa vertente, e das aplicações encontradas nesse estudo, que nasceu a Cabala mágica, também chamada de Cabala *não escrita*, como tal entendida a crença de que certo tipo de oração, discurso, ou mesmo frase, poderia eliciar forças ocultas para atuar em benefício ou em prejuízo de alguém.

Uma das aplicações mais bizarras dessa linha cabalística era, como referido, a pesquisa dos nomes secretos de Deus, dos anjos e dos demônios, pois quem detivesse esse conhecimento poderia ter o controle do universo. Isso porque, segundo essa corrente de pensamento, Deus teria criado o mundo manipulando os sons e os valores das letras do alfabeto hebraico. Essa é a razão de encontrarmos, principalmente na doutrina de Luria, a ideia de que o desenvolvimento da alma deve se processar segundo a chamada *escala diatônica*, pois é somente na perfeita harmonia dessa escala (representada pelas sete notas musicais) que a alma passará incólume pelas sete esferas cósmicas, em condições de contemplar o oitavo céu, complemento de todo o processo cósmico.

---

103. Gênesis, 2:19. *Bíblia Hebraica*, op. cit. Segundo o princípio da identidade, "uma coisa é uma coisa e outra é outra coisa", o que significa ordenar as realidades do mundo segundo seus nomes e propriedades.

104. Citado em *A Cabala e Contra História*, op. cit., p. 165.

Essa inspiração também é encontrada entre os pitagóricos, no sentido de que, na gênese do universo, há uma conjugação entre os Três Meios Sagrados, que são a Geometria, a Música e a Aritmética.[105]

Todas essas considerações se associam à chamada fase auditiva da psique humana, como referido no capítulo I deste trabalho, quando o homem possuía uma "mente bicameral", dividindo-a entre o humano e o divino, e onde as "vozes dos deuses", no dizer de Julian Jaynes, eram a única fonte de consciência que devia ser ouvida.[106]

Ou como informa Biale em seu estudo sobre as teses cabalistas de Scholem e Benjamin Buber: "A palavra de Deus não tem conteúdo factual nem transmite qualquer conteúdo; sua essência reside em seu ritmo e em seus padrões sonoros poéticos, mais do que em sua substância comunicativa. A tradução da Bíblia, concebida por Buber, para ser lida em voz alta, devia exercer um impacto lírico sobre o ouvinte".[107]

É nesse sentido que os judeus desenvolveram a crença de que saber escrever e pronunciar o nome de Deus na sua forma correta daria ao detentor desse conhecimento o poder sobre as forças da natureza. Ele seria o mago por excelência, capaz de fazer aparecer e desaparecer coisas e realizar qualquer tipo de milagre. Esse era o tipo de poder que alguns místicos cristãos, adeptos da Cabala, pretendiam que Jesus possuísse, pois, segundo essa tradição, Jesus (Yeshua ben Ioseph) era um rabino que detinha esse conhecimento, daí os milagres que lhe eram atribuídos. Um dos fundamentos dessa tese é o fato de Jesus jamais ter se referido a Deus (em público) pelo seu nome verdadeiro. Destarte, Jesus, sendo um rabi, mestre da religião de Israel, com certeza conhecia o Verdadeiro Nome de Deus e sabia a sua pronúncia correta. Mas não podia transmitir esse conhecimento a ninguém, por isso, em público, o chamava de "Abba", termo aramaico que significa "pai". Com esse conhecimento desafiava a lei da gravidade andando sobre as águas, transformava água em vinho, dominava as tempestades, ressuscitava pessoas mortas, além de produzir as milagrosas curas que lhe foram atribuídas.

O segredo da Arca da Aliança

Essa tradição cabalística inclui também a crença de que a Torá (a lei judaica contida nos cinco livros de Moisés) foi revelada a Moisés

---

105. *A Kabbalah da Alma*, op. cit., p. 50.
106. Idem, p, 82-83.
107. *A Cabala e Contra História*, op. cit., p. 138.

no alto do Monte Sinai e ele teria registrado na forma escrita apenas aquilo que poderia ser repassado ao povo como ensinamento formal. Mas, além desses testemunhos, Deus teria feito a Moisés outras revelações que ele não registrou por escrito, porém ministrou de forma oral aos seus sucessores. Uma dessas revelações foi a grafia do Verdadeiro Nome de Deus e a maneira de pronunciá-lo, pois, segundo essa crença, esse nome é uma palavra de poder. Foi com ela, aliás, que Deus teria se manifestado no mundo da matéria e com ela, também, teria despertado o homem Adão para a vida.

Com efeito, diz a Bíblia que Deus, ao ordenar a Moisés que colocasse na Arca da Aliança as Tábuas da Lei, ordenou-lhe que, com elas, depositasse também "o Testemunho que Eu lhe darei". Esse testemunho, segundo os cabalistas, é o conhecimento de como se escreve e se pronuncia a Palavra Sagrada.

Gershom Scholem também se mostra convicto de que esse "testemunho" era, indubitavelmente, o conhecimento da Palavra Sagrada, pois, segundo esse autor, "Era admitido pelos pensadores esotéricos judeus daquela época que céu e terra haviam sido criados pelo grande nome de Deus. Ao construir o Tabernáculo, Belazel fora capaz de imitar a Criação, ainda que em pequena escala. Pois o Tabernáculo é um microcosmo completo, uma cópia de tudo quanto existe no céu e na terra".[108]

A Palavra Sagrada, contida nas iniciais YHVH, denotaria assim a existência de uma relação mais profunda entre o "Eterno Deus" e sua obra e não poderia ser usada em vão, motivo pelo qual Moisés a transformou em um dos preceitos mais importantes do Decálogo.

O Nome de Deus na Maçonaria

Na Maçonaria esse tema é trabalhado nos graus filosóficos, especialmente os graus 13 e 14 que adotam como núcleo simbólico do ensinamento que ali se veicula a alegoria da procura pela *Palavra Perdida*. Essa é uma alegoria que evoca o poder místico que o *Verdadeiro Nome de Deus possui*. A *Palavra Perdida* que ali se procura é o *chamado Nome Inefável*, o qual está grafado sobre a *Pedra Cúbica*. Esses graus, também denominados "Cavaleiro do 9º Arco", "Real Arco de Enoque", "Real Arco Escocês" e "Real Arco de Salomão", falam da Lenda de Enoque, descendente de Caim, para quem este construiu uma cidade à

---

108. *A Cabala e Seu Simbolismo*, op. cit., p. 199.

qual deu o seu nome.[109] Essa cidade, segundo a lenda do Grau, teria sido destruída pelo dilúvio e dela só teriam restado duas colunas de bronze onde Enoque escreveu as letras do Nome Sagrado.

É por isso que a decoração da *Loja,* nesses graus, evoca um subterrâneo sem portas ou janelas, cuja única comunicação com o exterior é uma pequena abertura quadrangular na abóbada, em forma de escotilha, que se atinge por meio de uma escada. Por dentro, as paredes são brancas e o pavimento formado de quadrados brancos e negros. No centro da *Loja*, sob um pedestal de forma quadrangular, ergue-se uma pirâmide transparente, de três faces, onde, em cada uma delas, estão inscritas as letras hebraicas que formam os nomes do *Grande Arquiteto do Universo*. A abóbada está sustentada por nove arcos, nos quais nove dos prováveis nomes de Deus estão inscritos.[110]

O conteúdo iniciático do Grau, como se pode perceber, repousa no simbolismo do *Inefável Nome de Deus*, ressaltando que a verdadeira sabedoria está contida no conhecimento dessa Palavra Sagrada.

Quando comunicados por iniciação, somente três iniciados de cada vez podem receber esse Grau. Um dos iniciandos, em nome dos demais, faz a profissão de fé dos graus anteriores, repetindo as virtudes adquiridas e os trabalhos realizados em cada um deles, salientando que agora, depois de passar por diversas provas, está apto a conhecer o *Verdadeiro Nome de Deus*. Por isso é que se diz que o objetivo do Grau é o conhecimento dessa Palavra Sagrada, o que, inclusive, dá sentido aos graus das *Lojas de Perfeição*, pois esses graus de aperfeiçoamento são destinados principalmente à pesquisa e ao conhecimento dessa Palavra. Conhecimento esse que, segundo a tradição cabalística, confere ao seu detentor a verdadeira Gnose, que é comunicada pela Lenda das Colunas de Bronze.

Essa lenda, na Maçonaria, está conectada a um tema cabalístico de grande significado, que é a Lenda de Enoque.

A Lenda de Enoque

A Lenda de Enoque, segundo Horne, é um tema que aparece pela primeira vez em um trabalho chamado *Polynicon*, uma obra escrita por

---

109. Gênesis, 4:17.
110. Esses nomes, segundo a lenda maçônica, são, pela ordem, Joe, João, Iria, Ele, Jarí, Adonai, Al-Hanan, Jiha, Jobel. A filosofia do grau está baseada na Lenda de Enoque.

um filósofo gnóstico chamado Hidgen no século XIV, que por sua vez deve ter se inspirado em Flávio Josefo.[111]

Na Bíblia existem dois personagens com o nome de Enoque. Um deles é o descendente de Caim, cujo nome foi dado à cidade que ele construiu, que o dr. Anderson se refere como a "Consagrada". Obra essa que, segundo ele, mostrava que a arte da Maçonaria já existia nos primeiros tempos da humanidade, sendo transmitida, pelo próprio Criador, a Adão e seus descendentes.[112]

É a esse Enoque que a lenda das Colunas de Bronze se refere. Elas haviam sido erguidas em um Templo construído na cidade Consagrada por Caim (e não Seth, o filho caçula de Adão, como Anderson escreve). Nelas, além do Delta com o Tetragrama Sagrado, com o verdadeiro Nome de Deus inscrito dentro, haviam sido gravadas, pelos três filhos do patriarca bíblico Lamec, *Jobal, Jubal e Tubalcaim*, também as chamadas Ciências Liberais, que eram em número de sete. Provavelmente o termo "Jubelos", dado aos três companheiros que assassinaram o Mestre Hiram (Jubelo, Jubelas e Jubelum), tenha sido inspirado nesses nomes bíblicos dos filhos de Lamec, descendentes de Caim. Pois, segundo Ambelain, a tradição cabalística confere a esses três personagens uma conotação luciferina, já que teriam sido eles os introdutores das ciências entre os homens, em oposição à Vontade de Deus.[113]

O Templo de Enoque foi destruído pelo dilúvio e essas colunas também desapareceram, razão pela qual tanto o *Nome Inefável* quanto as instruções gravadas pelos descendentes de Caim ficaram perdidas. Mais tarde, segundo reza a lenda, elas foram encontradas, uma por Pitágoras e outra por Hermes, que as decifraram e ensinaram seu conteúdo aos seus discípulos. Mas, não sendo iniciados nas antigas ciências, nenhum deles descobriu a pronúncia correta dessa Palavra. Todavia, o poder do *Nome Inefável* seria recuperado na época de Moisés, por transmissão que lhe fez o próprio Deus, quando do encontro no Monte Sinai. Essa é a lenda que se trabalha nos chamados Graus Inefáveis, especialmente os graus 13 e 14. A propósito, a lenda maçônica informa ainda que essas colunas, que teriam sido desenterradas pelos arquitetos do rei Salomão, serviram de modelos para Hiram Abiff fundir as colunas que ornavam os pórticos do Templo de Jerusalém.

---

111. Ranulf Higden (c. 1280-1364) foi um monge beneditino que se tornou famoso pela sua extensa crônica sobre história universal e teologia.
112. *As Constituições,* op. cit.
113. AMBELAIN, Robert. *A Franco-Maçonaria*. São Paulo: Ibrasa, 1999.

Quanto ao outro Enoque, este aparece em Gênesis 18 a 27, e é referido como o "homem que andou com Deus" e não teria morrido, mas levado vivo para o céu. Com base nessa lenda, foi desenvolvida a outra Lenda de Enoque, o que viajou pelos sete céus da esfera celeste para ver como Deus e seus arcanjos construíam o universo. Essa lenda será utilizada pela Maçonaria para desenvolver o conteúdo do Grau 21, denominado "O Cavaleiro do Sol". É uma lenda que consta do apócrifo bíblico Primeiro Livro de Enoque, trabalho escrito por um autor gnóstico do século II, o qual denota uma clara inspiração cabalística. O conteúdo dessa lenda, pela importância que tem no ensinamento maçônico, será o tema do próximo capítulo.

O tetragrama sagrado

Na Maçonaria, o simbolismo que envolve o Inefável Nome de Deus é um tema de grande importância iniciática. De forma geral, os maçons adotaram a tradição cabalística de que o verdadeiro significado desse Nome é um segredo guardado a sete chaves pelos Mestres da sabedoria arcana. Assim, os ritos maçônicos trabalham com a ideia de que os sons vocálicos originais do tetragrama YHVH são interditos ao vulgo, e a pronúncia correta dessa palavra está confinada à sabedoria de pouquíssimos escolhidos. É um conceito semelhante ao adotado pelos cabalistas e diferente da crença islâmica, para a qual essa sabedoria está vedada para toda a raça humana.

Essa ideia, como já referido, está expressa na alegoria da Palavra Perdida, cujo conteúdo é desenvolvido no ritual dos graus 13 e 14 do Rito Escocês por meio da Lenda de Enoque e as duas colunas perdidas. Em resumo, essa lenda diz o seguinte:

Enoque, durante um sonho, foi informado de que Deus tinha um Nome Verdadeiro que aos homens não era lícito saber, porque se tratava de uma palavra de grande poder. Esse Nome, Deus comunicou aos seus ouvidos, mas proibiu que o divulgasse a qualquer outro ser humano. O Senhor o informou também sobre o castigo que iria ser lançado sobre a humanidade pecadora por intermédio do dilúvio.

O Inefável Nome de Deus era a chave que poderia proporcionar aos homens todo o conhecimento secreto e um dia, quando fossem merecedores, ele lhes seria revelado. Porém, para que essa Palavra Sagrada não fosse perdida após a catástrofe que destruiria a humanidade inteira, Enoque gravou-a em uma pedra triangular, em uma língua só inteligível aos anjos e a ele mesmo (a línguagem da Cabala). Portanto, mesmo que alguém descobrisse um dia a grafia do Nome Verdadeiro de Deus, isso de pouco adiantaria ao seu descobridor, pois a pronúncia dessa Palavra Sagrada lhe estaria interdita.[114]

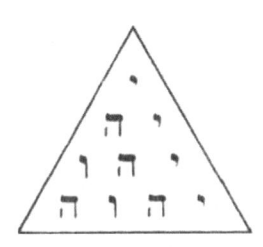

Antes do dilúvio, havia sobre a Terra civilizações bastante desenvolvidas em termos de artes e ciências. Eram civilizações lideradas por homens gigantes, filhos que os anjos caídos (os nefilins da Bíblia) tiveram com as filhas dos homens. Essas civilizações eram más, arrogantes e descrentes. Por isso Deus anunciou a Enoque que iria destruí-las. Para preservar os conhecimentos dessas antigas civilizações, Enoque fez com que vários textos, contendo conhecimentos científicos (aqueles que Jubal, Jabal e Tubalcaim haviam gravado nas Colunas de Bronze), fossem copiados e gravados em duas colunas, e em cada uma delas esculpiu o nome sagrado.

Uma delas era feita de mármore, a outra fundida em bronze. Essas colunas, ele as pôs como sustentáculo em um suntuoso templo que mandou construir em um lugar subterrâneo, só dele e de alguns eleitos, conhecido. Esse templo tinha nove abóbadas, sustentadas por nove arcos. No último arco, Enoque mandou gravar o Delta Luminoso, que registrava o Nome Inefável, e fez um alçapão onde guardou a pedra na qual ele havia gravado esse Nome.

Com o evento do dilúvio, todas as antigas civilizações foram destruídas e seus conhecimentos científicos e artísticos, perdidos. Noé e sua família, os únicos sobreviventes dessa catástrofe, nada sabiam dessas antigas ciências. Das colunas gravadas por Enoque, somente a de bronze pôde ser recuperada pelos descendentes desse patriarca. Nela constava o Verdadeiro Nome de Deus, mas não a forma de pronunciá-lo, pois essa sabedoria tinha sido gravada na coluna de mármore. Assim, essa pronúncia permaneceu desconhecida por muitos séculos, até que Deus a revelou a Moisés em sua aparição no Monte Sinai.

Mas Moisés foi proibido de divulgá-la, a não ser ao seu irmão Aarão, que seria, futuramente, o sumo sacerdote do povo hebreu. E este, ao seu sucessor como sumo sacerdote, tradição essa que continuou sendo praticada até a destruição do primeiro Templo.

---

114. Na imagem, o Delta com o tetragrama sagrado. Fonte: *Wikipédia Foundation*.

Deus prometeu a Moisés, todavia, que mais tarde o poder desse Nome seria recuperado e transmitido a todo o povo de Israel. Segundo a tradição cabalística, isso só aconteceu nos tempos de Shimon Ben Iohai, o codificador da Cabala, mas nem todo o povo de Israel compartilhou dessa sabedoria, uma vez que ela continuou sendo transmitida apenas aos rabinos que atingiam os graus mais altos na chamada Assembleia Sagrada, os denominados sacerdotes Kadosh.

As colunas do Templo

Na Maçonaria, essa lenda foi adaptada para servir ao catecismo maçônico como uma alegoria de conteúdo moral. Os dois mais importantes ritos a utilizam com algumas variantes de forma, mas semelhantes no fundo. Segundo Ovason, o número 27 (3.3.3) é uma referência ao Arco Vivo, simbolismo que se remete ao arco onde o tetragrama sagrado foi inscrito. Ele simboliza o Real Arco humano, que era formado pelos maçons desse Grau ao pronunciar o nome secreto de Deus.[115]

Já a versão cultivada no REAA diz que Moisés havia mandado que o Nome Inefável, com a pronúncia correta, fosse gravado em uma medalha de ouro guardada na Arca da Aliança juntamente com as tábuas da lei. Dessa maneira, o sumo sacerdote, em qualquer tempo, poderia compartilhar dessa sabedoria e invocar o Grande Arquiteto do Universo na forma correta.

Esse era o segredo da *Shehiná*, ou seja, a estratégia segundo a qual Deus se manifestava ao povo de Israel, por meio da Arca da Aliança. Porém, a Arca da Aliança foi perdida em uma batalha que os israelitas travaram contra os sírios. Mas, guardada por leões ferozes, os sírios nunca conseguiram abri-la e, mais tarde, ela foi recuperada pelos sacerdotes levitas. Durante as batalhas que o povo de Israel travou contra os filisteus pela posse da Palestina, a Arca foi perdida mais uma vez, sendo capturada pelo exército inimigo. Os filisteus, que não sabiam do poder que tinham nas mãos, fundiram a medalha de ouro com o Nome Inefável e a colocaram em um ídolo dedicado ao Deus Dagon. Esse foi um dos motivos pelos quais Deus instruiu Sansão para que este praticasse seu último ato de força no Templo dos filisteus em Gaza, matando um grande número deles. Dessa forma, o registro escrito dessa Palavra foi perdido para sempre.

Assim, durante longo tempo a forma de pronunciar o Nome Inefável ficou oculta, até que Deus o revelou a Samuel e este o transmitiu aos reis de Israel, Davi e, depois, a Salomão.

---

115. *A Cidade Secreta da Maçonaria*, op. cit., p.175.

Após construir o Templo de Jerusalém (que reproduzia a forma e a estrutura do templo construído por Enoque, inclusive com os nove arcos, onde, no nono, se erguia o Altar do Santo dos Santos, no qual a Arca da Aliança estava depositada), Salomão determinou a Adonhiran, Stolkin e Joaben a construção de um templo dedicado à Justiça. Estes, após escolher e cavar o terreno para a preparação dos alicerces, verificaram que o lugar escolhido era exatamente o mesmo onde Enoque havia construído o seu templo. Após demoradas pesquisas e árduos trabalhos escavando as ruínas, descendo a diversos níveis subterrâneos, os mestres destacados por Salomão, sob o comando de Adonhiran, descobriram a coluna de bronze onde o sagrado Delta estava gravado. Foi essa coluna que serviu de modelo para Hiram fundir as duas colunas de bronze que ornavam o Templo de Salomão.

Dessa forma, o Verdadeiro Nome de Deus foi recuperado e pôde ser transmitido ao povo de Israel na sua forma escrita, mas sua pronúncia permaneceu um segredo compartilhado por poucas pessoas, pois a coluna de mármore, onde essa sabedoria estava inscrita, fora destruída pelo dilúvio. Somente Salomão, o rei de Tiro e os três mestres que desceram ao subterrâneo detinham esse conhecimento, pois este lhes fora transmitido pelo profeta Samuel, antes de morrer. Com o desaparecimento daqueles personagens, ficou perdida novamente a pronúncia da Palavra Sagrada. Esse é o conteúdo da Lenda de Enoque e as colunas perdidas, tal qual é trabalhado na Maçonaria.

O significado da lenda na Maçonaria

As instruções dos Graus 13 e 14 do REAA se referem às viagens que o iniciando tem de fazer, a exemplo dos três Mestres de Salomão, para encontrar a Palavra Sagrada. Simbolicamente, para o maçom, essas viagens equivalem a uma descida dentro de si mesmo a fim de liberar a luz que existe dentro dele. Aqui, temos novamente a evocação, tão cara aos gnósticos e aos alquimistas, da necessidade de encontrar "dentro de si mesmo" aquela energia que faz o homem integrar-se à divindade.

Diz a lenda maçônica que, com a perda do verdadeiro significado, o Nome Sagrado foi substituído pelas iniciais IHVH, que depois de pronunciadas são cobertas com três Palavras Sagradas, três sinais e três palavras de passe; somente após o cumprimento desse ritual se chega ao verdadeiro Nome Inefável. De acordo com essa tradição, os cinco primeiros iniciados no Grau de Cavaleiro do Real Arco (Grau 14 do REAA) foram os próprios reis Salomão e Hiram, rei de Tiro, e os três Mestres que descobriram o templo sagrado de Enoque. Um juramento de não pronunciar o Verdadeiro Nome de Deus em vão foi feito pelos mestres recém-eleitos, juramento esse que se repete na elevação ao referido Grau.

Diz ainda a lenda que mais tarde outros Mestres foram admitidos nesse Grau, até o número de 27, sendo a cada um deles distribuído um posto. Outros Mestres, que tentaram obter o Grau sem o devido merecimento, receberam o justo castigo, sendo executados e sepultados no subterrâneo onde a pedra gravada com o Nome Inefável fora encontrada. A prece final de encerramento dos trabalhos do Grau nos mostra bem a significação do conteúdo iniciático da lenda:

Poderoso Soberano Grande Arquiteto do Universo. Vós que penetrais no mais recôndito dos nossos corações, acercai-vos de nós para que melhor possamos adorá-lo cheios de vosso santo amor. Guiando-nos pelos caminhos da virtude e afastando-nos da senda do vício e da impiedade. Possa o selo misterioso imprimir em nossas inteligências e em nossos corações o verdadeiro conhecimento de vossa essência e Poder Inefável, e assim, como temos conservada a recordação de Vosso Santo Nome, conservar também em nós o fogo sagrado de vosso santo temor, princípio de toda sabedoria e grande profundidade de nosso ser. Permiti que todos os nossos pensamentos se consagrem à grande obra de nossa perfeição, como recompensa merecida de nossos trabalhos, e que a União e a Caridade estejam sempre presentes em nossas Assembleias, para podermos oferecer uma perfeita semelhança com a morada de vossos escolhidos, que gozam do vosso reino para sempre. Fortalecei-nos com vossa Luz, para que possamos nos separar do mal e caminhar para o bem. Que todos os nossos passos sejam para o proveito da nossa aspiração, e que um grato perfume se desprenda no Altar de nossos corações e suba até vós. Ó Jeová, nosso Deus! Bendito sejais, Senhor. Fazei com que prospere a obra feita pelas nossas mãos, e que, sendo vossa Justiça o nosso guia, possamos encontrá-la ao término da nossa vida. Amém.[116]

A cristianização da lenda

Por fim, cabe considerar que a Maçonaria cristã se apropriou dessa lenda para aproximá-la da tradição associada com o magistério de Jesus Cristo. Essa transposição iniciática foi feita pelos adeptos da filosofia Rosa-Cruz, que incorporaram nela a mística da paixão, morte e res-

---
116. Cf. o ritual do Grau 14. Cf. o ritual do Grau 18, no qual a Palavra Perdida é finalmente reencontrada e soletrada INRI.

surreição de Cristo. Assim, a Palavra Perdida passou a ser soletrada pelas iniciais da inscrição que Pilatos mandou colocar na cruz de Jesus: INRI, que na tradição rosacruciana designa as iniciais de uma de suas mais significativas metáforas. Isso porque INRI é um acróstico da frase "Igne Natura Renovatur Integra", que quer dizer "a natureza se renova pelo fogo", metáfora alquímica que simboliza o processo pelo qual os alquimistas obtinham a pedra filosofal, ou seja, diluindo e recompondo a matéria-prima da obra infinitas vezes até atingir a sua "alma". Assim, Pilatos, na verdade, estaria revelando, nos dizeres colocados na cruz de Cristo, o processo segundo o qual nossas almas poderiam obter a salvação, ou seja, morrendo e revivendo infinitas vezes, até depurar por completo o "grão de luz" que constitui o seu núcleo. Dessa forma, o corpo de Jesus simboliza a "matéria-prima" da Grande Obra de Deus. Esse é conteúdo místico-filosófico do Grau 18, denominado Cavaleiro da Rosa-Cruz, em que essas alegorias são desenvolvidas.

Para os maçons, todavia, em face da influência dos pitagóricos e dos gnósticos, a questão que está ligada ao Verdadeiro Nome de Deus exprime também as ideias que a Maçonaria tem de tempo infinito, espaço infinito, a vida infinita, enfim, todas as manifestações da essência divina na realidade universal, que são tanto adjetivas quanto substantivas. Explicando que nenhum dos nomes de Deus adotados pelo homem é considerado pela Ordem como certo e definitivo, o ritual sugere que o maçom apenas admita que Deus existe, mas não lhe dê nenhum nome nem tente conformá-lo a uma imagem, pois esse conceito não pode ser reduzido a fórmulas que a mente humana possa desenvolver.

Esse postulado sugere ainda que o espírito humano está ligado à essência primeira e única de todas as coisas e não necessita de quaisquer outros canais de ligação com a Divindade, a não ser a sua própria consciência e a sua sensibilidade.

Assim, pode-se dizer que para a Maçonaria o simbolismo do Nome Sagrado está no ensinamento iniciático que ele veicula. Esse ensinamento nos diz que existe uma chave, uma palavra, um verbo, a partir do qual todas as coisas foram e são construídas. Essa palavra, esse verbo, se traduz pelo *Inefável Nome de Deus*, verdadeiro e único Princípio Criador, imutável e apriorístico, de onde tudo emana e para onde tudo um dia retorna. Não é uma simples coincidência, por exemplo, que as iniciais INRI tenham o mesmo número de letras do Tetragrammaton (IHVH). E que de suas combinações se extraia o número 12, que é a base espiritual da nação de Israel.

Dessa forma, a inspiração que vem do Evangelho de São João, no qual se diz que no princípio era o Verbo, o Verbo era Deus, e um Deus era o Verbo, assume o seu verdadeiro sentido. Quer dizer que o Cristo estava no início com Deus e nada do que foi feito se realizou sem Ele, e tudo o que foi feito foi criado por Ele. Jesus é a encarnação do Verbo, manifestação orgânica de Deus no mundo da matéria, assim como o universo é a sua manifestação física. Assim, para os cabalistas cristãos, Jesus é a própria *Shehiná,* a manifestação divina no mundo.[117]

---

117. Sobre esse assunto, ver URBANO JR., Helvécio de Resende. *Templo Maçônico: Dentro da Tradição Kabbalística*: "Sob a Luz da Meia-Noite". São Paulo: Madras, 2012.

CAPÍTULO IX

A Escada de Jacó

A visão de Jacó – a Merkabah

A "Escada de Jacó" é uma alegoria que está associada à visão que esse patriarca bíblico teve quando de sua viagem a Padan-Harán, em busca de uma esposa. Segundo Gênesis, 28:12, ele se deitou para descansar nas proximidades de uma cidade chamada Luz e teve um sonho no qual via uma escada com sua base apoiada na terra e o seu topo tocando no céu. E por ela uma multidão de anjos subindo e descendo. No cume dessa escada, Deus estava sentado em um trono e lhe disse: "Eu sou o Eterno, Deus de Abraão, teu pai, e Deus de Isaque; a terra, na qual tu dormes, eu a darei a ti e à tua descendência". E depois Deus renovou a Jacó a promessa que anteriormente já havia feito ao seu avô Abraão e a Isaque, seu pai.

Jacó interpretou o seu sonho visionário como sendo aquele lugar uma espécie de porta de ligação entre o céu e a terra. Por isso, logo praticou ali os sacrifícios próprios desse tipo de experiência mística, usuais entre os povos antigos que habitavam aquela região. Marcou aquele local com uma pedra e santificou-o com azeite. A esse lugar ele chamou de Bet-El (Betel).[118]

---
118. Na imagem, Jacó contempla a Escada Mística. Fonte: *Enciclopédia Barsa*.

A Escada de Jacó é uma imagem bem a gosto dos cabalistas, pois, como vimos, a Cabala figura a presença de Deus no mundo físico como um ponto luminoso que avulta no espaço cósmico dando início a todas as realidades do mundo físico. Nesse sentido, podemos dizer que Jacó estava contemplando, nada mais nada menos, que uma imagem da Árvore da Vida, com a sefirá Kether no topo da escada. Por isso, a estranha informação constante do versículo 20 que diz que a cidade de Betel, anteriormente à visão de Jacob, se chamava Luz.[119]

A visão de Jacó pode ser interpretada como uma expressão simbólica da ligação existente entre o céu e a terra, ou entre as coisas sagradas e profanas, o homem e Deus. E os anjos vistos pelo patriarca, subindo e descendo essa escada (levando coisas da terra para o céu e trazendo coisas do céu para a terra), como os intermediários dessa ligação. Não é, pois, sem motivo, que a tradição maçônica faz uso dessa alegoria em suas variantes ritualísticas, como nos mostra Ovason em sua obra. Ela aparece com muita ênfase na Maçonaria do Arco Real, como "uma afirmação da corrente dourada de existência que conecta o homem a Deus através de vários estágios intermediários, ou gradações". Antes de ser adotada pela Maçonaria, a escada era um símbolo padrão daquela forma de alquimia interessada em se elevar, por meio da autoperfeição, a Deus.[120]

No mesmo sentido, Halevi mostra a estreita similitude que existe entre a alegoria da Escada de Jacó e o simbolismo da Árvore da Vida, pois, para esse autor, "O verdadeiro estudioso e filósofo via nela (a Árvore da Vida) uma escada direto para o céu, um método de estudo, a base de um código de retidão e um ponto de referência por meio do qual era possível relacionar a religião e a ciência contemporânea".[121]

Destarte, não se pode negar que a interpretação dessa alegoria, no conjunto do ensinamento maçônico, é uma inspiração tipicamente cabalística. Como sabemos, a Cabala sustenta a existência de várias entidades angélicas, formadas por diversas classes de arcanjos e outras potestades, as quais atuam, conforme a sua classe, em diferentes etapas de construção do mundo. Em seu trabalho de mestres obreiros do universo, eles sobem e descem do céu para a terra e da terra para o céu por intermédio de uma "Escada Mística", para orientar seus aprendizes, os homens, no trabalho de construção da Obra de Deus.

---

119. Êxodo, 20:18.
120. *A Cidade Secreta da Maçonaria*, op. cit., p. 143.
121. *A Árvore da Vida (Cabala)*, op cit., p.19.

De outra forma, a alegoria da Escada Mística é um arquétipo que está presente em todas as tradições esotéricas. Ela serve para ilustrar o desenvolvimento espiritual do iniciado e sua consequente escalada em busca da iluminação. Nessa jornada, ele deve viajar pelos Sete Céus da estrutura celeste, passando pelas esferas dos anjos planetários hostis e dos demiurgos do cosmo, para, no fim dessa escalada, poder contemplar a Glória de Deus. Por isso, diz Leonora Leet, "A aplicação de uma divisão sétupla à cosmologia foi apresentada primeiro pelo Gênesis nos textos da Mercabbah-Hekhalot dos sete palácios, ou céus, pelos quais a alma precisaria peregrinar para alcançar a maior das experiências místicas – a visão do trono".[122]

As sete leis herméticas

De algum modo, todas as "escadas" referidas nos diversos Mistérios iniciáticos se referem aos "sete mundos", ou os sete estágios de sabedoria que o espírito humano deve galgar para atingir a iluminação. Representam as seis esferas que formam os dois triângulos, os quais, na Árvore da Vida, simbolizam a estrutura do mundo espiritual (os arquétipos, ou universais) e do mundo físico. Esses dois triângulos, conhecidos como Ético e Formativo, são centrados nas sefirot Geburah, Hod e Tiphereth (triângulo ético) e Hod, Netzach e Yesod (triângulo da formação). Juntamente com Malkuth, a última sefirá, elas compõem os sete degraus do mundo manifesto, descrito na Árvore da Vida. Referem-se também às sete leis do mundo espiritual, expressas por Hermes Trismegisto, segundo os autores do *Caibalion*.[123] Essa obra (*Caibalion*) reúne os ensinamentos básicos da doutrina hermética, explicitando as leis que regem a formação de todas as coisas manifestadas. É uma doutrina que, em resumo, deduz que o mundo espiritual é regido pelas seguintes leis:

1. **Lei do Mentalismo**: expressa no enunciado: "O Todo é Mente; o Universo é mental".

Nesse enunciado se diz que o universo é gerado pelo pensamento divino. Há um "ser" que pensa o universo e gera leis que regem a sua formatação. Por meio dessas leis, o Criador rege e desenvolve toda

---
122. *A Kabbalah da Alma*, op. cit., p. 25. Dante Alighieri também se vale desses conceitos no desenvolvimento dos temas da sua *Divina Comédia*.
123. *Caibalion* (Kybalion) é um livro publicado em 1908, atribuído a três indivíduos autointitulados "Os Três Iniciados".

a realidade cósmica. Assim, todo grão de matéria universal tem uma "centelha" do pensamento de Deus. Nesse sentido nós também temos, aprisionada em nosso corpo material, uma centelha desse princípio luminoso, essa energia latente que deu origem a tudo que existe.

2. **Lei da Correspondência**, expressa no enunciado: "O que está em cima é como o que está embaixo. E o que está embaixo é como o que está em cima".

É a lei da relatividade, expressa em termos espirituais. Aqui se diz que as perspectivas mudam de acordo com as referências que temos das coisas. A visão que temos da terra nos impede de enxergar outros domínios acima e abaixo de nós. Nossa atenção fica concentrada naquilo que podemos ver e abarcar com nossos sentidos, de maneira que o que está além do território da nossa sensibilidade nos escapa. Mas o universo é igual em toda parte. O microcosmo reflete o que existe no macrocosmo. O que ocorre no infinito do espaço é como o que ocorre no interior do átomo.

3. **Lei da Vibração,** que se expressa pelo enunciado: "Nada está parado, tudo se move, tudo vibra".

Essa lei assegura que todo movimento do universo é vibratório. Esse princípio dá vida e movimento ao cosmo em sua totalidade. Todas as coisas têm seu próprio regime de vibração. Nada está em repouso. Nada é inerte na natureza. Das galáxias às partículas subatômicas, tudo se movimenta, procurando suas próprias conformações. Essa é uma verdade já comprovada pela ciência moderna. Toda matéria (e espírito também) é feita de átomos, os quais são gerados por ondas e partículas de energia que se movem e oscilam conforme suas próprias estruturas o exigem. Não há matéria passiva ou inerte no universo, como pode parecer aos nossos olhos, mas todas têm movimento, porque tudo é feito de energia e a energia nunca se submete à inércia.

4. **Lei da Polaridade**, expressa no enunciado: "Tudo é duplo no universo, tudo tem dois polos, tudo tem o seu oposto".

A polaridade é uma lei necessária à constituição das realidades universais. É preciso o macho e a fêmea para gerar um novo ser, as trevas para que a luz possa brilhar, o falso para que o verdadeiro possa ser revelado, o frio para que o quente se manifeste, e assim por diante. Essa verdade já havia sido denunciada pelos filósofos taoistas na simbologia yin/yang.[124] A atração entre os opostos representa a chave de poder no sistema hermético. Os opostos são apenas extremos da mesma realidade. Sem polo negativo e positivo, a corrente não se movimenta nem gera energia. Por isso, os hermetistas representavam o universo por meio da imagem de uma serpente que engole a própria cauda (a serpente oroboro).

5. **Lei do Ritmo**, expressa pelo enunciado: "Tudo tem um fluxo e um refluxo, tudo que sobe desce, tudo que vai, volta. Sem esse ritmo não haveria equilíbrio".

Essa é uma lei que deriva da anterior (lei da polaridade) e a complementa. Pode-se dizer que o princípio é manifestado pela ação criativa e a ação destrutiva. A ciência moderna já comprovou esse fato. As ondas de energia executam movimentos rítmicos que compreendem ascensão e queda, em que a energia cinética se converte em potencial e a potencial em cinética. Os opostos se movem em círculos. As correntes se expandem até chegar ao ponto máximo, e depois de atingir sua maior força se tornam massas amorfas, recomeçando um novo ciclo, dessa vez em um sentido inverso. A lei do ritmo serve para assegurar a manutenção do equilíbrio universal. É a lei que rege a vida e a morte das espécies.

6. **Lei do Gênero**, expressa pelo seguinte enunciado: "Tudo tem seu próprio gênero: os princípios, Masculino e Feminino, manifestam-se em todos os planos da criação".

Nesse enunciado, assevera-se que nada pode ser gerado no universo sem a presença de um princípio feminino e um masculino. Esses princípios não existem independentes um do outro, mas suas existências só podem ser manifestadas na presença do seu oposto. Dessa forma, não há nada no universo que seja inteiramente masculino ou feminino. Em todos os seres da natureza, física e orgânica, há um balanceamento entre esses dois princípios. A predominância de um ou outro em certos elementos ou organismos, ou eventos, ocorre por força da função que a natureza lhes delega no processo de geração.

---

124. *Tao Te Ching*, op. cit.

7. **Lei de Causa e Efeito**, expressa no enunciado: "Toda causa tem seu efeito, todo efeito tem sua causa".

Nessa lei se diz que nada acontece por acaso, pois essa possibilidade não existe no universo. O que chamamos de acaso é simplesmente o desconhecimento das causas que provocam um fenômeno. Desse enunciado se deduz que existe "responsabilidade" por trás de todos os acontecimentos, o que nos leva ao princípio admitido pelos cabalistas e pelos adeptos das doutrinas orientais que trabalham com a noção do carma. Essa verdade também já foi comprovada pela ciência moderna, que nela vê um princípio atuante, chamado pelos estudiosos de "efeito-borboleta". Esse efeito, expresso na famosa Teoria do Caos, proposta pelo matemático Edward Lorenz em 1963, diz que qualquer ação, por menor e mais irrelevante que seja, gera consequências no equilíbrio do universo. Devemos, portanto, tomar muito cuidado com o que fazemos.

Toda essa simbologia é encontrada nos ritos maçônicos e aproveitada para a transmissão dos seus ensinamentos. Ela pode ser verificada principalmente no catecismo do Grau 28, denominado "Cavaleiro do Sol", um Grau de conteúdo essencialmente místico, com claras alusões a temas alquímicos e herméticos, e que mostra, também, uma clara influência da doutrina cabalista.[125]

Fluxo energético

A Cabala nos diz que não há "vácuos" no universo. Significa dizer que, se a ciência ainda não descobriu as ligações faltantes para o estabelecimento de uma teoria unificada do universo, não é porque elas não existam, mas, sim, porque os nossos sentidos ainda não se desenvolveram o suficiente para percebê-las.

Mas nas camadas mais profundas do nosso inconsciente há relações insuspeitas que nos ligam à energia dos princípios, porque, afinal de contas, a nossa alma é uma centelha desgarrada desse corpo inicial que deu origem a tudo que existe. E a vida (inteligente) nos foi dada para que possamos depurar essa centelha de luz que foi encerrada na matéria quando Deus fez o mundo físico.

Como diz Oliver Lodge, famoso físico e escritor espiritualista, ao se referir à existência das entidades angélicas: "Estou razoavelmente convencido da existência das graduações dos seres não apenas abaixo

---

125. Ver, a esse respeito, *Mestres do Universo*, op. cit., deste autor, que discorre sobre o conteúdo místico desse Grau.

da escala do homem, mas acima também, graduações de toda ordem de magnitude, do zero à infinidade, e eu sei, pela experiência, que alguns cuidam, ajudam e guiam a humanidade".[126]

Assim, acreditam os cultores da Cabala que existe um fluxo energético que vem do Eterno Deus e que passa por seres habitantes do plano astral. Esses seres são os anjos, os espíritos de luz, os gênios benfazejos, e estes o ligam à nossa alma. É por meio dessa corrente, desse fluxo energético, que nos conectamos à Essência Divina. A visão dessa corrente foi a imagem que aflorou no sonho de Jacó.

Por que não? Se na própria árvore biológica da vida há graduações de consciência, isso não ocorreria também em relação aos seres que povoam o mundo sutil? Se nós somos capazes de pensá-los, então é porque existem, já que a nossa mente não opera com existências negativas, mas apenas com aquilo que existe positivamente. Se aceitarmos que homens e animais ocupam diferentes graus na escala da consciência, então seremos obrigados, no que tange ao mundo espiritual, a aceitar que essa graduação também poderia ocorrer a partir do homem, em um sentido ascensional, até um plano superior.

Abaixo do grau da consciência humana, há os diferentes graus do instinto animal. Acima do homem e do seu espírito, a consciência dos seres angélicos a compor os diversos degraus da Escada de Jacó.

Simbolismo arquetípico

A Escada de Jacó não é uma alegoria exclusiva da cultura judaica. Como já foi referido, em todas as tradições esotéricas há alusões a "escadas" que os iniciados devem subir para alcançar a iluminação.

De algum modo, todas se referem aos "mundos" ou estágios de sabedoria que o espírito humano deve galgar para ter o seu núcleo luminoso – que é a sua alma – filtrado de toda impureza que a sua passagem pelo mundo da matéria lhe acrescentou. Pois, como vimos, em todas as doutrinas místicas a alma é vista como uma centelha de luz, saída do Centro Irradiante, que é o Criador. Ela, como todo o restante da energia irradiada pelo espaço cósmico, gerou uma massa material e nela ficou aprisionada.

A mente, espelho dos nossos desejos, é a prisão da alma. Por isso ela deve ser aberta, purificada, expurgada de todos os seus conteúdos viciosos, inspirados pelos sentidos. Pois só assim a alma reencontra

---

126. Citado em *A Kabbalah Revelada*, op. cit., p. 21.

sua pureza inicial, feita de luz, e pode ascender, limpa, leve e solta, ao território da Divindade e com ela se integrar.

A Escada de Jacó é, pois, um arquétipo que simboliza, especificamente, a jornada mística do espírito humano em busca da iluminação. Isso porque todo simbolismo iniciático tem em vista a libertação da luz interior que o ser humano encerra. *Subir a Escada de Jacó* constitui uma verdadeira viagem que a alma humana deve fazer para retornar ao Centro Irradiante, emissor da energia responsável pela existência do universo, que é Deus. No simbolismo da Cabala, essa viagem significa percorrer a Árvore da Vida de baixo para cima, desde a sefirá Malkuth, onde estamos localizados em nossa vida terrena, até Kether, a coroa da Criação, primeira manifestação da Energia Criadora no mundo das realidades manifestas.

O Cavaleiro Noaquita

Na Maçonaria, o simbolismo da *Escada de Jacó* designa a totalidade dos graus do catecismo maçônico previstos para o completo desenvolvimento do espírito do maçom, e tem, como já se disse, inspiração na doutrina da Cabala, com os aportes que lhe foram dados pela tradição gnóstica.

Segundo ambas as tradições (a Cabala e a Gnose), Deus enviou o Arcanjo Raziel à Terra com a missão de ensinar aos homens os grandes mistérios do universo. O escolhido para fazer a viagem pelas estruturas que compõem o Cosmo foi o patriarca Enoque. Enoque, como informa a Bíblia (Gênesis, 5:28), foi bisavô de Noé. Este, por sua vez, é o pai da raça humana que emergiu após o dilúvio. Por isso, nos ritos maçônicos há muitas referências a esse personagem, sendo que alguns graus do Rito Escocês são chamados de *noaquitas* em virtude da estreita ligação que existe entre a mística maçônica e as tradições, gnóstica e cabalista, simbolizadas na estranha viagem do patriarca Enoque pelos sete céus da esfera celeste e na sabedoria que este transmitiu ao seu bisneto Noé, a qual muito lhe valeu na sua tarefa de recompor a humanidade destruída pelo dilúvio.

Especialmente, o Grau 21 do Rito Escocês Antigo e Aceito (REAA) recebe o título de "Cavaleiro Noaquita" ou Prussiano, porque se refere à lenda do profeta Enoque e seu bisneto Noé. Esse Grau foi introduzido na Maçonaria pelos maçons alemães liderados pelo imperador Frederico II, da Prússia. A história bíblica de Noé e da origem das raças, trabalhada nesse Grau, é de clara inspiração cabalista. A doutrina desenvolvida nesse Grau parece ter sido inspirada em uma reação alemã contra uma corrente da doutrina cabalista denominada *sabataísmo*.[127]

O desenvolvimento das lendas nórdicas e de outras alegorias de emulação da raça germânica tem raízes nesses fatos. Foi uma contraposição à teoria judaica do "povo eleito". E a Maçonaria, especialmente a de origem germânica, faz largo uso delas em seus catecismos. Nessas lendas são exploradas as teses de superioridade da raça ariana e a sua origem noaquita por meio de Gomer, um dos netos de Noé, filho de Jafet.[128]

Abstraindo, todavia, o conteúdo político-racial que os alemães deram a esse tema, podemos dizer que a *Escada de Jacó*, na tradição maçônica, simboliza a ascensão vertical do espírito humano na sua busca pela Luz Divina e a constante necessidade de descer à terra para cumprir as finalidades da própria vida, trazendo para esta as virtudes conquistadas nessa escalada. Nesse sentido, temos aí uma representação da ligação possível entre o sagrado e o profano, entre o céu e a terra, em uma interação que unifica as duas estruturas e reabilita a ideia da unidade primordial do universo, exatamente como faziam os egípcios na aplicação do conceito da Maat. Maat levava para o céu os influxos da boa ação humana sobre a terra e trazia do céu as benesses dos deuses em troca dessas boas ações.

É uma visão profundamente mística e de grande significado simbólico que na Maçonaria latina, especialmente, ganhou um sentido ético e moral, porquanto ela é ritualizada como uma escada dupla na qual, de um lado, à medida que o iniciado maçom vai subindo os seus degraus, ele vai aprimorando o seu caráter (levanta templos à virtude), e à proporção que ele vai descendo, do outro lado, os seus degraus, ele se despe dos seus vícios (vai cavando masmorras ao vício). Assim, *o Cavaleiro do Sol,* ao subir a *Escada Mística* do Grau 28, está se depurando de seus defeitos de caráter, e ao voltar para a terra, traz para ela as virtudes de um espírito purificado. Por isso, ela é representada como um triângulo equilátero em que os lados são os degraus (um que sobe, outro que desce) e o chão, a sua base. Esse é o sentido do ensinamento que a Maçonaria quer passar aos seus iniciados. O Irmão que souber entender esse simbolismo decerto aproveitará bem seu aprendizado.

---

127. Sobre o sabataísmo, ver nota 33.

128. . Para maiores informações sobre a influência dessa doutrina nos ritos maçônicos, ver *Mestres do Universo*, op. cit., deste autor..

CAPÍTULO X

Os Quatro Mundos da Cabala

Tzimtzum

Para entender o processo cabalístico de nascimento e vida do universo que se aplica, ao mesmo tempo, ao mundo material e orgânico, ou seja, ao mundo físico e à vida que nele habita, e o mundo espiritual, incluindo a nossa própria alma, é preciso regredir à noção anterior à sua existência, que os cabalistas chamam de Tzimtzum.

Tzimtzum ou Zimzum (םצמוצ em hebraico) literalmente quer dizer "contração" ou "constrição". Esse termo se refere à ideia que a Cabala tem sobre o processo da criação universal, tanto a do universo físico propriamente dito quanto a do universo espiritual, que ocorre concomitantemente a ele. De acordo com essa noção, Deus "contraiu" sua potência com o intuito de permitir um "espaço conceitual" dentro do qual um mundo infinito e aparentemente independente pudesse existir. Essa contração integra o conceito do Big Bang, segundo o qual o universo primevo estava contido em uma "região" ou átomo de extrema densidade energética, que, por estar assim tão densamente carregado, em certo momento explodiu. Dessa explosão nasceu o nosso mundo e, dentro dele, nós mesmos.

A noção do Tzimtzum é muito antiga, mas só ganhou projeção com os trabalhos de Isaac Luria. Ele introduziu na doutrina da Cabala os atos do drama cósmico, que antes já era referido nessa tradição por meio do *Sepher Yetzirah*, porém pouco desenvolvido em termos conceituais e filosóficos.

O Tzimtzum é um conceito que se assemelha à noção gnóstica do *Pleroma,* a região onde a plenitude de Deus se concentra. Isso quer dizer: Deus sempre existiu e ele é infinito. Mas sua existência, nessa fase anterior à sua manifestação positiva, não era algo que pudéssemos chamar de real em termos de conhecimento humano. Até porque, antes de o universo nascer, não havia o conhecimento humano, já que ele é atributo do universo real, que surgiu com o Big Bang, juntamente com a noção de tempo-espaço.

Deus, antes de começar a fazer o mundo, era o que os cabalistas chamam de "Existência Negativa", ou seja, a energia imanifesta, que existia por si mesma. Então, ela se contraiu ou, em termos científicos, se concentrou para poder se manifestar positivamente, por força da pressão que ela exerce sobre si mesma, comprimida nesse espaço sem dimensão. Por isso, alguns cabalistas usam a metáfora "Deus é pressão" para referir-se a Ele.

A função do Tzimtzum é a de permitir a existência, independentemente do mundo finito (o universo real) em relação ao mundo infinito (Deus). Assim, Deus, a Existência Negativa, a energia latente, inconsumível, infindável, incorruptível, imutável, ao sair do Big Bang tornou-se a Existência Positiva, dando a si mesmo o que se poderia chamar de um "corpo", um organismo mutável, distinto de sua Essência primordial, que é espiritual. Esse corpo está sujeito a um nascimento, a uma vida e a uma transformação, como a que se prevê para toda existência que medra no cosmo e para o próprio cosmo como unidade existencial (*chalal panui* ללח *chalal* ללח*).*[129]

Assim, o Tzimtzum corresponde à ação do Criador no sentido de criar um espaço conceitual no qual o mundo já existe, mas ainda não foi manifestado como coisa real. É o zero absoluto, o *ayn*, o "nada" que contém o tudo. É Deus em sua Existência Negativa, que ainda não se manifestou em sua forma Positiva.

David Biale, ao comentar a doutrina de Scholem sobre esse tema, resume bem essa questão: "Deus é concebido como (aquele que é),

---

129. Transformação e não morte, pois sendo energia o universo não morre, apenas se transforma.

absolutamente vivo e cuja vida oculta é considerada como um movimento do Sem Fim para fora de si mesmo e para dentro de si mesmo".[130]

Nesse espaço conceitual, Deus é usualmente referido como o "Ha--Makom" (מוקמה em hebraico), ou seja, "o lugar", "o onipresente", o que está em toda parte e por todo o tempo.

Para a Cabala, Deus está presente em todas as formas da sua Criação, embora não se confunda com ela. Ele é, na verdade, a sua razão de existir, o motivo pelo qual todas as coisas surgem e cumprem uma função no mundo.

Essa ideia é análoga ao conceito maçônico de que Deus é o Supremo Arquiteto do Universo, ou seja, aquele que "pensa" e "dirige" o seu processo de construção. Ele é o centro de onde tudo emana, ou, como diz o profeta Isaías, "A Glória de Deus preenche todo o mundo criado".[131] Ou seja, Deus projeta o mundo, mas Ele não é o mundo, assim como o arquiteto projeta o edifício, mas ele não é o edifício.

Outra imagem que a Cabala nos dá do Tzimtzum é aquela que explica a Criação sendo feita em duas etapas: uma primeira, na qual Deus "se contrai", e outra na qual Ele se "concentra em um espaço diminuto". Em hebraico, Tzimtzum significa tanto "contrair" quanto "concentrar". Assim, Deus começou o processo criativo se contraindo para concentrar sua energia infinita, até o zero absoluto, que é igual ao total desaparecimento como valor positivo. Essa total redução de Si mesmo era necessária para que o universo, em sua forma positiva, pudesse existir.

Como diz a Bíblia ao historiar o início da Criação, "no princípio Deus criou o céu e a terra. Mas a terra era vazia e sem forma e havia escuridão sob a face do abismo, e o Espírito de Deus pairava sobre as águas. Então, Deus disse: haja luz e houve luz". Nessa fase, anterior ao surgimento da luz, em que a Bíblia descreve o Criador em sua atividade preparatória para o início da Criação, os cabalistas ainda veem Deus em processo de Tzimtzum. Quer dizer, Ele ainda não se manifestara de modo positivo. Essa manifestação ocorre na forma de um ponto brilhante no vazio cósmico. É a sefirá Kether, que coroa a Árvore da Vida. É a partir desse ponto (o Big Bang dos cientistas), que Ele projeta para dentro do vazio inicial (a escuridão sobre a face do abismo) o seu raio de luz infinita, o Relâmpago Brilhante (chamado *kav* pelos cabalistas e de Estrela Flamejante pelos maçons). É em torno desse raio que a massa física do universo começou a se formar. Esse raio de luz infinita (kav) é como se fosse a alma do universo, pois constitui uma energia

---

130. *A Cabala e Contra História*, op. cit., p. 66.
131. Isaías, 6:3.

que percorre o vazio cósmico, inoculando no seu útero as realidades tais quais as conhecemos. Ela é o "Espírito de Deus" que se move sobre as águas, no dizer da Bíblia. Mas, como a nossa própria alma, essa energia também é oculta, pois não se revela aos nossos olhos. Nós só sabemos que ela existe porque sua presença pode ser detectada em seus efeitos, tais como a radiação emitida pelos elétrons girando em volta do núcleo de um átomo, por exemplo.[132]

Os quatro mundos da Cabala

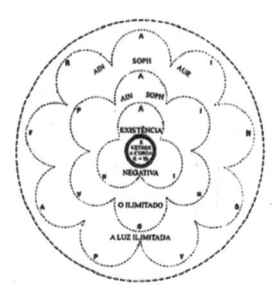

Esse raio de luz infinita projeta-se sobre o vazio cósmico e formata os quatro mundos originais, conhecidos pelos nomes hebraicos de Atziluth, Beriah, Yetzrá e Asyah (Atziloth, Briah, Yetzirah e Assiah em português). Espalhando-se pelos quatro mundos da Criação, ele forma uma árvore (a Árvore da Vida) desenvolvendo, em cada um dos seus galhos (as sefirot), uma etapa da criação universal.

Em *Atziloth*, o Mundo das Emanações, só existe atividade divina. Em *Briah*, o Mundo da Criação, a energia criadora se converte em Luz. Em *Yetzirah,* o Mundo da Formação, a luz se converte em massa, dando formato ao mundo físico. Em *Assiah*, o Mundo da Matéria, a interação entre os quatro elementos faz surgir as diversas formas de matéria física, a quais evoluem até desembocar na vida orgânica. Cada um desses mundos é uma fase de construção do universo e tem suas características particulares.

Leonora Leet resume bem esse processo. "Não há problema", diz a autora, "em associar o primeiro mundo de Atzilut (Emanação) com a criação da Luz no primeiro dia, já que ambos podem ser entendidos como uma emanação inseparável de sua divina fonte. Da perspectiva kabbalística, a criação, de fato, começa com o segundo mundo, de Beriah (Criação), juntamente com o firmamento, que é criado no segundo dia, o que parece cumprir a mesma função de separar o Criador de sua Criação. Assim também pode ser relacionado o mundo-jardim do terceiro dia ao terceiro mundo de Yetzirah (Formação), pois a Kabbalah

---

132. Ver os textos talmúdicos Brachot 10a; Midrash Vayikrá Rabá, 4; Midrash Shocher Tov Tehilim, 103. Na imagem, a nuvem de formulação dos quatro mundos, concentrando-se em Kether, a primeira sefirá. Fonte: *A Kabballah Revelada*, op. cit.

associa esse mundo ao Jardim do Éden e à transgressão de Adão, fato que levou a materialização do quarto mundo de Assiah (Ação), nosso mundo sólido e material".[133]

Atziloth, o Mundo da Origem

Atziloth é o chamado Mundo da Origem, porque nessa fase da criação Deus age diretamente nela, por meio da sua própria energia. Esse é o momento em que a luz é tirada das trevas. É quando o Criador "pensa" o universo material e o concebe como um plano de criação, uma manifestação da sua potência criadora. Na tradição maçônica, esse seria o instante em que o Grande Arquiteto do Universo concebe os planos de construção do edifício cósmico e manifesta sua vontade de construí-lo. Por isso, na tradição cabalística esse momento é centrado na sefirá Kether, a Coroa da Criação, a Potência que se manifesta em sua forma positiva, gerando a Estrela que explode e espalha seus fragmentos de luz pelo nada cósmico. Nesse instante, Deus é chamado de *Ehieh* em hebraico, termo que significa "Eu Sou" ou "Eu Serei", o qual representa a sua Vontade, manifesta na forma do Logos, o Verbo Criador, que para tornar essa Vontade efetiva teve de "gerar" um complemento para Si mesmo, que é o universo. Por isso, em um segundo e terceiro momentos, o Criador é chamado de Jeová e Jeová Elohim, pois esses são os estágios em que Ele põe em atividade suas duas naturezas, a masculina (Hockmah) e a feminina (Binah), para produzir a *Shehiná*, a Divina Presença no mundo. Assim acontece a *Kabod*, a primeira materialização concreta da Divindade no mundo. Dessa maneira, podemos dizer que Deus se manifesta em forma de Luz (Kether), projetando Sabedoria (Hockmah) e Compreensão (Binah), os três arquétipos que estão na origem do mundo manifesto. E, a partir daí, Ele começa a sua obra de Criação.

Na Bíblia, o mundo de Atziloth pode ser associado ao primeiro dia da Criação, quando Deus "faz" o céu e a terra, separando a luz das trevas.[134] Na moderna teoria científica, essa visão nos remete à fase inicial de nascimento do universo, descrita por Hawking em sua obra, correspondente às primeiras frações de tempo na formação do universo, após o advento do Big Bang.[135]

---

133. *A Kabbalah da Alma*, op. cit., p. 16.
134. Gênesis, 1:1, 2.
135. *O Universo numa Casca de Noz*, op. cit.

Briah, o Mundo da Criação

Beriah ou *Briah*, o Mundo da Criação, corresponde, na Árvore da Vida, às séfiras *Chesed, Geburah e Tiphereth*. Nessa fase de formação do mundo, as leis naturais já estão em plena atividade, dando origem ao chamado *Mar Primordial*, no qual a energia se torna granulada e as primeiras formas geométricas aparecem. Esse termo corresponde ao segundo estágio de manifestação do poder criador, quando Deus é chamado pelos nomes de Eli, Elohim Gibor e EloahVadahat, correspondentes às sefirot Hesed, Geburah e Tiphereth, respectivamente, que no mundo arquetípico simbolizam os conceitos de Misericórdia, Justiça e Beleza, com os quais os planos do Criador para o mundo físico começam a ser executados. Nessa fase, o universo, que era *tohu* (vazio) e *bohu* (sem forma), começa a ser preenchido e a tomar um formato, realizando o *reshimu*, como ensina a doutrina de Luria. *Reshimu*, na doutrina de Isaac Luria, designa a luz que se espalhou, desordenadamente, pelo vazio cósmico, após o fenômeno do Tzimtzum. Para organizar esse caos provocado por *reshimu*, o Criador ordenou a *Tikun* a reordenação desse Caos. É nesse sentido que esse processo pode ser identificado com a formação das primeiras leis naturais, que, segundo a moderna ciência astronômica, agiram nos primeiros tempos do universo para dar-lhe uma conformação e uma ordem de evolução.[136]

Nessa fase, o universo já é tão denso de energias em transformação que Deus já não precisa mais agir diretamente sobre ele, pois sua Vontade agora já é cumprida por poderosos arcanjos que, em analogia com os termos científicos, são as leis naturais: relatividade, gravidade, termodinâmica, aceleração, etc. Essa é a fase de formação do universo em que aparecem os seus elementos físicos de base, que os cientistas chamam de fótons, elétrons, neutrinos, quarks e antiquarks, hádrons e léptons, que são partículas de energia extremamente leves, todas com suas correspondentes antipartículas, que, interagindo, formam os constituintes da matéria universal, conhecidos como prótons, nêutrons, mésons e bárions.[137]

Na linguagem cabalística, esse é o momento em que o Grande Semblante, ou o Macroprosopo (a imagem antropomórfica de Deus, Adão Kadmon), projeta o seu Semblante Menor, que é o plano cósmico correspondente ao desenho físico do universo, e dentro dele a imagem do microprosopo (o homem da terra, o Adão da Bíblia). Essa

---
136. *A Kabbalah da Alma*, op. cit., p. 89.
137. Idem, p. 63.

fase de construção universal é administrada por três Ordens de Arcanjos, conhecidas pelos nomes de Chashmalins, Serafins e Malakins, que na linguagem científica poderiam ser associados às ações de prótons, neutrons e elétrons, partículas mais pesadas, que se unem para formar núcleos de hidrogênio, hélio, deutério e lítio, que em suas associações, dão surgimento aos primeiros átomos estáveis.[138]

Na visão maçônica do mundo, esse é o momento em que o Grande Arquiteto do Universo faz surgir a noção da Geometria, o mundo das formas, onde os planos de construção do universo se tornam delineados e a atuação dos Mestres construtores (arcanjos) tem início. E, assim, o vazio cósmico toma forma e começa a ser preenchido. Na linguagem bíblica, essa fase corresponde ao segundo dia da Criação, quando Deus diz: "Haja um firmamento no meio das águas (o Mar Primordial, formado por partículas subatômicas) e haja separação entre águas e águas". As águas primordiais e as águas sequenciais.[139]

Na visão de Hawking, essa fase corresponde à segunda fração de tempo de vida do universo, após a grande explosão do Big Bang.[140]

Yetzirah, o Mundo da Formação

Em *Yetzirah*, o Mundo da Formação, assim como em *Briah*, Deus não age diretamente nele, mas por meio de diversos coros angélicos (as leis naturais) que trabalham segundo sua Vontade. Esses coros angélicos, na tradição cabalística, são chamados de *Elohim, Beni Elohim* e *Querubim*, e suas esferas de atuação, na Árvore da Vida, correspondem às sefirot *Netzach, Hod* e *Yesod*, cujas correspondências, no mundo dos arquétipos, são os conceitos de Eternidade, Brilho e Fundação, respectivamente. Nessa fase da Criação, o poder Criador recebe vários nomes, tais como *Jeovah Tzabaoth, Elohim Tzabaoth Shadat-El Chai* (ver tabela na página 112). Na descrição bíblica, essa fase corresponde ao terceiro e quarto dias da Criação, quando são constituídos os continentes e os mares. É o momento em que surgem os quatro elementos formadores da matéria universal, que são a água, a terra, o fogo e o ar, conforme a doutrina aristotélica. Na moderna física, essa fase pode ser associada aos momentos em que se processam a separação entre matéria e energia, e a

---

138. Idem, p. 78. Na Cabala, os anjos são potências intermediárias entre Deus e o mundo físico, por isso eles têm múltiplos nomes.
139. Gênesis, 1:6.
140. *O Universo numa Casca de Noz*, op. cit., p. 78.

densidade do universo se torna difusa e transparente, aparecendo, como diz a Bíblia, o Sol, a Lua e todos os astros do céu.

Embora o relato bíblico dê a entender que o Sol e a Lua teriam sido feitos depois da Terra, essa descrição não deve ser entendida literalmente. Na ótica cabalística, os corpos celestes só puderam ser distinguidos depois que a matéria universal ficou translúcida e se tornou passível de observação. Por isso, o cronista bíblico supôs que eles teriam sido criados depois da Terra e com o objetivo específico de marcar o tempo sobre ela. Essa visão parece ter sido inspirada pelas crenças astrológicas dos sumérios, nos quais os cronistas bíblicos certamente se basearam. Essas crenças supunham a Terra como centro do universo, e elas só foram desafiadas na era moderna pelas observações de Nicolau Copérnico e Galileu Galilei, e confirmadas pelos trabalhos de Jhoannes Kepler.[141]

Na visão de Hawking, essa fase corresponde aos primeiros 1,3 bilhão anos de vida do universo, quando as estrelas começaram a sintetizar núcleos mais pesados, dando forma ao universo físico, tal qual o vemos hoje, e preparando-o para a síntese do produto mais valioso da Criação, que é a vida.

Assiah, o Mundo da Ação

Asyah ou Assiah é o Mundo da Ação. Nesse mundo, só há uma sefirá, conhecida pelo nome de *Malkuth*, que simboliza, no mundo arquetípico, o reino ou o resultado da Criação. Essa é a fase final da construção do universo, correspondente, na linguagem bíblica, ao quinto e sexto dias de Criação, quando Deus comanda à terra "que produza alma viva segundo a sua espécie animal, réptil e animal selvagem, segundo a sua espécie". E também ao momento em que Ele cria o homem segundo sua imagem e semelhança.[142] Essa fase é regida pela Ordem angélica dos *Ishins*, e na simbologia analógica da Cabala corresponde à "esposa do microprosopo", ou seja, a própria terra com a humanidade nela posta. Os seres angélicos chamados *ishins* podem ser associados aos "anjos caídos", os quais teriam sido os inspiradores do pecado do homem. Esses anjos são referidos na Bíblia como entidades rebeldes que foram expulsas do céu e arrojadas na Terra, onde se amasiaram com as filhas dos homens, gerando os famosos gigantes chamados nefilins, antecessores da atual raça humana.[143]

---

141. Gênesis, 1:14.
142. A esse respeito, ver capítulo XVIII desta obra.
143. Gênesis, 6:4; números 13:33.

Na liguagem científica, conforme descreve o físico Stephen Hawking em sua obra, essa etapa pode ser associada ao momento em que os átomos se juntam para formar as moléculas que irão dar nascimento ao fenômeno da vida.

A tabela mostra as relações entre os Quatro Mundos e as emanações divinas representadas na Árvore da Vida.

RELAÇÃO ENTRE AS SEFIROT, OS NOMES DE DEUS E OS QUATRO MUNDOS DA EMANAÇÃO DIVINA					
Sefirot	Nomes de Deus	Arcanjos	Ordens Angélicas	Planetas	Quatro Mundos
Kether, luz, princípio, coroa	Eheieh	Metatron	Chaiot Qadesh	Sol	Atziloth, o mundo da origem
Hockmah, sabedoria	Jeová	Ratziel	Aufanins	Júpiter	
Binah, compreensão	Jeová Elohim	Tzaphqiel	Aralins	Vênus-Lua	
Hesed, a Misericórdia	Elhi	Tzadqiel	Chasmalins	Plutão	Briah, o mundo criativo
Geburah, a Justiça	Elohim Gibor	Khamael	Serafins	Netuno	
Tiphereth, a Beleza	Eloah Vadahat	Mikael	Malaquins	Marte	
Netzach, a Eternidade	Jeovah Tzabaoth	Haniel	Elhoins	Urano	Yetzirah, o mundo formativo
Hod, o Esplendor	Elohim Tzabaoth	Rafael	Beni Elohim Querubins	Mercúrio	
Yesod, a Fundação	Shadat-El Chai	Gabriel		Saturno	
Malkuth, o Reino	Adonai Melekh	Metatron	Ishins	Terra	Assiah, o mundo material

Fonte: *A Kabbalah Revelada*.

Cabala e ciência: unificação teórica

Teilhard de Chardin entende o surgimento da vida, na primeira célula, como um fenômeno de complexificação atômica produzida por uma combinação de átomos em uma adiantada fase de elaboração da matéria universal. Quer dizer, a vida só apareceu na Terra em uma fase em que ela já se encontrava plenamente resfriada, ambientada e com uma atmosfera propícia ao seu surgimento. Isso, segundo a tradição bíblica, só ocorreu no sexto dia da Criação.

Portanto, tanto a visão científica quanto a visão bíblica que tratam do nascimento e consequente evolução do universo podem ser descritas de modo a permitir analogias que nos possibilitem dizer que não há diferenças de fundo entre elas, apenas de forma. Por seu turno, essa visão encontra um claro paralelo na descrição da moderna ciência, especialmente aquela feita por Stephen Hawking em sua visão cósmica do nascimento e desenvolvimento do mundo físico. Em seu trabalho *O Universo numa Casca de Noz*, esse grande físico inglês escreve: "Se a relatividade geral estivesse certa, o universo teria começado com temperatura e densidades infinitas na singularidade do Big Bang. À medida que o universo se expandiu, a temperatura da radiação diminuiu. Em cerca de um centésimo de segundo após o Big Bang, a temperatura teria sido de 100 bilhões de graus, e o universo teria contido, na maior parte, fótons, elétrons e neutrinos (partículas extremamente leves) e suas antipartículas, além de alguns prótons e nêutrons. Nos três minutos seguintes, enquanto o universo resfriava para cerca de um bilhão de graus, prótons e nêutrons, não tendo mais energia suficiente para escapar da atração da força nuclear forte, teriam começado a se combinar para produzir os núcleos do hélio e outros elementos leves. Milhares de anos depois, quando a temperatura caiu para alguns milhares de graus, os elétrons diminuíram de velocidade até os núcleos leves poderem capturá-los para formar os átomos. No entanto, os elementos mais pesados dos quais somos constituídos, como carbono e oxigênio, só se formaram bilhões de anos mais tarde, pela queima de hélio no centro das estrelas".[144]

Visto dessa forma, tudo concorre para uma unificação teórica das visões que descrevem o nascimento e a evolução do universo e da vida, e a Cabala, quando visualiza esse processo em quatro etapas de emanação e transformação da energia divina em realidades físicas, não está mais que corroborando as descrições que dele fazem a religião e a ciência moderna.

---

144. *O Universo numa Casca de Noz*, op. cit., p. 78.

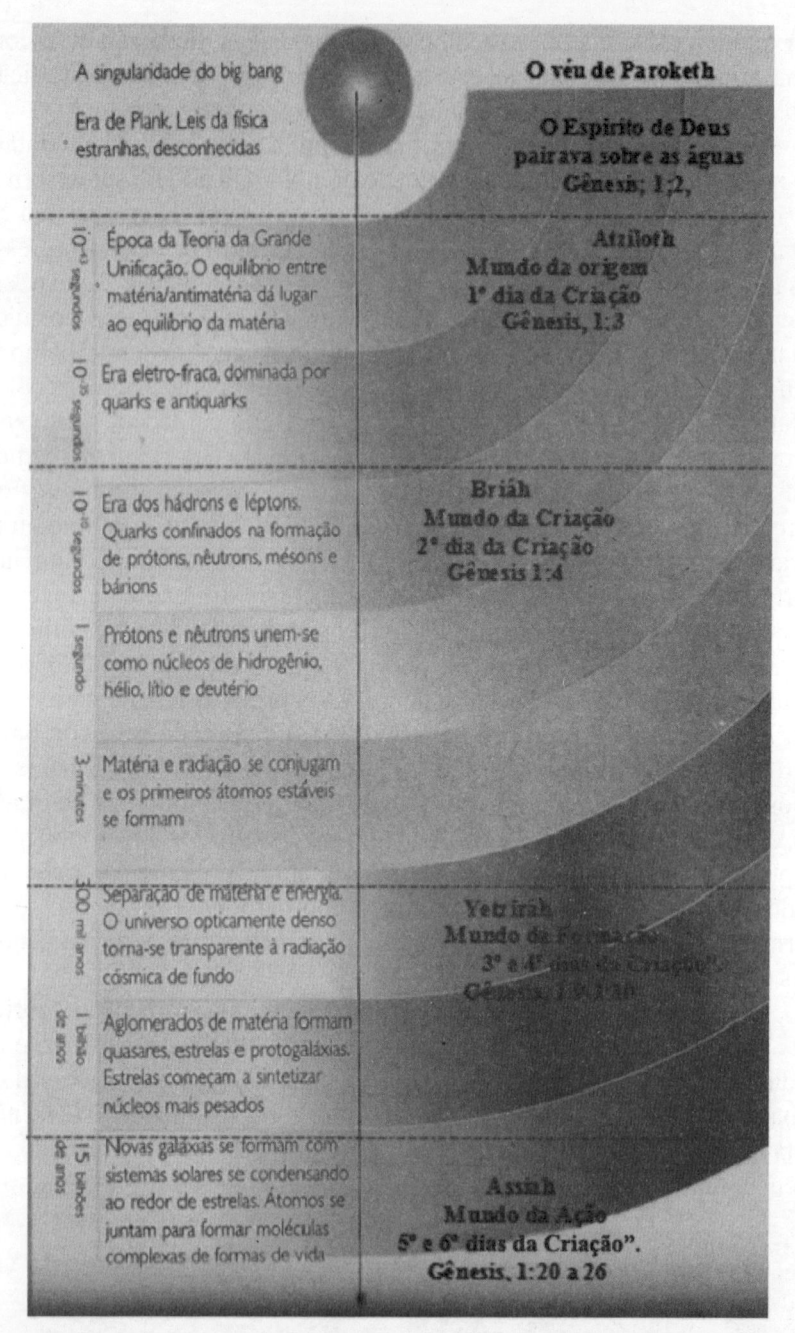

	A singularidade do big bang	**O véu de Paroketh**
	Era de Plank. Leis da física estranhas, desconhecidas	**O Espírito de Deus pairava sobre as águas** Gênesis; 1;2,
10^{-43} segundos	Época da Teoria da Grande Unificação. O equilíbrio entre matéria/antimatéria dá lugar ao equilíbrio da matéria	**Atziloth Mundo da origem** 1º dia da Criação Gênesis, 1:3
10^{-35} segundos	Era eletro-fraca, dominada por quarks e antiquarks	
10^{-10} segundos	Era dos hádrons e léptons. Quarks confinados na formação de prótons, nêutrons, mésons e bárions	**Briáh Mundo da Criação** 2º dia da Criação Gênesis 1:4
1 segundo	Prótons e nêutrons unem-se como núcleos de hidrogênio, hélio, lítio e deutério	
3 minutos	Matéria e radiação se conjugam e os primeiros átomos estáveis se formam	
300 mil anos	Separação de matéria e energia. O universo opticamente denso torna-se transparente à radiação cósmica de fundo	**Yetzirah Mundo da Formação** 3º a 4º dias da Criação Gênesis, 1:9 a 19
1 bilhão de anos	Aglomerados de matéria formam quasares, estrelas e protogaláxias. Estrelas começam a sintetizar núcleos mais pesados	
15 bilhões de anos	Novas galáxias se formam com sistemas solares se condensando ao redor de estrelas. Átomos se juntam para formar moléculas complexas de formas de vida	**Assiah Mundo da Ação** 5º e 6º dias da Criação". Gênesis, 1:20 a 26

Fonte: *O Universo numa Casca de Noz*. A tabela mostra as fases de desenvolvimento do universo, segundo a ótica de Hawking. A correlação com os seis dias de Criação da Bíblia é uma especulação nossa.

CAPÍTULO XI

A ÁRVORE DA VIDA

A teoria das sefirot

O *Bahir* é o livro que introduz na doutrina da Cabala a teoria das sefirot. Ele fala da criação do mundo por meio das manifestações da Vontade de Deus, na forma de esferas de energia, que dão geração a tudo que existe.[145]

As sefirot, em número de dez, formam a chamada Árvore da Vida. Elas representam os dez números elementares, com os quais Deus dá forma ao universo. E nos seus 32 caminhos estão representados os ciclos de distribuição da Energia Primordial pela totalidade da matéria universal. Segundo o *Bahir*, as sefirot são resultado das combinações feitas pela Essência Divina no processo de formação do mundo. "Deus desenhou, esculpiu, combinou, alocou e permutou as sefirot, e com isso construiu o mundo", diz o famoso mestre cabalista Eliphas Levy.[146]

As dez sefirot e as 22 letras do alfabeto hebraico constituem as 32 Sendas da Sabedoria, com as quais o Grande Arquiteto desenhou o universo. Destarte, a Árvore da Vida retrata essa ideia arquetípica, em que o universo aparece como uma teia de relações, feita de um tecido único no qual seus pontos estão de tal maneira interligados, que uma

---

145. Neste trabalho, utilizamos os termos sefirá no singular e sefirot no plural.
146. LÉVI, Eliphas. *As Origens da Cabala*. São Paulo: Pensamento, 1977 – 13ª reimpressão, 2013.

simples modificação em um deles reflete no desenho do tecido todo. Esse, aliás, é o princípio sobre o qual se assenta a ideia de que o cosmo é um organismo único, cujo equilíbrio é de responsabilidade de todos.

Assim, a Árvore da Vida é um símbolo que descreve o processo segundo o qual o mundo é construído e como esse processo também se repete na criação das espécies vivas. Ela mostra, igualmente, os sete dias de Criação, no desenho das sete sefirot que compõem os dois triângulos que se situam logo abaixo do chamado Triângulo da Criação, formado pelas sefirot Kether, Hockmah e Binah.

Como vimos, as três primeiras sefirot (Kether, Hockmah e Binah) são as responsáveis pelo fenômeno da *Shehiná,* a presença divina manifestada no mundo físico. Já as sete sefirot seguintes simbolizam não só os sete dias da Criação, mas também os sete ciclos de duração do mundo, ou sete *aeons,* que, segundo a doutrina gnóstica, são o tempo em que cada um desses ciclos dura. Por isso, dizem os cultores dessa corrente de pensamento, a Torá escrita compreende apenas os sete dias de Criação, e nela, segundo afirma Caglisoto, faltam três capítulos, que só são conhecidos pelos iniciados. Esses capítulos faltantes são aqueles que tratam das ações divinas realizadas antes que o mundo fosse formado, ou seja, as ações realizadas por Deus, nos três primeiros estágios da Criação, simbolizados pelas esferas Kether, Hockmah e Binah.[147]

Como elas refletem as potencialidades de Deus, que vão se cristalizando em realizações positivas, cada sefirá é associada a uma virtude, ou atributo da divindade. Razão pela qual cada uma recebe um conceito que se liga a esse atributo. Daí o mundo da Justiça (associada à sefirá Geburah), o mundo da Misericórdia (associada à sefirá Hesed), o mundo da Beleza (associada à sefirá Tiphereth), e assim por diante. Esses atributos equivalem ao mundo dos arquétipos, na filosofia de Platão. Conforme ensina Gershom Scholem, a Árvore da Vida é a própria Torá e reflete a história de Israel e sua missão no mundo, como nação modelar, maquete da humanidade perfeita, tal como ela foi moldada no pensamento do Criador. Por isso, inclusive, ela é associada ao Decálogo, sendo cada uma das séfirot um dos mandamentos constantes das Tábuas da Lei dada por Deus a Moisés.

---

147. Sobre essa estranha informação do famoso mago Cagliosto, ver *A Cabala e Seu Simbolismo,* op. cit., p. 100.

Os planos do Criador

Como vimos nos capítulos anteriores, a Cabala vê o universo sendo construído segundo um plano elaborado pela mente de Deus, o seu Grande Arquiteto. Ele é a Energia Primeira e Fundamental que a manifesta em forma de Luz, e a partir dessa manifestação segue sua obra de construção do edifício cósmico, projetando-a em seus obreiros, os Mestres de Obras universais (os Arcanjos), os quais a transmitem aos seus aprendizes-pedreiros (os homens), que a realizam.

Para dar orientação e ordem a esse trabalho de construção, o Eterno Deus promulgou leis objetivas que dão forma e organização a essa estrutura. Essas leis, que podem ser entendidas como os planos de construção do universo físico e espiritual, são descritas em um diagrama de estudo, formulado pelos mestres cabalistas, conhecido como Caminhos ou Sendas da Sabedoria. Por isso, esse diagrama mágico-filosófico é um modelo que serve tanto para o entendimento de como o mundo físico é construído, quanto para o estudo da constituição do ser humano. É, pois, uma chave para a compreensão dos fenômenos que constituem o universo em seus dois planos estruturais: os planos físico-material-orgânico e o plano espiritual.

O mundo físico são os ramos dessa Árvore, e o mundo espiritual são as suas raízes. Por isso essas raízes estão ocultas e invertidas, pois os mundos de onde todas as coisas emanam, os mundos superiores, estão aquém da nossa vista e compreensão. O mundo inferior, da realidade manifesta, reflete os padrões do mundo superior e tudo que é encontrado naquele pode ser encontrado neste, pois o segundo é uma cópia, conquanto imperfeita e incompleta, do primeiro. É por isso que a obra de Deus se chama *universo*, ou seja, o todo unificado, o verso único.

Dessa forma as sefirot simbolizam, cada uma delas, não só uma fase de construção do universo físico, mas também o processo de contrução orgânica e espiritual do homem, pois o corpo humano, na tradição cabalística, é visto como uma réplica dele e seu desenvolvimento obedece às mesmas leis que regem a formação do mundo físico. Por isso se diz que a Árvore da Vida é, ao mesmo tempo, um desenho que representa a realidade cósmica e o próprio homem, como modelo mais perfeito da criação de Deus. Essa analogia já está presente em vários trabalhos científicos, os quais sustentam ser o mundo constituído de tal modo que a matéria que ele contém possui três funções bastante incomuns: "(1) a complexidade (de que a vida é o exemplo máximo); (2) a perenidade, que permite que os elementos se tornem altamente complexos, e que as propriedades de seus elementos se mantenham intactas; (3) a mutabilidade, que admite a sua mudança gradual, permitindo arranjos cada vez mais elaborados. Ora, 'isso só é possível em um Sistema'", diz Teilhard de Chardin.[148]

Ou como sustenta Scholem: "De certa maneira, este ponto de vista marcadamente naturalista, a respeito da natureza original da Torá, parece lembrar a teoria dos átomos, de Demócrito. A palavra grega *stoicheon* significa: letra e elemento, ou átomo. De acordo com a teoria de Demócrito, os diversos atributos das coisas explicam-se pelos diversos movimentos dos mesmos átomos. Essa concordância entre letras, como os elementos do mundo da linguagem, e átomos, já foi notada por certos filósofos gregos. A formulação sucinta de Aristóteles 'Tragédia e comédia originam-se das mesmas letras' não só ampliou a ideia de Demócrito, mas enunciou um princípio que reaparece na teoria cabalística da Torá, isto é, que as mesmas letras, em combinações diferentes, reproduzem aspectos diferentes do mundo".[149]

A Árvore da Vida e a Tetractys

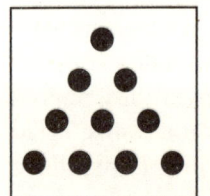

Segundo Leonora Leet, existe uma correspondência simbólica muito próxima entre a cosmogonia judaica expressa na Árvore da Vida e nos quatro mundos da Cabala e a cosmogonia dos pitagóricos, desenvolvida na Tetractys. Como se sabe, a Tetractys é uma figura triangular de dez pontos, dispostos em quatro linhas descendentes, que começa em um, desce para dois, vai para três e termina em quatro, formando uma árvore de dez pontos, que, segundo Pitágoras e seus seguidores, define a relação entre o número, a forma e o som, no espaço e no tempo, realizando a integração entre o mundo finito e o infinito. É uma perfeita adequação numérica da ideia de quatro mundos distribuídos entre dez elementos, que, segundo a autora em questão, deve ter exercido bastante influência no modelo cabalista.[150]

---

148. *O Fenômeno Humano*, op. cit., p. 52.
149. *A Cabala e Seu Simbolismo*, op. cit., p. 94.
150. *A Kabbalah da Alma*, op. cit., p. 18.

A estrutura da Árvore da Vida

As sefirot são as dez esferas que compõem o desenho da Árvore da Vida. São os ramos que compõem essa extraordinária intuição mística dos mestres cabalistas. A partir de cada sefirá, desde a primeira, chamada Kether, até a última, denominada Malkuth, a Árvore da Vida vai transmitindo, de uma para outra, a energia cósmica que flui do Criador e atua para produzir as realidades do mundo físico e espiritual.

Na moderna Cabala filosófica, as sefirot têm sido interpretadas não só como leis naturais ou energias geradoras da realidade universal, mas também como leis biológicas e estados de consciência a determinar a formação física, moral e espiritual do homem. Ou seja, podem ser interpretadas tanto microcosmicamente, do ponto de vista do ser humano, como macrocosmicamente, do ponto de vista do universo em geral. Os modernos cabalistas, que utilizam a Árvore da Vida como ferramenta de análise psicológica e estratégia de autoajuda, dizem que ela deve ser lida de cima para baixo quando se trata de interpretar a ação divina na construção do universo em sua totalidade, e de baixo para cima quando a intenção for a de entender a estrutura e o papel do homem nesse processo.

Há muitas formas de interpretar a estrutura da Árvore da Vida, mas por ora será bastante dizer, para melhor compreensão do tema, que ela começa com a sefirá Kether, a chamada Coroa da Criação, primeira emanação da essência divina no mundo. Como irradiação primeva da Glória Divina, Kether aparece na forma de uma centelha brilhante, pura luz, infinita e ilimitada. Essa luz vai descendo, em um crescente, como um raio flamejante, pela estrutura da Árvore, cujos ramos vão se formando por ação do influxo recebido dessa primeira emanação. E daí vai se comunicando de sefirá a sefirá, as quais, por sua vez, transmitem seus próprios influxos umas às outras, de cima para baixo e de baixo para cima, por meio dos seus *32 caminhos*. Assim, de Kether a Malkuth e de Malkuth a Kether, compõe-se um sistema de alimentação e retroalimentação energética que dá vida ao universo e o mantém sempre renovado em sua existência.

De cima para baixo, a Árvore da Vida vai se tornando cada vez mais densa, representando a realidade material. E de baixo para cima ela se torna cada vez mais etérea, sutil, representando a realidade espiritual. Como já foi exposto, essa formidável intuição cabalista guarda muitas semelhanças com modernas teorias científicas que explicam a criação do universo e, também, com respeitadas correntes de pensamento que veem o universo como uma construção sendo estruturada por forças que agem de dentro para fora (expansão) e de fora para dentro (compressão).[151]

Ayn, Ayn Sof e Ayn Sof Aur

Destarte, o universo, tal como o conhecemos, é resultado da atuação divina em quatro etapas distintas de atividade criativa (os quatro mundos da emanação divina), na qual a energia liberada pelo Eterno em sua manifestação positiva vai se convertendo no que chamamos de mundo real. Esse processo, cujas fórmulas vêm sendo confirmadas pelas modernas descobertas da ciência atômica e também pela engenharia genética (no que tange ao processo que regula o desenvolvimento da vida), é retratado nos textos do *Sepher Yetzirah*, segundo os quais a Potência divina se concentra em três instâncias imanifestas, conhecidas como véus da Existência Negativa, chamadas pelos cabalistas pelos nomes hebraicos de *Ayn, Ayn Sof* e *Ayn Sof Aur,* e depois se manifesta positivamente na sefirá Kether para, em seguida, derramar sua Divina Essência pelas sefirot seguintes, dando origem ao universo real.

Esses nomes são, evidentemente, apenas termos que os mestres cabalistas criaram para colocar em forma de linguagem conceitos que a nossa mente não tem palavras nem imagens para definir. Para esses mestres, Deus, antes de começar a fazer o universo, não existe como realidade que a nossa mente possa figurar de alguma forma. Ele está além de toda a existência positiva, de toda a compreensão. Por isso, Ele é *Ayn* – Coisa Alguma, indefinível, impensável, indescritível. Dele sai o *Ayn Sof,* ou o Todo Infinito, também chamado de Lugar sem Fim (um espaço conceitual, onde sua Energia se concentra). É pela força de *Ayn Sof* que o mundo manifesto emerge do não manifesto. Essa força pode ser entendida como a Vontade de Deus de sair do ocultamento, da sua Existência Negativa. Essa Vontade, esse Desejo do Eterno, resulta em *Ayn Sof Aur,* Luz Infinita, sendo que essa Luz – *aur* em hebraico – é a resultante da Vontade de Deus manifesta. Além disso, diz Scholem, "A luz e o mistério da Torá são um só, pois a palavra hebraica *Or* (ou aur-luz) e a palavra hebraica *raz* (mistério) possuem o mesmo valor numérico, ou seja, 207".[152]

---

151. Tese defendida por Teilhard de Chardin em sua obra *O Fenômeno Humano*, op. cit. Para uma síntese desse pensamento, ver a obra ANATALINO, João. *Conhecendo a Arte Real*. São Paulo: Madras, 2007.

152. *A Cabala e Seu Simbolismo*, op. cit., p. 78.

O significado das sefirot

A primeira manifestação da Vontade Divina no mundo físico é o ponto sem dimensão, fonte de tudo o que foi, é e será. Esse ponto, a aparição luminosa de Deus no mundo, que a Cabala chama de Primeira Coroa, ou Princípio, é a sefirá chamada Kether. Dela emanam as expressões que fazem o universo *existir* como coisa real. Em uma progressão que percorre a Árvore da Vida como se fosse um relâmpago brilhante, os dez Princípios, ou Atributos Divinos, desde Kether até Malkuth, que se concentram em cada sefirá, representam a Obra de Deus sendo realizada. Assim, quando olhamos o desenho da Árvore da Vida, estamos olhando para o próprio edifício cósmico, tal qual a Mente Divina o concebeu.

Cada sefirá representa aspectos particulares da manifestação de Ayn Soph (a Vontade Divina) no plano da existência real. Elas são o meio pelo qual a Vontade de Deus constrói e governa as duas estruturas do universo: a material e a espiritual. A disposição das sefirot em forma de Árvore é o plano do edifício cósmico. Por isso, ela é uma estrutura que representa o todo que já foi, é e será.

As sefirot recebem os nomes hebraicos de Kether, Hockmah, Binah, Hesed, Geburah, Tiphereth, Netzach, Yesod, Hod e Malkuth. Esses nomes traduzem conceitos arquetípicos com os quais o Criador edifica o mundo. Esses conceitos podem ser identificados por Princípio, Sabedoria, Entendimento, Misericórdia, Julgamento, Beleza, Eternidade, Brilho, Fundação e Reino, respectivamente.

Entre as três primeiras sefirot, existe uma 11ª esfera chamada Daath (a esfera pontilhada), que se associa aos conceitos de Ciência, Conhecimento, Filosofia, etc. Daath é tida como uma não sefirá, pois não é considerada uma forma de manifestação física da Divindade no mundo real, porquanto ela cumpre uma função especial na Árvore da Vida, que é expressar a Ciência da Vontade Divina em forma de Espírito. Daath é a sabedoria, a Torá, ou seja, a própria Cabala.

Além dos conceitos anteriormente expressos, algumas sefirot podem ser associadas a outros conceitos arquetípicos, tanto na língua hebraica como em outros idiomas. Assim, por exemplo, *Geburah*, cuja raiz é *Poder*, às vezes é chamada de *Din* ou *Pechad*, que quer dizer Julgamento e Medo; *Hod* e *Netzah* podem ser traduzidas por Glória e Vitória, enquanto Yesod e Malkuth podem ser chamadas de Estrutura e Base, respectivamente. Uma tradução da palavra sefirá corresponde, em português, a safiras ou luzes cintilantes. Alguns cabalistas também as chamam de Números, Graus, Vasos, Poderes, Trajes, Coroas e muitos outros nomes.

O esquema da Árvore da Vida possibilita muitas interpretações. É uma verdadeira Gestalt. Assim, as sefirot têm sido associadas aos planetas, às notas musicais, aos Dez Mandamentos, às leis naturais de construção universal, aos processos emocionais e mentais do ser humano, e assim por diante.

O desenho a seguir reflete, igualmente, o princípio das polaridades que se exprimem, simbolicamente, pela Misericórdia de Deus (coluna direita) e por sua Justiça (coluna esquerda), uma vez que, respectivamente, como forças ativa e passiva, elas são os polos masculino e feminino, que permitem o surgimento do edifício universal. O pilar central da Árvore, do equilíbrio, representa a Graça Divina, que reconcilia os pilares funcionais externos, laterais; é também chamado de coluna central da consciência. Essas disposições, como veremos, estão representadas na planta do Templo Maçônico, em que as colunas J e B, com a chamada Câmara do Meio, cumprem idênticas funções.

Embora os cabalistas não admitam a ideia de uma trindade deísta, como existe no Cristianismo e no Hinduísmo, esse conceito não é estranho à Cabala, porquanto para tornar efetiva a sua presença no mundo real, após manifestar-se como Luz, em Kether, o Princípio Único (Deus), precisa liberar as suas duas naturezas: a masculina (Hockmah) e a feminina (Binah) para fins de produzir a *Shehiná*, a presença divina no mundo. Assim, o fato de possuir, em si mesmo, as três qualidades essenciais da Criação (a essência, o masculino e o feminino), representadas pelas "Três Cabeças do Anção" (Idrazuta, 298, b 290), isso significa que o Triângulo Sagrado é análogo ao conceito trinitário do Cristianismo, ou seja, mostra a necessidade de um Pai e uma Mãe para gerar um filho, que é o universo físico.

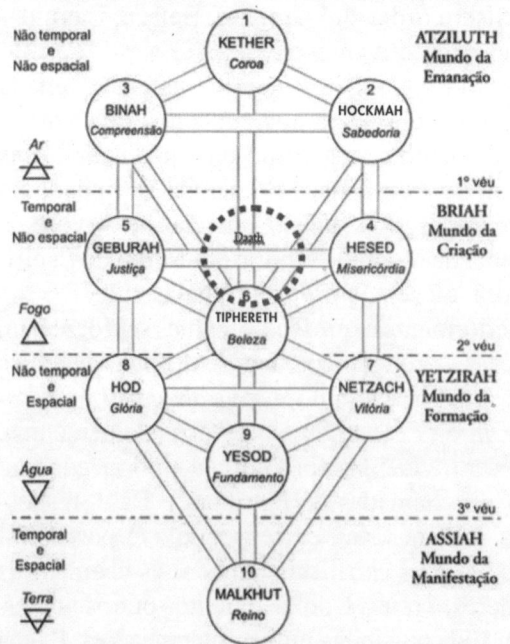

Kether, Hockmah e Binah: o Triângulo Divino; *Shehiná*: *Alam há muscal*, o mundo arquetípico. Atividade divina.

Geburah, Hesed e Tiphered: o Triângulo Ético; *Alam há murgah*, o mundo do sentimento. Atividade angélica.

Hod, Netzach, Yeso,d: *Alam há mutbad,* o triângulo da
natureza.

Malkuth: o resultado, o mundo físico. Atividade humana.

A função das sefirot

Kether, a Coroa da Criação, simboliza o princípio unificador, ponto de origem e de contato do mundo real com o Divino.

As duas sefirot superiores e externas, *Hockmah*, a Sabedoria, à direita, e *Binah*, a Compreensão, à esquerda, representam o princípio do Intelecto Divino. Essas três sefirot formam o Triângulo Divino. No mundo orgânico, ele é a razão de existência das raízes da vida. Por isso os mestres cabalistas o chamam de *alam há muscal*, o mundo da inteligência, ou dos arquétipos, pois é nesse mundo que o universo, físico e espiritual, é projetado.

Hesed, a Misericórdia, e *Geburah*, o Julgamento, são a expressão do Divino Sentimento. No conjunto com Tiphereth, elas formam o Triângulo Ético, e regem, na vida da humanidade, as noções de lei e ordem, corolário dos sentidos de consciência e livre-arbítrio desenvolvidos pelo homem. Por isso, os cabalistas o chamam de *alam há murgah*, o mundo do sentimento. E, por fim, o par de sefirot laterais inferiores, *Netzach*, a Eternidade, e *Hod*, a Reverberação, em conjunto com *Yesod*, o Fundamento, no meio das duas, formam o Triângulo da Natureza, chamado pelos cabalistas de *alam há mutbah*, que traduz o princípio da Ação Divina refletido no universo material, o qual se concretiza em Malkuth, a sefirá que representa, por fim, o resultado final dessa ação, ou o Reino. Esse Triângulo Natural reflete o transbordo das leis naturais de formação da matéria e do espírito, para o mundo físico e para a mente e o organismo dos homens.

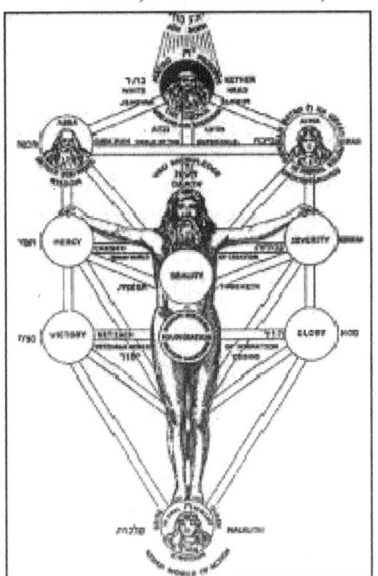

Na estrutura do corpo humano, podemos associar a Árvore da Vida ao conjunto das três partes que o formam, sendo o primeiro triângulo a cabeça, constituída pelo cérebro com seus dois hemisférios; o segundo triângulo, o tronco, com os dois braços e o ventre; e o terceiro triângulo, os membros inferiores, constituído pelas pernas e o sexo. E, por fim, o ambiente humano, os pés sobre a terra, que está representada pela sefirá Malkuth.

CAPÍTULO XII

O Homem e a Árvore da Vida

Árvore da Vida e Árvore do Conhecimento

Cabe aqui fazer uma distinção que na tradição cabalística é muito importante para efeitos de entendimento. Trata-se da diferença entre Árvore da Vida e Árvore do Conhecimento. Esses dois termos aparecem na Bíblia, como símbolos, um (a Árvore da Vida) da própria Criação; o outro (a Árvore do Conhecimento) como símbolo da ciência do bem e do mal.

É o que se lê em Gênesis, 2:9: "E o eterno Deus fez brotar da terra toda árvore agradável à vista e boa para comer; e a árvore da vida estava no meio do jardim, assim como a árvore do conhecimento do bem e do mal". Eram, portanto, duas árvores; uma que, se provados os seus frutos, daria ao indivíduo o conhecimento do bem e do mal; e a outra, cujos frutos lhe dariam a vida eterna. Ou seja, a matéria e o espírito.

A visão bíblica dessa simbologia parece sugerir que Deus pretendia manter o homem em uma feliz inocência da sua própria condição, pois, ao advertir o casal humano sobre o fato de comer dos frutos do paraíso, Ele foi muito enfático quanto ao problema de comer do fruto do conhecimento, pois, se o fizesse, morreria. "Mas da árvore do conhecimento do bem e do mal não comerás, pois no dia em que dela comeres, morrerás", disse o Eterno Deus.¹⁵³ E sua preocupação foi maior ainda com referência aos frutos da Árvore da Vida, porque, depois que o casal humano provou da Árvore do Conhecimento, Ele disse: "Agora, talvez ele (o ser humano) estenda a mão e tome também da árvore da vida, coma e viva para sempre".¹⁵⁴

O cronista bíblico não registra se o homem comeu da Árvore da Vida, mas é evidente que não o fez, pois, se ele antes era mortal, nessa condição continuou depois de expulso do Éden. Uma coisa, porém, fica clara nessa curiosa metáfora do livro sagrado: o homem, ao comer o fruto da Árvore do Conhecimento, tornou-se semelhante aos seres angélicos, pois é o próprio Elohim Criador que assim se manifesta ao saber da travessura cometida pelo casal humano: "Eis que o homem se tornou como um de Nós, para conhecer o bem e o mal".¹⁵⁵

Na doutrina cabalística, a Árvore da Vida integra os dois conceitos bíblicos. Nesse desenho mágico-filosófico do universo, estão compreendidas tanto a Árvore da Vida (aqui entendida como o processo energético que gera toda a realidade universal, inclusive a vida) e a Árvore do Conhecimento (o processo organizacional que promove a evolução das espécies vivas, tendo como resultante a espécie humana e sua capacidade de refletir, ou seja, o espírito).

Já vimos, nos capítulos anteriores, como a Cabala entende o processo de Criação do universo físico. Como atua, em termos físico--químicos, a energia que flui do Criador para gerar toda a realidade existente. E, dentro dessa realidade, a própria vida que surgiu como um resultado natural da evolução da matéria universal. Esse processo é o que se descreve na Árvore da Vida.

Mas dentro dessa visão unificada da estrutura do universo, há outro processo que se desenvolve no interior dele e que se refere à vida orgânica. Pois esta, como se vê, embora se desenvolva por meio de leis semelhantes às que dão estrutura ao mundo físico, não obstante, dele se diferencia em termos de qualidade e finalidade. Pois, como diz Teilhard de Chardin, o universo só ganhou identidade a partir do fenômeno humano.

De um grão de energia a um grão de sal, deste a uma semente e desta a uma formiga, até a fórmula que resultou no homem, quantas sínteses a natureza não precisou processar? Quantas fórmulas o Grande Arquiteto do Universo não teve de desenvolver para chegar a tal

---

153. Gênesis, 2:17.
154. Idem, 3:22.
155. Idem, 3:23.

resultado? Por isso os pitagóricos intuíam que o universo se compunha a partir do número, da forma (a geometria) e da matemática celeste, que o Grande Arquiteto desenvolvia para realizar os seus planos. Assim, se a Bíblia distingue a Árvore da Vida, propriamente dita, da Árvore do Conhecimento, a Cabala integra esses dois conceitos como complementares. O conhecimento é uma consequência natural do processo de desenvolvimento do fenômeno da vida. Deus fez todas as espécies, mas uma delas, em especial, atingiu um nível de complexidade orgânica diferenciada, de tal forma que se elevou a um patamar superior, destacando-se na Árvore da Vida como um ramo autônomo, do qual a própria Árvore hoje depende para continuar existindo.

O despertar da consciência

De que outra forma se poderia entender a curiosa metáfora imaginada pelo cronista bíblico para figurar o nascimento da consciência no ser humano, senão pensando que o Eterno planejou a sua Criação de modo que ela pudesse evoluir, em diversos ramos distintos, como se ela fosse, de fato, uma Árvore? Constrói-se, dessa maneira, uma biogênese, na qual é possível seguir os filamentos que ela manifesta, verificando os graus de complexidade que cada espécie assume em cada momento específico de sua vida.

Teilhard de Chardin, cujo pensamento tem nos socorrido em praticamente todos os enigmas em que os exegetas da Bíblia não o conseguem, dá-nos uma boa compreensão desse tema. Ao se referir à Árvore da Vida, que no seu entendimento é o próprio fenômeno da Criação, nele compreendidas todas as manifestações de existência orgânica, desde a primeira e indivisível célula até o organismo mais complexo que a Natureza engendrou, que é o ser humano, ele releva esse momento especial em que os "olhos do homem se abriram e ele se equiparou aos deuses, conhecendo o bem e o mal". Em páginas de infinita beleza poética, esse magistral filósofo nos mostra como esse "pecado", ou seja, a aquisição do conhecimento ocorreu. "Do ponto de vista experimental, que é o nosso, a Reflexão, como a própria palavra o indica, é o poder adquirido por uma consciência de se dobrar sobre si mesma, e de tomar posse de si mesma como um objeto dotado de sua própria consistência e de seu próprio valor; não mais apenas conhecer, mas conhecer-se; não mais apenas saber, mas saber que sabe. Por essa individualização de si mesmo, no fundo de si mesmo, o elemento vivo, até aqui espalhado sobre um círculo difuso de percepções e de atividades, acha-se constituído, pela primeira vez, em centro punctiforme, onde todas as representações e experiências se entrelaçam e se consolidam num conjunto consciente de sua organização."[156]

Nesse texto, esse grande filósofo está a nos dizer que uma organização celular ocorrida no interior do organismo humano, mais propriamente uma concentração energética sobre um órgão do nosso corpo, o cérebro, fez-nos diferenciar do ramo dos primatas, ao qual pertencemos como espécie.

A vida interior, refletida sobre si mesma, proporcionou-nos esse salto evolutivo que a Bíblia chama de "comer o fruto do conhecimento do bem e do mal". O nascimento do Adão terrestre, como ser inteligente e "imagem" do seu Criador, deu-se, portanto, no instante em que ele capturou uma consciência, e o "pecado", que na dicção bíblica se traduz por comer o fruto da Árvore do Conhecimento, foi o momento limite em que ele praticou a sua primeira reflexão, tomando conhecimento de que tinha um ego, um "self", que o identificava e lhe dava a capacidade de classificar e entender os próprios pensamentos.

A interpretação científica

Modernas concepções científicas também chegaram ao mesmo patamar de entendimento. Eis como um discurso científico descreve esse momento singular, em que o homem dá o salto qualitativo que o distingue das demais espécies animais: "Há cerca de 100 milhões de anos, o cérebro dos mamíferos deu um grande salto em termos de crescimento. Por cima do tênue córtex de duas camadas as regiões que planejam, compreendem o que é sentido e coordenam o movimento, acrescentaram-se novas camadas de células cerebrais, formando o neocórtex. Comparado com o antigo córtex de duas camadas, o neocórtex oferecia uma extraordinária vantagem intelectual. O neocórtex do *homo sapiens*, muito maior que o de qualquer outra espécie, acrescentou tudo que é distintamente humano".[157]

Até esse momento, os hominídios, como diz Teilhard de Chardin, acompanhavam a filogênese da criação, apenas como mais um ramo da Árvore da Vida, em seu desenvolvimento normal. Mas, a partir do instante em que adquiriu a capacidade de refletir, o homem diferenciou-se entre todas as espécies criadas, passando, como diz a Bíblia, a ser "uma

---

156. *O Fenômeno Humano*, op. cit., p. 186.
157. GOLEMAN, Daniel. *Inteligêcia Emocional*. 53. ed. Rio de Janeiro: Objetiva, 1996. p. 25

imagem de Deus", aquele que Ele escolheu para subjugá-la e dominá-la. Quer dizer, o que faz o homem ser uma imagem do seu Criador não é o seu aspecto físico, mas o seu carácter intelectual, pois é deste que transcende a sua parte espiritual.

Sim, porque a partir desse momento o homem adquiriu o livre-arbítrio e a capacidade de fazer as próprias escolhas, dando um sentido à evolução. Isso, para uma sensibilidade inocente, que até então não tinha a consciência do próprio ego, deve mesmo ter significado a morte da inocência, a expulsão de um paraíso, onde, por não existir o exercício da escolha, também não havia ansiedade, culpa, estresse, cansaço e náusea da própria existência, por não saber a que ela se destina, nem qual é o seu propósito, como dizia um personagem de Sartre.[158]

Como salienta o cronista bíblico, o homem pagou caro por essa ação. Foi expulso do paraíso. Mas isso foi para que ele "não comesse também da Árvore da Vida", pois esse fruto lhe daria a imortalidade. Quer dizer que, se os homens tivessem, concomitantemente à aquisição do conhecimento, obtido o dom de viver para sempre, prejudicado estaria todo o projeto do Criador, que planejou a construção do universo de combinação em combinação, por meio de um plano evolutivo, em que a energia que o formata sai do ínfimo (o núcleo atômico) e caminha para o imenso, no plano material, externo; e do simples (a célula) vai para o complexo (no plano espiritual, interno), como intui Teilhard de Chardin quando desenvolve a sua noção *hiperfísica do universo*.

A árvore biológica do ser humano

A visão teilhardiana da Árvore da Vida contrasta, naturalmente, com as visões literais dos criacionistas, que veem a espécie humana como nascida a partir de um casal feito à imagem e semelhança de Deus, ou seja, na sua forma orgânica e espiritual já perfeita e acabada. Ao revés, e isso significou para esse originalíssimo pensador jesuíta uma feroz repressão da sua própria Igreja, ela está muito mais para as teses defendidas pelos adeptos da seleção natural, embora destes Teilhard se afaste quando introduz nessa evolução um componente de espiritualidade, negado pelos evolucionistas. Pois aqui o homem é resultado de um longo processo de evolução, maturado no seio da matéria universal, mas dirigido por uma Vontade que nela atua e se cristaliza. De modo diferente, pois, do homem obtido simplesmente por seleção

---

158. SARTRE, Jean Paul. *A Náusea*. São Paulo: Círculo do Livro, 1986.

natural, que é produto apenas de sínteses químicas que vão se processando pela força das leis que regem a mecânica universal.

Nessa composição cabe um lugar inclusive para o próprio mal, que na tradição bíblica é o Diabo travestido de serpente. Pois não é ele que perverte a parte mais sensível da mente do homem (a sua parte feminina) com um discurso que estimula a sua vaidade? Que mais agradaria ao recém-nascido ego humano do que a ideia de tornar-se igual ao próprio Criador? É por isso que a Cabala ensina que "Satã é o nosso Ego, o nosso desejo de ser sempre mais. Ele é o desejo que queima, o egoísmo que exige cada vez maior prazer".[159]

O pecado de Adão

A Bíblia diz que Adão é o ser humano que teve sua alma insuflada pelo "sopro divino". Em termos de ciência neurológica, podemos entender essa metáfora como aquisição da camada neural que deu ao homem a capacidade de refletir. Já para a Maçonaria esse "sopro" é a sabedoria que permitiu ao homem colocar "ordo ab chao", ou seja, adquirir consciência de si mesmo e do mundo para organizá-lo de uma forma lógica.

No *Sepher Ha-Zohar* (a Bíblia cabalista) essa imagem é descrita do seguinte modo: "Quando o homem inferior descende (dentro deste mundo), do mesmo modo que quando entra na forma superior (nele mesmo), ao mesmo tempo isso lhe confere a base de suas almas ou dois espíritos. (Ou seja) o homem está formado por dois lados: tem o direito ou reto e o esquerdo ou sinistro. E pode ser observado de ambos os lados. Em relação ao lado direito, ele tem Nshmtha Qdisha (Neschamotha Qadisha), a sagrada inteligência; enquanto em relação ao lado esquerdo, ele tem NPShChIH (Nephesh Chia), a alma animal".[160]

Aqui, mais uma vez, conseguimos ver as estranhas imagens da inteligência cabalística cantando um dueto bem afinado com as teses dos modernos cientistas e teóricos do evolucionismo, que veem o homem como resultado de uma longa evolução que se processou no correr de milhares de anos e que foi conduzida pela sua necessidade de desenvolver meios cada vez mais eficazes de sobrevivência, em face de um ambiente hostil. Assim, o homem, à medida que ia descobrindo essas estratégias, que o faziam cada vez mais sábio,

---

159. LAITMAN, Michael. *A Sabedoria Oculta da Cabala*. Ontário: Laitman Cabala Website Editores, s.d.
160. *A Kabbalah Revelada*, op. cit., p. 11. Na imagem (ver página seguinte), a Árvore da Vida biológica, na visão evolucionista: desenho de Luciene Cuénot (fonte: *O Fenômeno Humano*, op. cit., p.137).

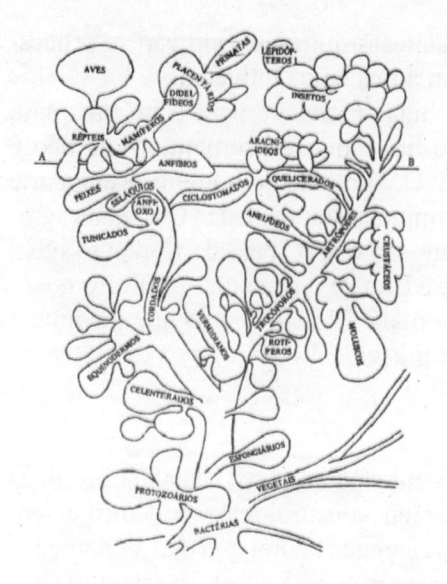

ia também adicionando novas camadas neurais à estrutura do seu cérebro, as quais foram também legadas aos seus descendentes como herança biológica. Por isso é que a interpretação cabalística desse fenômeno diz mais adiante: "O homem pecou, é por isso foi se expandindo até o lado esquerdo; e, então, aqueles que carecem de forma também foram expandidos. Isso se refere aos espíritos da matéria, que receberam o domínio das sendas inferiores da Alma de Adão, e aí assentaram as bases da concupiscência. Quando (e portanto) foram unidos e ligados (na base da concupiscência, juntos com a conexão, as duas almas do homem e o espírito animal), tiveram lugar, portanto, as gerações, como os animais dos quais muitas vidas são geradas, todas em uma mesma conexão".[161]

Aqui se explica a notável dualidade que se encontra no homem, de um lado evoluindo na própria biogênese que conforma todas as espécies animais e, por outro, construindo um espírito por meio da sua capacidade reflexiva. Um anjo-animal que tem por dentro a *Neschamotha Qadisha* (sagrada inteligência) e, por fora, a *Nephesh Chia*, a alma animal. Por isso os estranhos dizeres do Senhor com respeito à serpente: "porei inimizade entre ti e a mulher, e entre tua descendência e a sua (dela) descendência. Ela te ferirá a cabeça e tu lhe ferirás o calcanhar".[162]

Quer dizer, haverá sempre um conflito no espírito do homem entre a sua espiritualidade (a mulher, sua parte feminina) e a sua materialidade (a sua origem animal). Enquanto a primeira o concita a buscar um patamar de espiritua-

---

161. Idem, p. 110.

162. Gênesis, 3:15. O calcanhar é o símbolo da fraqueza humana, o seu elo com a terra. Por isso, ferir o seu calcanhar é atingi-lo em sua condição de ser humano. Daí o simbolismo do "calcanhar de Aquiles".

lidade cada vez maior (ferindo-lhe a cabeça), este o cutuca no sentido de atender, cada vez mais, aos seus sentidos, o seu apego à matéria (o calcanhar). Dessa forma se entende a "inimizade" posta entre matéria e espírito, que só pode ser superada pela Gnose que ilumina.

Essa ideia se fundamenta nos diversos sentidos da palavra *nefesh* (alma). Um dos significados dessa palavra em hebraico é serpente. Por isso, nas doutrinas místicas, a origem da sabedoria humana está ligada ao mito da serpente.

Mas *nephesh* quer dizer também sangue, espírito vital. Por isso em muitos cultos ofitas há o registro de sacrifícios de sangue, significando que a oferta do sangue à divindade é o mesmo que lhe ofertar o espírito vital.

Em Psicologia, a *nefesh* pode ser associada à nossa mente inconsciente, na qual a intuição e o instinto se originam. Leonora Leet, ao associar essa fase da consciência humana ao estágio mais primitivo da sua estrutura cerebral, diz: "a forma caída da alma Nefesh desenvolveu maiores poderes de emoção e razão, ambas trazidas prematuramente a serviço da vontade, ainda presa a um estágio reptílico de desenvolvimento, correspondente ao bulbo interno do cérebro, uma possível razão de se associar à queda desse nível de consciência com a cobra".[163]

Desse modo, uma vez mais, as intuições cabalistas aparecem hospedadas nas mais modernas concepções científicas, mostrando novamente que o nosso substrato psíquico, como intuiu Jung, tem uma fonte comum de alimentação, seja qual for o tempo e o lugar.

A desordem cósmica

Destarte, o "pecado de Adão", visto pela ciência como a aquisição da inteligência pelo ser humano, para os cabalistas significa também a instituição da desordem no âmbito da Criação, pois tanto o surgimento da vida a partir das combinações energéticas da matéria pode ser visto como se fosse um "ponto fora da curva", como dizem os matemáticos, ou como uma "emergência descontínua", no dizer de Teilhard de Chardin. Da mesma forma, pode-se considerar a aquisição da capacidade reflexiva por parte do ser humano. Ela desequilibrou o processo natural da vida, colocando o ser humano bem acima, em termos de complexidade, de todos os demais espécimes que a natureza havia criado até então. Para recuperar o equilíbrio que essa nascente qualidade do homem

---

163. *A Kabbalah da Alma*, op. cit., p. 141.

provocou na natureza (coisa que talvez não tenha conseguido até hoje), quanto ela não teve (ou ainda terá) de se reestruturar para isso?[164]

Por outro lado, Teilhard de Chardin ensina que as espécies vivas evoluem por aquisição de propriedades, as quais vão sendo adquiridas por meio das combinações celulares que se processam em níveis cada vez mais complexos. É o que ele chama de *aditividade dirigida*. Quer dizer, por meio do fenômeno da hereditariedade, cada geração acrescenta à espécie um grau maior de evolução, adquirido do aprendizado feito em cada experiência de vida. Usando suas próprias palavras, "Por acumulação contínua de propriedades (qualquer que seja o mecanismo dessa hereditariedade) a Vida faz como 'bola de neve'. Ajunta caracteres sobre caracteres no seu protoplasma. Vai se complicando cada vez mais...)", nós podemos ter uma compreensão mais clara desse processo.[165]

Ou como diz Goleman ao descrever a evolução do cérebro humano, desde o estágio reptiliano até a avançada conformação de hoje: "Ao longo de milhões de anos, o cérebro humano cresceu de baixo para cima, os centros superiores desenvolvendo-se como elaborações das partes inferiores, mais antigas".[166]

Assim, a evolução do nosso cérebro foi seguindo um caminho mais ou menos semelhante ao da própria Criação, conforme se depreende do desenho da Árvore da Vida. Não devemos nos esquecer de que para os cabalistas, Adão, antes do pecado, era um corpo etéreo (um espírito) que não tinha nenhuma relação de parentesco com a criação animal. Ele era, como diz Gershom Scholem, "uma figura puramente espiritual, uma 'grande alma', cujo corpo mesmo era uma substância espiritual, um corpo etéreo, ou corpo de luz. As potências superiores continuavam a fluir para dentro dele, conquanto refratadas e ofuscadas em sua descida. Ele era, assim, um microcosmo a refletir a vida de todos os mundos".[167] Tornou-se humano por aquisição da propriedade de refletir. Com isso, gerou uma desordem cósmica que foi preciso restabelecer.

---

164. Emergência descontínua é o termo usado por Chardin para designar um acontecimento excepcional, que atropela a evolução natural.
165. *O Fenômeno Humano*, op. cit., p. 160.
166. *Inteligência Emocional*, op. cit., p. 24.
167. *A Cabala e Seu Simbolismo*, op. cit., p. 138.

Tikun: a restauração da ordem

A Cabala ensina também que o corpo do Adão terrestre foi refletido na terra a partir do seu modelo celeste Adão Kadmon, para cumprir uma tarefa. Essa tarefa era a de resgatar as "centelhas" (almas) da Luz de Deus que se espalharam pelo vazio cósmico no momento em que Ele se manifestou (ou as centelhas da sua energia que se espalharam em consequência do Big Bang). Se Adão houvesse cumprido sua tarefa, a Criação teria terminado no Sabbath (o Sábado), consumada na união do masculino com o feminino (a união de Adão e Eva). E o paraíso seria o prêmio final dessa tarefa não só para o casal humano, mas também para toda a sua descendência. Mas Adão fracassou e a história humana começa, então, com a retirada da vestimenta etérea que cobria o corpo do casal adâmico. Assim se explica a estranha informação constante de Gênesis, 3:21: "E o Eterno Deus fez para o homem e para sua mulher túnicas de pele e os fez vestir". Isto é, deu vestimentas de ser humano aos seres que antes eram espirituais. Por isso o salmista diz: "o que é o homem para que Te lembres dele? E o filho do homem, para que tu o visites? Pois pouco menor o fizeste do que os anjos, e de glória e de honra o coroaste" (Salmos, 8:5).

O pecado de Adão fez com que a *Shehiná* (a Luz de Deus, presença divina no universo) fosse espalhada pelo mundo por meio da descendência humana do casal. Dessa forma, a missão do homem Adão, como ser humano, passou a ser a tarefa de reunir, de novo, as centelhas da *Shehiná* dispersa, o que se dará, por fim, quando se concretizar o processo do *Tikun*, ou seja, a restauração da ordem no caos, que foi instituída com a queda do homem e sua transformação de ser angélico em ser humano. Dessa maneira, o "homem Adão" aqui é visto como símbolo de toda a humanidade que resultou da queda. Segundo a doutrina luriana, o pecado de Adão representou a "quebra dos vasos" (*sheviráh*) que continham a Luz divina. Nesse sentido, sua missão, como ser humano, e da humanidade que dele se originou, é realizar a *Tikun*, ou seja, a reconstrução desses "vasos quebrados", mediante a progressiva iluminação da sua mente e a consequente purificação da centelha luminosa, que é a sua alma.

A função do Messias

Essa restauração (*o Tikun*) será conduzida pelo Messias por meio de um processo do qual todos participaremos. Assim, a redenção de todas as almas é uma consequência dos nossos atos. O Messias é o "professor", o guia que nos conduz nesse processo. Como bem observa Gershom Scholem, não devemos nos esquecer de que essa concepção da doutrina cabalista, que encampa várias ideias gnósticas, reflete a própria vida de Israel como nação, com sua história de ascensões e quedas, e o exílio que marcou a vida do povo judeu. Nesse sentido, diz esse autor, "Israel é a correspondente sociopolítica da *Shehiná,* e sua dispersão histórica pelo mundo é o símbolo do caos, o qual só será ordenado com a realização da *Tikun*". Por isso, "no decurso do seu exílio, Israel deve ir a toda parte, a cada um dos cantos do mundo, pois em todo lugar há uma centelha da *Shehiná* à espera de ser descoberta, apanhada e restaurada por um ato religioso".[168]

Nesse sentido, a própria nação de Israel seria o "Messias" realizador desse processo. Essas ideias foram desenvolvidas por Isaac Luria e compartilhadas por uma forte corrente cabalista, conhecida como messiânica. É de se notar o estreito paralelo que existe entre essas concepções e as teses desenvolvidas por Teilhard de Chardin no sentido de que, um dia, toda a espiritualidade desenvolvida pela humanidade se reunirá em um ponto único, chamado *Ponto Ômega*, que ele identifica com a própria alma de Cristo.[169]

Essa ideia, como veremos, irá também refletir na doutrina da reencarnação, desenvolvida pela Cabala. Pois o exílio da nação judaica, em sua história externa, encontra paralelo no exílio das almas, em suas migrações de encarnação em encarnação, de uma forma de existência a outra.[170] E refletirá não só na história do povo judeu, na sua procura por uma redenção, em termos políticos, com a reconstituição da sua nação, como também irá inspirar, no terreno sociopolítico, várias outras propostas messiânicas, como a que fundamentou a formação dos Estados Unidos da América, a *Novus Ordo Seclorum*, a própria Alemanha nazista e até as experiências socialistas que se cristalizaram na primeira metade do século XX, bem como as várias concepções utópicas já pensadas pela humanidade.[171]

E dela não escapará a própria experiência maçônica, que em todos os seus temas espiritualistas, e na estrutura do seu próprio catecismo

---

168. Para mais informações a respeito, ver *A Cabala e Seu Simbolismo*, op. cit., p. 141 a 145.

169. *O Fenômeno Humano*, op. cit., p. 87.

170. *A Cabala e Seu Simbolismo*, citado, p.140..

171. A "Nova Ordem do Século" era o título que os maçons americanos davam a sua nascente nação. Ver, nesse sentido, *A Cidade Secreta da Maçonaria*, op. cit.

ritual, reflete a enorme influência que recebeu da doutrina cabalista. Esse pressuposto nos parece bem claro nos objetivos da Maçonaria como sociedade, que, como bem definiu André Michel de Ramsay, foi estabelecida para espalhar a ideia de que o mundo todo é uma república e todo indivíduo, um filho. E isso reforça ainda mais a nossa assertiva de que a Maçonaria institucionalizada tem como célula inspiradora a ideia que norteou a fundação da nação de Israel, e que na sua base espiritualista está a grande tradição da Cabala.

CAPÍTULO XIII

A Cabala e os Mistérios Antigos

As religiões antigas

Como já vimos, foi Jung quem nos chamou a atenção para esse aspecto particular da nossa psique, que é o compartilhamento coletivo e inconsciente de uma simbologia que habita a mente da humanidade desde os seus primórdios. Essa simbologia, que ele chamou de mundo dos arquétipos, é um arsenal de conceitos, intuições e experiências que as pessoas, ao longo do tempo, vão acumulando em suas mentes inconscientes e transmitindo aos seus descendentes, na forma de costumes, tradições e outros comportamentos que se tornam padrões psíquicos. Esses traços de cultura, muitas vezes, se convertem em crenças e valores que acabam conformando a vida das pessoas e suas sociedades, tanto para o bem como para o mal.

A religião é uma dessas experiências psíquicas cujas raízes estão plantadas no inconsciente coletivo da humanidade e seus ramos e frutos têm, ao longo do tempo e da história, conformado a vida de grande parte das civilizações. Por isso não existe um mundo mais influenciado pelos chamados arquétipos que aquele das crenças religiosas. Todas as pessoas professam alguma forma de religião, já que, de um ponto de vista essencialmente lógico, o próprio ateísmo seria uma delas, ou seja, a religião sem Deus, a crença do ateu, cuja divindade, na verdade, é a ciência do bem e do mal, definida na Bíblia como inspiração diabólica.

Quem, em sã consciência, consegue discorrer sobre os fundamentos da sua religião sem apelar, no fim dos seus argumentos, para o velho recurso da fé? E não dizer que os fundamentos da fé não se discutem, mas aceitam-se ou não, e pronto? Assim é porque esse é um fenômeno fundamentado em arquétipos que o nosso inconsciente hospeda desde as primeiras experiências psíquicas que o ser humano já teve.

Fenômenos observados na natureza e não inteiramente compreendidos; intuições sobre fatos e acontecimentos que a mente não consegue explicar; sentimentos intraduzíveis na linguagem pobre e rude das primeiras civilizações são os fundamentos de todas as religiões. O que não se consegue exprimir em linguagem organizada, conceitual, lógica, a nossa mente transforma em símbolo, mito, diagrama, metáfora ou outra forma qualquer de mensagem. Pois todas as informações que o nosso organismo recebe pelos seus cinco sentidos são armazenadas em nossa mente. Se forem processadas pela sua parte consciente, tornam-se conhecimento; se não forem processadas dessa forma, tornam-se intuições, pressentimentos, superstições, crendices, mitos, os quais podem evoluir para verdadeiras crenças.

Os mistérios antigos

Assim é que a fauna inconsciente que habita a mente coletiva de um povo, muitas vezes, torna-se uma crença arraigada e acaba dando nascimento ao fenômeno da religião. Esse fato, que foi explorado por James Frazer (*O Ramo de Ouro*, 1890), leva-nos a um tema particularmente relevante aos adeptos da Cabala e da Maçonaria, que são os chamados Antigos Mistérios.[172]

Como sabemos, todos os povos antigos costumavam, de alguma forma, prestar homenagens à Mãe-terra, por meio de algum tipo de sacrifício ou representação folclórica, que tinha por objetivo obter as graças da Divindade, para que ela os premiasse com fartas colheitas. Para esses povos, o sacrifício de sangue tinha a ver com os produtos da terra. Até entre os hebreus essa conotação era evidente, porquanto o sangue, cuja palavra hebraica é *nefesh*, também significa espírito vital. Assim, o sacrifício de sangue, para eles, importava em oferenda à terra do próprio espírito vital do homem.[173]

---

172. Imagem extraída de *O Ramo de Ouro*, op. cit.
173. *A Cabala*, op. cit.

Fenômeno observado em seus efeitos, mas pouco compreendido em suas causas, as antigas civilizações intuíam nesse comportamento da natureza uma reciprocidade de ação que era benéfica quando elas lhe prestavam culto e maléfica quando esse culto não era prestado, ou, no seu entender, era malfeito ou recusado pela divindade que presidia essa propriedade da natureza. Se tais povos eram perguntados por que realizavam tais cultos, eles não saberiam dar fundamentos lógicos para isso, mas sabiam que algum resultado disso adviria, e ninguém duvidava da importância dessas celebrações. Porque elas estavam entranhadas no próprio espírito desses povos e não realizá-los, na forma devida, traria algum tipo de malefício para a comunidade.

No Egito, com os Mistérios de Ísis e Osíris, ou na Mesopotâmia com os ritos consagrados à deusa Ishtar, ou na Índia com os Mistérios de Indra, esses festivais, como eram chamadas essas representações, tinham um caráter social e religioso que dava marca a um simbolismo arquetípico da maior importância para esses povos. Mesmo no intelectualizado mundo grego e entre os povos que se desenvolveram sob sua influência cultural, esse simbolismo assumiu um aspecto tão fundamental que, a partir de certo momento de suas respectivas histórias, transformou-se em um instituto patrocinado pelo próprio Estado. Foi o caso da República de Atenas, por exemplo, que recepcionou na legislação que Sólon lhes outorgou os chamados Mistérios de Elêusis como marco fundamental e obrigatório de sua cultura social, política e religiosa, punindo inclusive com penas extremamente severas aqueles que violassem o caráter sacro dessas instituições. Mais tarde, esse instituto foi recepcionado inclusive na legislação romana, por imposição do imperador Adriano, em 125 da Era Cristã.[174]

Os Mistérios de Elêusis, como sabemos, eram originalmente um festival realizado na cidade santuário do mesmo nome, pequena aldeia próxima a Atenas. Fundamentados no mesmo espírito que hoje patrocina as festas populares dedicadas a santos e santas padroeiras das nossas cidades, esses festivais tinham o objetivo de homenagear a deusa Deméter, ou Ceres, que na mitologia grega era a divindade que protegia a agricultura, personificada como a Mãe-terra. Porém, diferentemente dos nossos festivais religiosos modernos, o festival de Elêusis tinha características notadamente iniciáticas, pois contemplava uma parte não aberta à população, da qual somente pessoas escolhidas podiam participar. Esses eram os chamados "iniciados" nos Mistérios de Elêusis, a quem se acreditava ser conferidos importantes segredos iniciáticos,

---

174. WRIGHT, Dudley. *Os Ritos e Mistérios de Elêusis*. São Paulo: Madras, 2004.

que iam desde conhecimentos científicos, políticos e sociológicos de alta relevância para a própria sociedade grega em geral, até segredos da religião local, só acessíveis a alguns eleitos. A esses iniciados eram revelados, segundo Platão, os verdadeiros significados dos mitos e alegorias das lendas gregas, que constituíam o essencial das crenças que dominavam o espírito do povo helênico.

Deméter, a Mãe-terra, era vista pelos gregos como a mãe das almas, pois sua filha Perséfone (conhecida pelos romanos como Prosérpina) representava não só a semente que é plantada para dar renovos à vida, mas também o arquétipo da própria alma humana, ou seja, a Psique, que morre e revive no seio da terra. Assim, os Mistérios de Elêusis, como os Mistérios de Ísis, no Egito, eram uma representação ritual que tinha por objetivo homenagear os poderes da terra, capaz de gerar a vida a partir da morte. Dessa forma, se os desígnios de Deus (ou a natureza) agem assim com a produção da terra, assim será também com a vida espiritual do homem, cuja continuidade depende do mesmo processo morte-vida, vida-morte, para que a espécie continue e evolua.[175]

Com as variantes de estilo, esses Mistérios eram praticados pela grande maioria dos povos antigos e sua fundamentação psíquica se apoiava no mito do sacrifício que se deve fazer à Mãe-terra para que ela outorgue, com benevolência, os seus frutos. Em muitos desses Mistérios, vidas de animais ou mesmo de pessoas eram sacrificadas à deusa. As lendas gregas estão cheias de histórias desses sacrifícios, em que, às vezes, o sentimento humanístico do grego se revolta e levanta, no seio do povo, um herói para desafiar essas exigências, como nas lendas de Perseu, Teseu, Hércules e Prometeu. Nas civilizações da América Pré-colombiana, esses ritos foram praticados até a chegada dos colonizadores europeus, com os vencedores sacrificando no alto das suas pirâmides milhares de prisioneiros e deixando que seu sangue escorresse para as plantações com o objetivo de fertilizá-las. Mais do que um ritual de crueldade, próprio de civilizações bárbaras e ignorantes, esse costume era uma variante dos cultos em homenagem à Mãe-terra. Isso mostra o poder dos arquétipos e quanto eles conformam o comportamento das pessoas. Até na espiritualizada religião de Israel esse costume foi conservado, pois remanesceu na simbólica oferta do cordeiro pascal, como selo de Aliança entre o povo de Israel e seu Deus. E o Cristianismo, inspirado no simbolismo da religião judaica, fundamentou sua teologia

---

175. Os Ritos de Elêusis eram realizados em duas etapas: anualmente, no santuário de Agras, no mês de fevereiro eram feitos os "Pequenos Mistérios". E, de cinco em cinco anos, em Elêusis, eram realizados os "Grandes Mistérios".

em cima desse arquétipo, na mística oferta do sangue de Cristo, como o herói que se sacrifica pela salvação da humanidade.[176]

A própria Bíblia, com os episódios do sacrifício de Abraão e Jefté, mostra que nos primórdios da sua civilização os israelenses também praticavam rituais de sacrifício humano para obter as graças da divindade.

O sacrifício da completação

Na Maçonaria, esse ritual é conhecido como o "sacrifício da completação".[177] Além do significado anteriormente referido, esse tema remonta a antigas lendas cultivadas pelos povos do Levante, segundo o qual nenhuma grande empreitada poderia obter bom resultado se não fosse abençoada pelos deuses. E essa benção era sempre obtida por meio de um sacrifício de sangue. Esse costume, como já foi dito, era observado também entre os israelitas, e Salomão, ao terminar a construção do Templo, não fez por menos. Segundo a Bíblia, "sacrificou rebanho e gado, que de tão numeroso nem se podia contar nem numerar".[178]

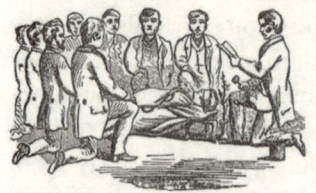

Dessa forma, a Árvore da Vida, biológica e espiritualmente, renova-se e vai fornecendo, *ad eternum*, os seus frutos. Não é sem razão que Cícero, o grande orador romano dos tempos de César, ao comentar os Mistérios de Elêusis, nos quais era iniciado, disse: "Muito do que é excelente e divino faz com que Atenas tenha produzido e acrescentado às nossas vidas, mas nada melhor do que aqueles Mistérios, pelos quais somos formados e moldados partindo de um estado de humanidade rude e selvagem. Nos Mistérios, nós percebemos os princípios reais da vida e aprendemos a viver de maneira feliz, mas principalmente a morrer com uma esperança mais justa".[179]

---

176. Expresso nas místicas palavras do profeta João ao batizar Jesus: "Eis o Cordeiro de Deus, aquele que tira o pecado do mundo". (João, 1:29).

177. Sobre a Lenda de Hiram na Maçonaria, ver a nossa obra *Conhecendo a Arte Real*, sobre o Templo de Salomão e sua relação com o mito solar, ver também *O Templo do Rei Salomão na Tradição Maçônica*, op. cit., deste autor..

178. Reis I, 8:5. Ver imagem: gravura mostrando os maçons em volta do esquife do Mestre Hiram Abiff. Fonte: PIKE, Albert. *Morals and Dogma*. Montana . Kessinger Publishing Co., 1992.

179. *Os Ritos e Mistérios de Elêusis*, op. cit., p. 24.

O sacrifício do homem moderno

Mas para que a Mãe-terra se renove e dê, perenemente, seus frutos, é preciso que o homem a cultive. Assim, a Árvore da Vida, que originalmente fora plantada por Deus para continuidade à Criação, a partir do momento em que o homem se tornou consciente e capaz de fazer suas próprias escolhas, passou a ser cultivada por ele e dele depende para a sua produção. Assim é como pode ser entendida a redação bíblica quando diz: "o homem se tornou um de nós; para conhecer o bem e o mal. Agora, talvez ele estenda sua mão e tome também da árvore da vida, coma e viva para sempre".[180]

Metáfora mais eloquente que essa para figurar os Mistérios que a própria natureza, ao engendrar e desenvolver um processo para a evolução da vida, não podia ser mais bem urdida pela mente do homem. Pois aqui, como bem assinala Teilhard de Chardin, está o reconhecimento de que na Criação de Deus e, mais especificamente, na humanidade, desenvolve-se um plano de construção cósmica no qual o homem não é, como se já pensou, o centro nem a finalidade, mas um eixo privilegiado de evolução. Quer dizer, o universo não existe para servir o homem, mas o homem para construí-lo e dar-lhe uma orientação. Não se trata de negar as teses antropocentristas e antropomorfistas, que colocam o homem como "medida" de todas as coisas, como ingenuamente pensavam os humanistas do passado, mas de reconhecer um novo humanismo, que, sem destronar o homem da sua importância no processo de construção da obra de Deus, coloca-o no seu devido lugar: o de uma função bem definida nesse processo.

Porque, ao cultivar a terra, o homem tornou-se responsável pela conservação da Árvore da Vida. Expulso da sua condição primitiva de inocência inconsciente, em que a própria natureza o alimentava sem que ele precisasse dar nada em troca, ele agora tem de concorrer para produzir esses frutos. Tornou-se Senhor do bem e do mal. Desde a caça, a pesca e a coleta dos frutos da terra, estado paradisíaco que Jesus descreve em seu discurso como aquele em que o Pai do Céu nos sustenta, até a agricultura, a domesticação e a criação de animais, a industrialização e outras conquistas civilizatórias, a humanidade depende agora da sua própria ação para sobreviver. E, assim, o homem, que antes cultuava a Mãe-terra Deméter com sacrifícios de sangue para que ela lhe prodigalizasse seus frutos, hoje deve oferecer-lhe o sacrifício do seu trabalho e dar-lhe, por fim, o seu próprio corpo como semente para que ela

---
180. Gênesis, 3:22; 23.

continue a sustentar a continuidade do fenômeno da vida. E foi assim que ele se apropriou também da Árvore da Vida, pois na transmissão da hereditariedade o homem conquistou a imortalidade. E só nesse sentido conseguimos entender as metáforas bíblicas, especialmente as que se referem à maldição imposta sobre a terra e o teor punitivo do trabalho, que encontramos na redação em Gênesis, 3:17: "[...] maldita é a terra por tua causa! Com fadiga comerás dela todos os dias da tua vida. [...] Com suor do teu rosto comerás pão, até voltares para a terra, pois dela foste tomado, pois tu és pó e ao pó hás de retornar".

E dessa forma continuamos a praticar os Antigos Mistérios, mesmo, às vezes, sem compreendê-los. Porém, o iniciado maçom, que ao enfrentar a Câmara das Reflexões, ao percorrer os subterrâneos da morte, ao caminhar, vendado, nas trevas, até que lhe seja desvelada a Luz, sabe agora a importância desse simbolismo. E que ao fazê-lo está simplesmente prestando a sua homenagem ao processo que fertiliza e mantém sempre florescente a Árvore da Vida.

Hiram Abiff: o sacrificado da Maçonaria

A Maçonaria, como se sabe, também presta o seu culto ao herói sacrificado. Todo maçom que tenha sido elevado ao mestrado na Arte Real já fez a sua marcha ritual em volta do esquife do Mestre Hiram Abiff, o arquiteto do Templo do Rei Salomão, assassinado por três companheiros ambiciosos, que queriam abreviar o prazo de seu aprendizado e obter os graus mais elevados sem o devido mérito. A alegoria da morte de Hiram é uma clara alusão ao mito do sacrificado. Ele está conectado, de um lado, ao simbolismo da ressurreição e, de outro, ao mito solar. Pois, nas antigas religiões solares, o Sol, princípio da vida, morria todos os dias para ressuscitar no dia seguinte, após passar uma noite em meio às trevas.

Assim como toda a teatralização dos Antigos Mistérios, mais do que uma simples homenagem à deusa Ceres ou Ísis, esses rituais simbolizavam a jornada do espírito humano em busca da Luz que lhe daria a ressurreição. É nesse sentido que a marcha dos Irmãos em volta do esquife de Hiram, sempre no sentido do Ocidente para o Oriente, nada mais é que uma imitação desse antigo ritual, que espelha a ansiedade do nosso inconsciente em encontrar o seu "herói" sacrificado (o Sol?), para nele realizar a sua ressurreição.

Ignora-se como e quando a Lenda de Hiram foi introduzida nos rituais maçônicos. Ela não é encontrada nos antigos documentos dos maçons operativos, embora Anderson, em suas *Constituições*, faça referência a um infausto acontecimento ocorrido durante a construção do Templo de Jerusalém, acontecimento esse que se referia ao assassinato de seu Mestre Construtor.[181] Muitos autores acreditam que essa lenda teria sido adaptada por Elias Ashmole (1617-1692), um conhecido intelectual inglês iniciado na Maçonaria em 1646. Ela teria sido introduzida nos rituais maçônicos por motivos políticos e ideológicos, conexos com acontecimentos da história inglesa nessa época.[182]

Evidentemente, essa é só uma especulação. A verdade é que o Mito de Hiram está fundamentado em um arquétipo de origem muito antiga, que é o mito do sacrificado, cuja conexão com o mito solar é notória. Sendo uma lenda arquetípica, ela se presta, como é óbvio, a múltiplas interpretações. Pode ser associada a vários outros mitos, como o de Ísis e Osíris, da deusa Prosérpina, dos três descendentes de Caim (Jubal, Jabal e Tubalcaim), a Noé e seus filhos, que, segundo uma antiga lenda, tentaram ressuscitar seu pai usando fórmulas cabalísticas.[183] E principalmente com a lenda de Tammuz, deus fenício que foi ressuscitado pela sua amada Astarte, mito esse que também tem sua variante grega na lenda de Adônis, o deus solar ressuscitado por Afrodite. Há quem veja paralelos também entre a Lenda de Hiram e a história da morte do filósofo Sócrates, acusado por três indivíduos invejosos de sua sabedoria. E não faltam aqueles que veem na alegoria da passagem do Companheiro para Mestre uma clara alusão à Paixão e Morte de Jesus Cristo, traído por um discípulo (Judas), negado por outro (Pedro) e desacreditado por outro ainda (Tomé).[184]

Tudo isso nos mostra a força do mito e a sua influência no psiquismo humano.

---

181. Ver, nesse sentido, *A Franco-Maçonaria Simbólica e Iniciática*, op. cit.

182. Especificamente a chamada Revolução Puritana, liderada por Oliver Cromwell, que destronou o rei Carlos I, da Inglaterra, e promoveu a sua decapitação. Nesse caso, o Drama de Hiram teria por finalidade reconstruir o episódio da deposição e morte desse soberano, já que Ashmole e seus companheiros maçons eram partidários dos Stuarts.

183. As expressões usadas no ritual de elevação a Mestre Maçom, que se referem à "carne que se desprende dos ossos", as exclamações "Ah! Meu Deus", a marca do local onde Hiram foi enterrado com um ramo de acácia, etc., são oriundas da lenda cabalista que diz respeito à ressurreição de Noé.

184. Tomé, o golpe na garganta: o descrédito da palavra. Pedro, o golpe no peito, no coração, a deslealdade; Judas, o golpe final na cabeça, a morte física.

CAPÍTULO XIV

O Homem Universal

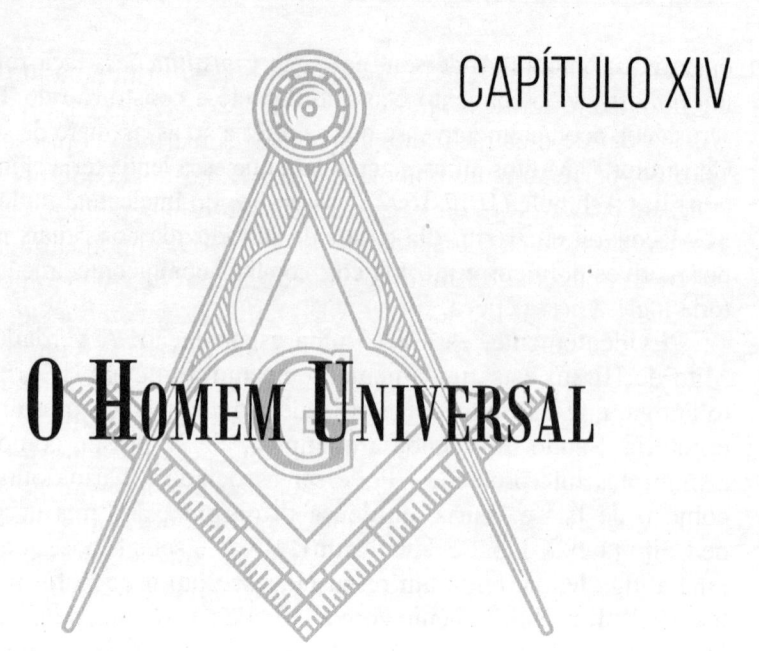

Adão Kadmon

A Cabala, da mesma forma que a tradição hermética, também trabalha com o axioma segundo o qual o que está em cima reflete o que está embaixo, o que está fora reflete o que está dentro. Assim, o homem e o universo compartilham do mesmo desenho estrutural e seu desenvolvimento; como ser copartícipe da Criação universal, segue o mesmo plano que o Criador concebeu para a construção do mundo material. É nessa conformidade que a Cabala sustenta que o corpo humano é um reflexo do cosmo, sendo o homem um microcosmo, enquanto o universo é o macrocosmo.

Como foi exposto nos capítulos anteriores, a Árvore da Vida é um desenho mágico-filosófico que representa o universo em construção por meio das esferas de manifestações divinas conhecidas como sefirot. Nesse plano, que é ao mesmo tempo esotérico e exotérico, pois integra tanto o pensamento aceito pela ciência em relação ao desenvolvimento do mundo físico, quanto as intuições dos místicos de todos os tempos a respeito da realidade física e espiritual do fenômeno humano, encontramos uma boa teoria para responder a questionamentos que o homem tem feito desde que adquiriu a capacidade de refletir. É uma teoria que apresenta uma explicação coerente do mundo em que vivemos e também nos ajuda, se não a entender o porquê de o universo ser como é, pelo menos nos faz sentir que há um propósito no fato de ele ser desse jeito.

Além de mostrar o universo sendo construído como se fosse um edifício, perfeitamente planejado e com uma finalidade bem definida, o desenho da Árvore da Vida também representa o corpo esotérico do Homem do Céu, na Cabala chamado de Adão Kadmon, arquétipo celeste feito à imagem do Elohim Criador, o qual reflete no Homem da Terra, o Adão terrestre. É como a ele se refere o *Zohar* (Livro do Mistério Oculto): "Por isso está dito: IShRTzV (Yesratzu): Deixai-os dar e se reproduzir abundantemente; eles têm movimento vital; e a primeira forma é, por sua vez, incluída na outra forma; o vivente superior, o vivente inferior; o bem vivente, o mal vivente. E também está escrito (Gênesis 1:26): E os Elohins disseram: 'façamos o homem'. Mas não se escreveu HADM (Ha-Adam) 'este homem', mas simplesmente Adam, em antítese ao Altíssimo Uno, que foi feito no Nome Perfeito".[185]

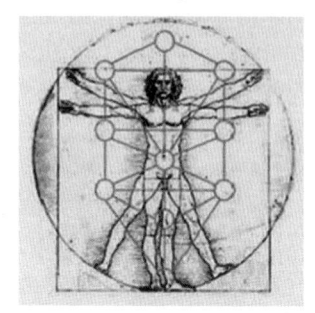

Esse enigmático texto sugere que o homem não foi criado a partir de uma imagem direta de Deus, mas como uma projeção angélica da sua essência manifesta no mundo, os chamados Elohins. Por isso temos a expressão bíblica no plural "façamos o homem *à nossa* imagem e semelhança", como a dizer que a criação do homem não foi um ato individual, mas coletivo. E, nesse mesmo sentido, o *Zohar* diz: "Quando o primeiro foi aperfeiçoado, também seu reflexo foi aperfeiçoado; mas aperfeiçoado como homem e mulher, para a perfeição de todas as coisas".[186]

O "filho da Terra"

A criação do homem é uma das mais controvertidas teorias desenvolvidas pelos cabalistas. A maioria dos mestres dessa tradição se debruçou sobre o tema, produzindo as mais diversas e bizarras concepções. Uma delas, bastante divulgada, identifica Adão com a própria terra, e fala da sua criação como o resultado do casamento entre Elohim (primeira manifestação da essência de Deus no universo) e a terra. Ele é identificado pelas palavras *Eden* (paraíso) e *Adamá* (terra). Ou, como

---

185. *A Kabbalah Revelada*, op. cit., p. 103.
186. Idem, p. 104.

diz um comentário da *Midrash*, "Mas depois que o Paraíso nasceu do amor recíproco de Elohim e Eden, os anjos de Elohim tomaram uma porção da melhor terra, isto é, não da parte animal pertencente ao Eden, mas das partes humanas e nobres da terra, e daí formaram o homem".[187]

Assim, a alma de Adão não foi insuflada nele por Deus, mas veio da própria terra. Foi dela formada. Por isso diz o Criador, ao condenar o homem pelo seu pecado: "Com o suor do teu rosto comerás pão, até voltares para a terra: pois dela foste tomado, pois tu és pó e ao pó hás de retornar". É, conforme se deduz, uma tese mais a gosto dos evolucionistas, que não aceitam a crença de uma criação humana perfeita e acabada, como diz a Bíblia literal.[188]

Luz, som e número

Essa visão é interessante porquanto integra outro dos ensinamentos que a Cabala nos dá, que é o de que Deus constrói o mundo com três atributos da sua Essência, que são a luz, o som e o número. Essas seriam as "matérias-primas" com as quais o universo e tudo que nele há é erigido. A luz é a sua Energia, que se manifesta no nada cósmico e dá substância ao universo real. Na visão da Bíblia, é a luz que sai das trevas; na visão da ciência, são as ondas e partículas da energia liberadas pelo Big Bang, expulsas na grande explosão que, aceleradas na velocidade da luz e interagindo entre si, se convertem em massa.

O som é resultado da pronúncia do Nome Inefável, Palavra Sagrada que só muito poucos iniciados conhecem, mas que é indispensável para que tudo aconteça. É a realização positiva do Verbo (Eu Sou). Segundo Hawking, o som do Big Bang (Deus dizendo Eu Sou) ainda pode ser ouvido, ecoando no vazio cósmico. No episódio da criação do homem ele é o "sopro" de Deus, o seu Nome sendo pronunciado, não nas suas narinas, mas nos seus ouvidos, como fazia o mestre cabalista no ouvido do seu golém.[189]

É por meio dessa Palavra Sagrada e do som que ela emite que as potências (as leis naturais) atuam, formatando a realidade existente no mundo. Daí a importância que a Cabala e as doutrinas místicas, de um modo geral, conferem à alegoria do Nome Inefável de Deus. E também

---

187. *A Cabala e Seu Simbolismo*, op. cit., p. 197. Na imagem da página anterior, a representação cósmica do homem universal. Desenho de Leonardo da Vinci.

188. Gênesis, 3: 19. Elohim é um dos dez nomes de Deus, que estão relacionados às dez manifestações Dele no mundo real, correspondentes a cada uma das sefirot da Árvore da Vida. Ver tabela na p. 112.

189. Ver capítulo VII sobre a Lenda do Golém.

a verdadeira fobia que os povos do Oriente tinham pelo significado dos nomes, pois estes designavam, segundo antigas crenças, a quantidade de luz presente na alma do indivíduo.

Assim, o nome *Ihvh* (Jeováh, Javé), o primeiro de Deus em sua manifestação no mundo da Existência Positiva, era chamado de Eiheh, ou seja, "Eu Sou". Com base nessa premissa, há cabalistas que explicam o fato de algumas pessoas serem mais inteligentes (ou iluminadas) que outras, já que seus nomes, por possuírem mais atributos de luz, lhes dão essa qualidade, conferindo maior "potência" à sua personalidade. Isso porque, segundo essa crença, todas as almas têm um nome de origem, que não é aquele que lhes é dado na terra, mas o que lhe foi dado no princípio, quando elas saíram do Centro Irradiante (Deus) como centelha de luz. Somente os verdadeiros iluminados têm acesso ao seu nome de origem, e este funciona como senha para o ingresso no paraíso, que nesse caso é a reintegração da alma ao centro irradiante de onde saiu quando o universo foi formado. Essa visão, que também encontra paralelo em doutrinas gnósticas, já era encampada pelos antigos egípcios, como se vê nos hinários do Livro dos Mortos, em que a alma do defunto devia saber recitar os nomes de todos os deuses, porque das combinações entre as letras desses nomes lhe viria a revelação do seu próprio nome de origem, o qual lhe serviria de senha para o ingresso no universo de Rá, o sol radiante.[190]

O número é o elemento de organização do universo. Por intemédio dele e das formas geométricas, Deus, pelas mãos dos seus arcanjos construtores, dá sentido, organização e forma ao mundo real. Por isso, a Geometria cumpre papel importante em praticamente todas as doutrinas esotéricas. E na Maçonaria ela é a própria configuração da Arte Real. Na Cabala, essa ideia era equivalente à crença de que a Criação era um processo linguístico em que o nome de Deus se tornava material. Ou, como diz Biale, em seu estudo sobre a obra de Scholem, "A Torá, como os cabalistas a concebiam, não é por consequência separada da essência divina, nem criada no sentido estrito da palavra; é, antes, algo que representa a vida secreta de Deus, que a teoria da emanação cabalística tenta descrever".[191]

Quer dizer: organizando as letras e os valores do Nome de Deus, e pronunciando-os da forma correta, o mundo toma forma.

---

190. *A Sabedoria Oculta da Cabala*, op. cit., p. 158.
191. *A Cabala e Contra História*, op. cit., p. 145.

O vasto semblante e o Ancião dos Dias

Na Cabala, esses três atributos da Divindade estão representados nas três primeiras sefirot da Árvore da Vida: Kether (Luz, energia, a coroa da criação), Hockmah (Som, a Palavra Sagrada), Binah (o número, a forma, a Geometria). As outras sete esferas da Árvore são consequência da ação coordenada desses três princípios que se unem, como em uma trindade sagrada, para produzir toda a realidade existente. Esse processo se repete também no corpo físico e espiritual do homem, porquanto, como vimos, ele não é mais que um reflexo do próprio corpo místico do universo, chamado Adão Kadmon. Na estrutura do organismo humano, esses atributos correspondem aos sistemas neurológico (cérebro e rede neural), respiratório (pulmão e órgãos da fonação) e reprodutor (os órgãos reprodutivos).

Como dissemos, entendemos que a visão cabalística da criação do homem nos dá uma imagem que se ajusta melhor com a crença do povo de Israel do que a interpretação literal desse episódio bíblico, feita pelos adeptos do Criacionismo. Pois um dos pressupostos fundamentais da religião judaica é o de que Deus não tem forma nem o seu Verdadeiro Nome é conhecido pelos homens. Razão pela qual nenhuma imagem sua poderia ser reproduzida, nem o seu nome devia ser pronunciado em vão. Estes, como vimos, constituíam dois dos mais severos mandamentos do Decálogo, e quem os violasse era punido com a morte mais horrível.

Destarte, dizer que o homem foi feito à imagem e à semelhança de Deus constituiria uma grande incoerência que os sábios de Israel jamais cometeriam, já que nem eles mesmos sabiam qual seria essa imagem. Quer dizer, a imagem que a Cabala faz de Deus é do seu Vasto Semblante (o universo real, o espaço), também chamado de Ancião dos Dias (o tempo). Assim, a única representação física de Deus que a Cabala faz é a do espaço-tempo, que é igual à própria manifestação positiva de Deus. E o universo, um organismo em eterna construção, não pode ser representado em um instantâneo nem configurado em uma imagem, já que ele se apresenta como um "ser" diferente a cada nova combinação que nele se processa.

Deus, Ele mesmo, o Espírito Essencial, não tem forma nem imagem. É nesse sentido que Jesus ensina que Deus é Espírito e como tal deve ser adorado, pois Ele não pode ser conhecido em sua essência, apenas em suas manifestações.

Elohim é a natureza

Por isso é que o episódio da Criacão (Bereschit), ao se referir à criação do mundo, diz "Bereschit bara Elohim..." (No começo os Elohim criaram...). Isso quer dizer que o mundo físico e, por consequência, o homem, não é fruto de uma ação direta de Deus, mas resultado das suas manifestações no mundo físico. As formas criadas resultam da ação dos arcanjos, entidades que "surgem" em cada uma dessas etapas de manifestação. Essa ideia vem expressa no *Zohar* quando diz: "se o mundo tivesse sido obra da essência divina chamada Jehovah, tudo nesse mundo teria sido indestrutível; mas como o mundo é obra da essência divina chamada Elohim, tudo está sujeito à destruição; e é por isso que a Escritura diz: 'Vinde e vede as obras de Elohim que estão sujeitas à destruição sobre a terra' [...] 'Rabbi Isaac disse: [...] se o mundo tivesse sido criado pelo nome de misericórdia, isto é, pelo nome de Jehovah, todo o mundo teria permanecido indestrutível; mas como o mundo foi criado pelo nome do rigor, isto é, pelo nome de Elohim, tudo é perecível nesse mundo" (*Zohar*, I,58,b).[192]

É nesse sentido também que o rabino Yehuda Berg ensina: "Elohim não é Deus absoluto, o Princípio Criador. É uma manifestação secundária dele. Equivale ao que chamamos de Natureza. Em hebraico Elohim se escreve מיהלא, cuja correspondência numeral é 86. A palavra natureza também tem essa equivalência em hebraico, pois se escreve (ה‎,ז‎,רט‎,נ‎) que é igual a 86, razão pela qual Elohim é a própria natureza em ação".[193]

Deduz-se, dessa forma, que Elohim é o "Espírito da Natureza", que integra tudo que nela existe como essência ou energia, transformada em vida. Por isso na tradição cabalística se diz que Elohim fez o homem modelando-o do "barro da terra" e conforme a sua própria imagem. Nessa fórmula, está a razão de o homem só encontrar o seu verdadeiro equilíbrio (e saúde) quando está verdadeiramente integrado com o meio em que vive, ou seja, a mãe Natureza, ou Mãe-terra. E esse é, também, o motivo de o nosso espírito sentir-se atraído pelos chamados Mistérios. Trata-se de uma memória ancestral, uma informação constante do próprio DNA do ser humano, uma razão psíquica que justifica a realização desses cultos e o motivo de eles remanescerem como arquétipos no inconsciente coletivo da espécie humana. Eles funcionam como uma forma de ligação entre os homens e suas próprias origens.

---

192. *A Kabballah Revelada*, op. citado.
193. BERG ,Yehuda. *O Poder da Cabala*. Rio de Janeiro: Imago, 2010.

A CPU cósmica

Outra metáfora cabalística sugere que Elohim (manifestação primeva da energia divina equivalente à natureza) é uma espécie de CPU cósmica que nos fornece a inspiração para todo o nosso substrato psíquico. Nessa CPU, todo o plano cósmico e todo conhecimento passível de ser transmitido ao homem estão registrados. Ele já foi chamado de Mente Universal ou Alma Mundi, ou seja, a energia sutil que alimenta a vida espiritual do cosmo. Por isso se diz que as nossas inspirações, substrato mais profundo da nossa psique, não são geradas do nada, mas, como dizia Platão, provêm dos "universais", formas incorpóreas, ideais, que existem independentemente do pensamento humano, mas que o influenciam e lhe fornecem a matéria-prima que formata a nossa vida psíquica.

Na visão da Cabala, essa ideia é representada na forma de uma corrente de fluxo e refluxo de energia que alimenta a "Mente Coletiva" da humanidade e dela recebe os influxos do conhecimento universal. É algo análogo à noção de Jung sob a existência de um arsenal de imagens, intuições, conhecimentos, em que todas as inspirações que dão alento à nossa vida psíquica estão hospedadas sob a forma de arquétipos. E encontra um paralelo na filosofia de Teilhard de Chardin na ideia da formação de uma camada de pensamento que reúne o total das reflexões humanas, em todos os tempos, a qual aureola a terra e fornece o estofo para a atividade psíquica da humanidade. É a camada que ele chama de Noosfera.

A esse propósito é interessante registrar o pensamento desse formidável pensador, pois ele descreve uma formulação lógica desse processo que integra toda a mística e a ciência que já se revelou sobre esse tema: "Por termos reconhecido e isolado, na história da Evolução, a nova era de uma Noogênese", escreve ele, "eis-nos forçados, correlativamente, a distinguir, na majestosa ordenação das folhas telúricas, um suporte proporcionado à operação, quer dizer, uma membrana mais. Em volta da centelha das primeiras consciências reflexivas, os progressos de um círculo de fogo. O ponto de ignição se alargou, o fogo ganha terreno. Finalmente a incandescência cobre todo o planeta. Uma só interpretação, um só nome se acha à medida desse grande fenômeno [...] a camada 'pensante' que, após ter germinado em fins do Terciário, se expande desde então por cima do mundo das plantas e dos animais: fora e acima da Biosfera, uma Noosfera".[194]

---

194. *O Fenômeno Humano*, op. cit., p. 197.

Ainda citando Teilhard de Chardin, em se tratando do fenômeno da vida, "é o próprio tecido das relações genéticas que, uma vez desdobrado e erguido, desenha a Árvore da Vida".[195]

Quer dizer: a centelha inicial da vida psíquica do homem foi dada por Deus, por meio de Elohim, que é a própria natureza: mas, depois, o conjunto do psiquismo humano gerou uma "alma coletiva" que, como um dínamo, a alimenta. E dessa forma o universo se sustenta pelas alças de suas próprias botas, fazendo o seu *bootstrap*.[196]

---

195. Idem, p. 197.

196. *Bootstrap*, literalmente "alça da bota", significa que o universo se sustenta pela própria energia que ele gera.

CAPÍTULO XV

A Árvore da Vida e o Decálogo

Cabala, a Ioga do Ocidente

Geração	1º) Não terás outros deuses diante de Mim. (Kether) 2º) Não farás para ti imagens de escultura. (Hockmah) 3º) Não jurarás em vão o Nome do Eterno. (Binah)
Criação	4º) Lembra-te do dia do Sabbath e santifica-o. (Hesed) 5º) Honrarás teu pai e mãe. (Geburah) 6º) Não matarás. (Thiphereth)
Equilíbrio	7º) Não cometerás adultério. (Netzach) 8º) Não furtarás. (Hod) 9º) Não darás falso testemunho. (Yesod)
Resultado	10º) Não cobiçarás as coisas alheias. (Malkuth)

} Os Dez Mandamentos e sua relação com os quatro mundos

ÁRVORE DA VIDA

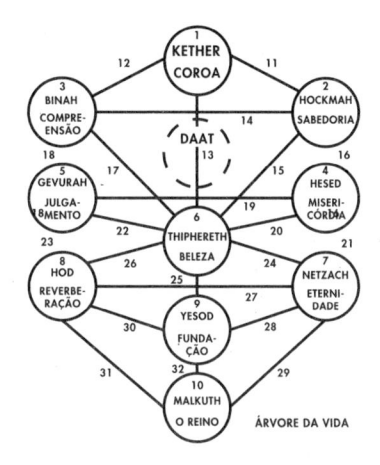

Como se pode ver na figura anterior, cada sefirá (ou ramo) da Árvore da Vida corresponde a um conceito que está relacionado com a vida moral da humanidade. Em um paralelo com as ideias de Platão, ela corresponde a um conjunto de "universais", ou arquétipos, que dão vida à nossa estrutura psíquica. Por esse motivo, ela é uma enciclopédia do saber universal e uma escada de ascensão em direção ao divino. Segundo os estudiosos da Cabala, como filosofia de vida, estudá-la e aplicar seus ensinamentos equivalem a fazer um curso de aperfeiçoamento moral e espiritual. Destarte, a prática diária das virtudes associadas a cada uma das sefirot é fundamental na estruturação de uma vida profícua e feliz, isenta de dores físicas e morais.

Por isso há quem diga que a Cabala é a Ioga do Ocidente. Ao mesmo tempo que fornece uma portentosa disciplina para a manutenção da saúde do corpo, também proporciona uma eficiente salubridade para a mente, livrando-a das impurezas e dos contrastes que nos levam a fazer escolhas equivocadas.

A Árvore da Vida e o Decálogo

Em termos cósmicos, como vimos, a Árvore da Vida representa as dez manifestações da essência divina, que correspondem, cada uma, a uma etapa da criação física e espiritual do universo. Essas leis, tais como a relatividade, a gravidade, a conservação da energia, a termodinâmica, a hereditariedade, a cissiparidade, etc., são fórmulas segundo as quais o Criador age no mundo físico para lhe dar formato e consistência. Da mesma forma, os princípios segundo os quais a mente humana estrutura seu funcionamento, como, por exemplo, os princípios da identidade, da não contradição, do terceiro excluído, da paridade, etc., são fórmulas segundo as quais o nosso substrato psíquico se organiza. Nos dois microcosmos, que são a humanidade e o próprio organismo humano, esses princípios nos inspiram as leis morais e espirituais que Deus nos deu para desenvolver o que chamamos de mundo interno, ou seja, o mundo das realidades sutis que se hospedam nas atividades conscientes e inconscientes da nossa mente. As primeiras afloram na nossa consciência e formam o mundo moral. As segundas se hospedam no nosso inconsciente e formam o mundo espiritual.

Por isso há quem sustente a tese de que o próprio Decálogo (os *mitzvot*), conjunto dos Dez Mandamentos que Moisés recebeu de Jeová no Monte Sinai, é uma expressão literário-jurídica da Árvore da Vida e seus artigos, que se tornou a base moral dos ordenamentos legais adotados pela maioria dos povos e, correspondem, cada um, a uma das sefirot. E, no seu conjunto, são a própria Torá.

Na verdade, os Dez Mandamentos, como bem viu Scholem, para os cabalistas se tornaram as raízes de uma estrutura mística, que se desdobra nos 613 preceitos contidos no corpo da Torá. E essa estrutura teria o condão de se refletir no corpo místico de Adão Kadmon, da mesma forma que na Árvore da Vida, que no fim representam o mesmo conceito. Assim, foi fácil para eles chegarem à conclusão de que o universo era uma estrutura interligada em todos os sentidos, desde a Mente infinita de Deus, até a mais ínfima parcela da natureza, passando, é claro, pelo homem como seu canal principal. Destarte, eles deduziram que cada membro do corpo humano foi feito para cumprir um dos mandamentos prescritos na Torá, e cada dia do ano para santificar a ação do homem, na sua labuta para cumpri-los.[197]

Porém, tão importante quanto essa relação mística entre Deus e o homem é o conteúdo religioso, sociológico, moral e legal que o Decálogo veicula. Esse conteúdo pode ser resumido na relação a seguir.

Mitzvot: os Dez Mandamentos

1. Monoteísmo

O primeiro mandamento, "Não terás outros deuses diante de Mim" (Êxodo: 20:3), está associado a Kether, a coroa da criação, pois o culto ao Princípio Criador de todas as coisas e o reconhecimento que tudo

---

[197]. *A Cabala e Seu Simbolismo*, op. cit., p. 154. De acordo com o Talmude, na Torá existem 248 mandamentos positivos e 365 prescrições negativas. Os 248 positivos correspondem aos 248 membros do corpo humano e as 365 proibições, aos seus 365 vasos sanguíneos.

vem desse Princípio estão acima de toda e qualquer sabedoria que o espírito humano possa adquirir. Ele veicula o conceito primeiro e único que justifica todos os demais: a unidade primordial do Universo, que se expressa em uma única Divindade.

Deus é Único, Deus é Um, é o Princípio Gerador de tudo que existe. A nada nem a ninguém mais se deve prestar culto senão a Ele. Por isso, a vacuidade de todas as religiões quando se arrogam no direito de ser o único caminho que conduz a Deus. Deus não tem religião. Ele só exige a nossa fé, e não importa a forma de culto que escolhermos para demonstrar a nossa fidelidade a Ele. Fé é conteúdo. Religião é forma. Quem coloca a sua forma de adorar a Deus como fundamento da sua crença, na verdade, não tem nenhuma fé.

Assim, a correspondência do primeiro mandamento com a sefirá Kether, que simboliza o início de toda a Criação, é perfeita, pois nos remete ao único e verdadeiro objeto de adoração, que deve ser a Luz de Deus, essência única, a partir da qual todos nós somos formados.

Segundo a ótica cristã, esse mandamento nos concita a amar Deus sobre todas as coisas e este é, sem dúvida, o fundamento maior de toda a nossa vida. A ideia da existência de um Deus único como autor e gestor de toda realidade universal foi a grande contribuição de Israel para a humanidade, pois com isso esse povo inseriu no espírito do homem o conceito da unidade essencial, sem a qual jamais se poderia pôr ordem no caos (*Ordo ab Chaos*).

Até então, havia grande dificuldade entre os povos antigos para entender que Deus é espírito, que Ele não se confunde com pessoas, animais ou forças da natureza, e que estas deviam ser respeitadas, mas não adoradas. Por isso, o primeiro mandamento do Decálogo corresponde à esfera de emanação Kether, pois dela derivam todos os demais, e nenhum deles teria sentido nem consistência se esse primeiro e fundamental preceito fosse desprezado.

2. *Adoração*

A segunda sefirá, Hockmah, corresponde ao segundo mandamento "Não farás para ti imagens de escultura" (Êxodo, 20:4), que veicula o conceito proibitivo da idolatria. Aqui está implícita a ideia, bem cara aos cabalistas, e também aos maçons, de que não se deve praticar idolatria em hipótese alguma. Por isso, a proibição de prestar cultos a ídolos, pessoas, nomes ou a qualquer outro poder que não seja o Eterno Deus. Destarte, esse mandamento corresponde à sefirá Hockmah, que representa, na Árvore da Vida, o seu pilar direito. Nesse artigo da Lei está implícita a verdadeira Sabedoria, ou seja, que Deus é espírito e que a única adoração que se admite é aquela que se presta com o espírito. O resto é respeito, tolerância, amizade, compreensão, solidariedade, amor fraterno, amor romântico, que no fundo são frutos dos sentidos, da necessidade de reprodução, do desejo de ser reconhecido, etc. Esses são todos sentimentos humanos que expressam o nível de aperfeiçoamento moral e espiritual a que pode chegar o homem praticando os preceitos contidos no Decálogo, mas não constituem verdadeira adoração. A verdadeira adoração é uma relação de espírito a Espírito e envolve apenas um emissor (o homem) e um destinatário (Deus).

Não é outra a razão de a Maçonaria ter recepcionado em seu ritual uma clara referência ao princípio hospedado nesse artigo. No Grau 32, por exemplo, é veiculada a alegoria da Cripta das Grandes Luzes, onde são colocadas oito colunas, as chamadas Colunas da Sabedoria, nas quais oito dos maiores pensadores e fundadores de doutrinas religiosas e filosóficas são homenageados. E em uma nona coluna, o resultado dessa comunhão de pensamento, que é o Pentagrama Sagrado, o símbolo máximo da Iluminação. É nesse sentido que a Maçonaria entende que todas as manifestações do espírito humano são dignas de respeito e merecem consideração.[198] Mas o único objeto de culto deve ser a Luz, porque ela é a verdadeira emanação do Espírito de Deus no mundo. Respeito, homenagem, consideração a tudo que o homem pensa e produz sim, mas adoração somente se deve ao que vem da Mente Divina.

Dessa forma, quando associamos a sefirá Hockmah (Sabedoria) com o segundo mandamento do Decálogo, estamos a dizer que todas as grandes almas e forças da natureza merecem respeito e reverência, mas somente a Deus devemos prestar culto. Essa divisa também é adotada no ritual do Grau 33, em que se diz que *Deusmeumquejus,* pois d'Ele é o único julgamento que realmente vale.[199]

3. Reverência

No terceiro mandamento do Decálogo, temos o preceito que nos diz: "Não jurarás em vão o Nome do Eterno". Na Árvore da Vida esse preceito corresponde à terceira sefirá, chamada Binah, a Compreensão.

---

198. Cf. o Ritual dos Graus 32 e 33 do REAA.
199. Segundo ritual do Grau 33, o Deus que a Maçonaria reconhece não é feito à imagem do homem, nem tem suas fraquezas e paixões. Ela não o define, como também não define o princípio da imortalidade da alma, deixando a cada um a liberdade de fazê-lo, conforme sua razão e sensibilidade.

Já vimos que o verdadeiro Nome de Deus é uma Palavra Sagrada que contém poder e, como tal, não deve ser pronunciada em vão. Pois, se o mundo se constrói a partir das combinações feitas com as letras desse Nome, usá-lo em vão, sem o devido cuidado e critério, também é um pecado sem perdão, pois o que daí se origina só pode ser para o mal. Compreender isso é saber que o poder do conhecimento deve ser utilizado única e exclusivamente para a construção da obra de Deus e para a manutenção do equilíbrio entre as forças que atuam nessa construção. É prestar ao Nome Sagrado a devida reverência.

Não é outro o entendimento do simbolismo cultivado na Maçonaria, que se refere ao Inefável Nome de Deus. Essa alegoria, como vimos no capítulo IX, foi recepcionada no catecismo maçônico como um tema de fundamental importância para a compreensão do ensinamento que se transmite na Ordem.

Para os praticantes da Arte Real, esse tema está ligado à Geometria, pois, como vimos, é por meio dessa disciplina que as formas do mundo são modeladas. Binah é uma sefirá que simboliza a essência feminina do Criador e a Geometria é uma espécie de útero do mundo. Todas as formas existentes no universo são produzidas segundo um princípio geométrico.

Por isso a letra G, na Maçonaria, simboliza o próprio mistério maçônico, pois mostra o universo se manifestando em forma de uma estrela luminosa (que é a letra Yod, do alfabeto hebraico). E sua inserção entre as pernas cruzadas do esquadro e do compasso em posição côncava/convexa é uma clara alusão ao mundo mágico que nasce pela conjunção dos dois símbolos do operador maçom na realização do seu trabalho.

Não é difícil ver, na simbologia desse desenho mágico, a ideia de uma cópula e um parto, que se dá pelo entreleçamento do esquadro e o compasso e o surgimento de uma estrela (o G de Geometria) entre as pernas dos dois instrumentos.

Essa era, de fato, uma crença muito divulgada entre os maçons medievais, que viam na aplicação da Geometria o ápice do conhecimento que um arquiteto devia adquirir. Essa tradição, que foi inspirada no pitagorismo, dizia que nenhum profissional de construção poderia ser elevado a Mestre sem conhecer, a fundo, a disciplina das formas geométricas.[200] Era uma crença que, como vimos, estava fundamentada

---

200. *A Franco-Maçonaria Simbólica e Iniciática*, op. cit.

na ideia que os maçons medievais tinham do universo como sendo um edifício que se constrói segundo um plano traçado pelo seu Grande Arquiteto, plano esse que Ele teria revelado nas instruções dadas a Moisés para a construção do Tabernáculo e depois copiadas na estrutura do Templo de Salomão, em Jerusalém.

Ao dizer que nenhum dos nomes de Deus adotados pelo homem é considerado pela Maçonaria como certo e definitivo, o Ritual do Grau 14, por exemplo, sugere que o maçom deve admitir como verdade suprema a existência de Deus, sem lhe dar nenhum nome nem tentar fazer d'Ele qualquer imagem. Isso porque, conforme diz o ritual, o espírito humano já tem uma ligação direta com a Essência primeira e única de todas as coisas e não necessita de nenhuma outra forma de contato com a Divindade, a não ser aquela que ele desenvolve no seu próprio interior. É assim que a sefirá Binah, que significa Compreensão, pode ser associada ao terceiro mandamento, que nos manda não usar o Sagrado Nome de Deus em vão. Porque esse nome é a senha para o Supremo Poder. Assim, fecha-se o simbolismo associado ao primeiro triângulo da Árvore da Vida, que é formado pela trindade sefirótica Kether, Hockmah e Binah. Sendo Kether o Princípio que dá nascimento a todas as coisas, Hockmah a Sabedoria que nos dá o conhecimento e Binah a Compreensão que dá forma a esse conhecimento.

4. Missão

A quarta sefirá, Hesed, que significa Misericórdia, corresponde ao quarto mandamento, que nos diz: "Lembra-te do dia do Sabbath e santifica-o", pois assim o próprio Criador o fez (Êxodo, 20:8,9). Como diz Michael Berg, nada na Cabala é mais fundamental que o conceito do Sabbath e a sua observância.[201]

O Sabbath ou Shabat (sábado, o sétimo dia) é o dia consagrado ao Senhor. Por isso a legislação hebraica proíbe que se faça qualquer trabalho nesse dia, pois ele deve ser conservado para a adoração do Eterno Deus. Para os cabalistas, o Shabat é o dia em que a *Shehiná* entrou no mundo, por isso esse era o "Dia da Cabala", ou seja, o dia sagrado em que Deus consumou sua presença entre os homens. É o dia em que a Luz do mundo superior penetra no mundo profano em que o homem vive durante a semana. O Shabat é o dia do Senhor, quando o homem deixa todas as suas atividades e passa o dia em orações e louvores ao Eterno

---

201. *O Caminho*, op.cit.

Deus. Honrar o sábado é, pois, honrar o próprio Deus, como bem viu Leonora Leet.[202]

No artigo da Lei prescrito no Decálogo, o que se consagra, na verdade, é a obra feita. A obra de Deus e a obra do próprio homem. Digno de descanso é aquele que trabalhou de verdade, o que cumpriu a sua missão. O Senhor trabalhou seis dias e no sétimo descansou.

O homem deve trabalhar e descansar, assim como a terra. Por isso Israel contemplava em sua legislação, a cada sete anos, o Ano Sabático, em que nada se plantava. Isso proporcionava à terra um descanso para que ela se recuperasse do cultivo nos seus anos anteriores. E com isso Deus mostrava sua misericórdia com Israel, mantendo sempre férteis as suas terras.

O trabalho é a fonte de toda a riqueza. Por isso, encontramos nos ritos maçônicos fartas referências ao valor do trabalho e seu sucedâneo, o direito ao descanso e ao lazer. Especialmente no ritual do Grau 22 (o Cavaleiro do Real Machado) a temática é específica nesse sentido: "O trabalho é a condição da Vida. Será que a vida do homem é concebível sem atividade? Não estará nela uma forma especial e superior? Veles ou durmas, perseguem-te as ações e as reações que implicam esforços por vezes mecânicos e obscuros, por vezes procurados e conscientes, mas sempre incessantes e contínuos.

A própria morte não põe termo a esse trabalho. A vida nasce da morte. O pensamento, como o movimento, é indestrutível em seus efeitos. O trabalho é condição de progresso. Se tuas necessidades não crescerem a ponto de se lhe assegurarem novas satisfações, serás, ainda, um antropoide encerrado na negligência de sua vida tropical, onde seria suficiente estender a mão para colher os frutos necessários a sua alimentação. Toda invenção exige esforço, às vezes intelectual e muscular; nesta colaboração está a parte da Inteligência que engrandece cada vez mais; porém, é sempre trabalho.

Ama, pois, o trabalho, este instrumento dos fortes, esta arma dos fracos, este consolo dos aflitos.

Ama-o não somente pelo prazer que experimenta toda criatura no desenvolvimento normal de suas faculdades, mas também pelos frutos que traz, pelo domínio que ele te dá sobre as forças brutais da Natureza e pelos serviços que ele permite prestar a teus semelhantes."[203]

O trabalho consciente e honesto produz obra perfeita que fala por si mesma e é a melhor fiadora do seu autor. A obra do homem é a sua

---

202. *A Kabbalah da Alma*, op. cit., p. 89.
203. Cf. o Ritual do Grau 22.

missão. Feita a obra e, se ela é boa, pode o homem, finalmente, descansar. Assim ensina a doutrina do *Guilgul neshamot*, a teoria da reencarnação, conforme desenvolvida pela doutrina da Cabala. E aí está, também, a razão de a Maçonaria ter se desenvolvido sobre as bases do trabalho, ou seja, o trabalho do construtor.

5. Respeito

A quinta sefirá, Geburah, que na Árvore da Vida está associada ao conceito de Julgamento, corresponde, no Decálogo, ao mandamento "Honrarás teu pai e mãe" (Êxodo, 20:10).

O conceito de Julgamento aqui está no fato de que não terá o respeito de seus sucessores aquele que não o prestar aos seus próprios antecessores. A família humana só pode realizar o seu fim se a cadeia de transmissibilidade, tanto biológica quanto cultural e espiritual, não for quebrada. Esse é o motivo de a lei mosaica votar tanta importância à questão sucessória e à própria linhagem da família, pois é nessa tradição que se assentam a força e a estabilidade da comunidade. Na Cabala este princípio também reflete na teoria da reencarnação, pois o *Guilgul neshamot*, que revela o processo segundo se dá a transmigração das almas entre parentes consanguíneos, tem amparo no fato de o núcleo familiar ser o próprio catalisador desse processo.[204]

A ideia de unidade e respeito ao núcleo familiar era uma tradição muito cara aos israelitas. O próprio rei Salomão, ao construir o Templo de Jerusalém, assentou em seus pórticos as duas colunas chamadas de Booz e Jakin, que significavam estabilidade e força, com isso querendo dizer que, enquanto Israel se mantivesse fiel a Deus e seguisse seus mandamentos, mantendo-se unida como se fosse uma única família, a comunidade israelita seria estável e forte. Foi nesse sentido que a *Knesset Yisrael*, a comunidade de Israel, foi instituída como uma verdadeira confraria, formada por membros que deveriam servir como sacerdotes de uma causa, tal qual se pretende serem os maçons em sua prática.

Não é outra, também, a razão de a Maçonaria ter estabelecido como um dos seus mais fortes fundamentos a tradição familiar e a união fraterna entre seus membros. Maçom é homem de família, sendo a própria Ordem uma confraria em que os laços de sangue são substituídos por um compromisso de honra que concita os seus membros a se reconhecerem como Irmãos. E, nessa conjuntura, aceitar como sobrinhos os

---

204. Ver capítulo XVII, sobre o significado do conceito *Guilgul neshamot*.

filhos do Irmão, como pais e mães seus progenitores e como cunhadas suas esposas.

Assim, ao associarmos o quinto mandamento à sefirá Geburah, que simboliza Julgamento, estamos proporcionando a nós mesmos um verdadeiro critério de justiça, pelo qual seremos julgados: aquele que trai a própria família receberá a justa paga por sua traição. E, como todo maçom sabe, essa fidelidade, que no Decálogo se define como respeito aos nossos antecessores, é, na Maçonaria, uma verdadeira cláusula pétrea. Maçom jura fidelidade aos seus Irmãos e à Ordem. E por extensão à sua própria família, que nela está incluída. A quebra desse juramento implica um julgamento bastante severo perante os seus pares.

6. Beleza

A sexta sefirá, Tiphereth, na Árvore da Vida corresponde à noção de Beleza. No Decálogo ela reflete o sexto mandamento, "Não matarás", que nos concita a não cometer homicídio (Êxodo, 20:13).

Com efeito, se o universo é um organismo único e tudo que se faz contra uma de suas mínimas partes repercute no todo, então o atentado contra uma vida é uma violação contra todas as vidas existentes no mundo. Portanto, aquele que comete homicídio atenta contra a beleza da Obra de Deus, pois a mutila.

Destarte, a analogia aqui feita é perfeitamente válida, e a sabedoria dos mestres cabalistas que compuseram o desenho da Árvore da Vida e a sua correspondência com os conceitos morais de uma sociedade sadia se mostram aqui em toda sua plenitude.

Até porque a beleza só se sustenta na integralidade. Belo, como diz Charles Hoy Fort (*O Livro dos Danados*, 1910), é o que é completo. O que se mostra em toda sua inteireza, na unidade do seu todo. O que é mutilado, separado, decomposto, sem vida, é feio.

Portanto, só há beleza na união que forma um ser completo. Não existe beleza na separação, somente na união. Por isso a Maçonaria trabalha com esse conceito como um dos mais importantes temas do seu catecismo. Essa é a razão, por exemplo, de as seções consagradas ao simbolismo (a Loja dos Aprendizes) serem abertas com o Salmo 133, que consagra a fraternidade e a união; e as suas colunas, uma delas ser consagrada à Fraternidade e a outra à Beleza. Essa ideia foi bem colocada pelo Cavaleiro de Ramsay ao discursar aos maçons franceses por ocasião da implantação do Rito Escocês nas Lojas da França.

"O mundo todo não passa de uma República onde cada nação é uma família e cada indivíduo, um filho. É para fazer reviver e espalhar estas máximas essenciais, emprestadas da natureza do homem, que nossa Sociedade foi inicialmente estabelecida. Queremos reunir todos os homens de espírito esclarecido, maneiras gentis e humor agradável, não só pelo amor às belas artes, mas ainda mais pelos grandes princípios de virtude, ciência e religião, onde os interesses da Fraternidade se tornam aqueles de toda a raça humana, onde todas as nações podem recorrer a conhecimentos sólidos, e onde os habitantes de todos os reinos possam aprender a valorizar um ao outro, sem abrir mão de sua pátria."[205]

Na união fraterna está a beleza da prática maçônica. E, no culto à vida, a justificativa da sua existência. Por essa razão os israelitas adotaram esse preceito em que o homicídio, tão comum entre as civilizações antigas, se tornou crime passível de pena capital. Esse preceito visa justamente à preservação da união comunal e da fraternidade que deveria vigorar entre o povo de Deus, e, por extensão, em toda a humanidade. Nessa ideia de unidade do universo está a beleza da obra de Deus.

7. Fidelidade

A sétima sefirá, Netzach, que vem ornada pelo conceito de Eternidade, corresponde ao sétimo mandamento: "Não cometerás adultério" (Êxodo, 20:14).

O adultério é um comportamento vicioso que está relacionado com o equilíbrio da família humana. Não raras vezes, esse comportamento é o responsável pela destruição do vínculo familiar. Por isso, na tábua dos valores morais de uma sociedade sadia, o casamento assume um caráter sacro e a fidelidade que a ele se associa é a maior garantia da estabilidade da família. Não há nada mais belo e santo que uma família estável, em que a fidelidade conjugal é praticada.

Por isso, a sétima séfira, Netzach, que na Árvore da Vida corresponde ao conceito de Eternidade, no Decálogo corresponde ao sétimo mandamento, que condena o adultério. É na perenidade da família, da união, da descendência legítima e não abastardada, no núcleo sacrossanto do clã, que a humanidade encontra a sua força para evoluir e prosperar, transmitindo de geração a geração o aperfeiçoamento conquistado em cada experiência familiar. A fidelidade conjugal consagra, pois, a perenidade da espécie humana, que só pode ser garantida pela união dos casais em perfeita consonância. Ressalte-se que o comportamento sexual promíscuo também é condenado pelas regras morais adotadas

---

205. Discurso pronunciado por André Michel de Ramsay em 1738. Cf. *A Franco-Maçonaria Simbólica e Iniciática*, op. cit.

pela Maçonaria, e o Irmão que o comete é passível de julgamento pelos seus pares.

E quando falamos em fidelidade não estamos nos referindo apenas ao respeito que deve existir entre os casais, mas, sim, aurindo um arquétipo de fundamental importância em todas as relações que envolvem os seres humanos. Maldito é todo aquele que trai a confiança de seu irmão. Por isso a fidelidade é cláusula pétrea na instituição maçônica e a sua traição é um crime tão grave quanto o era o adultério para antigos israelitas.

Esse pensamento é recepcionado em várias passagens do ritual maçônico. Especialmente no Grau 17, em que se diz: "A Boa-Fé e a Fidelidade são as Virtudes que vos farão o nome glorioso de maçons do Oriente e do Ocidente. Boa-Fé para achar a Verdade, Boa-Fé para proclamá-la e Boa-Fé para defendê-la. Fidelidade para assumir os compromissos assumidos, de homens para homens, de nação para nação.

Abjuremos para sempre a máxima nefanda que separa a Moral Política da Moral Social. Sustentemos que onde não há Boa-Fé não se conhece a honra; que, sem Fidelidade, os infames negociam a consciência."

8. Mérito

A oitava sefirá, Hod, que está associada, na Árvore da Vida, aos conceitos de Esplendor, Reverberação, no Decálogo corresponde ao mandamento "Não furtarás" (Êxodo, 20:15). Aqui se trabalha a ideia de que todo sucesso, seja ele em que campo de atividade for, só tem valor se for conquistado pelas nossas próprias forças, graças às nossas próprias qualidades, pelo nosso próprio mérito. É uma vitória obtida pelo caráter e pela competência pessoal e não pela atividade sub-reptícia, ardilosa, que não cria, não acresce, não produz, mas apenas subtrai. Como tal é a atividade dos ladrões, dos corruptos, dos saqueadores, enfim de todos aqueles que se apossam de bens aos quais não fizeram jus. O verdadeiro sucesso, que reverbera e mostra esplendor, é dos que lutam para construir e não dos que o usufruem sem mérito. No homem de mérito reluz a luz de Deus.

É exatamente o que nos ensina o catecismo maçônico. Por isso encontraremos no ritual de iniciação do Aprendiz uma solene advertência que enuncia: "Ainda uma vez refleti, Senhor: Se vos tornardes maçom, encontrareis nos nossos símbolos a realidade do dever. Não devereis combater somente as vossas paixões, mas há ainda outros inimigos da

Humanidade, como sejam: os hipócritas, que a enganam: os pérfidos, que a defraudam; os fanáticos, que oprimem; os ambiciosos, que a deturpam; e os corruptos e sem princípios, que abusam da confiança do povo".[206]

Nesse simbolismo está assente, portanto, uma regra de equilíbrio que nenhuma sociedade que se queira ter como justa pode ignorar. Somente o mérito deve ser considerado como moeda de aquisição dos nossos bens. E a quem o tem todo valor deve ser conferido.

9. Estabilidade

A nona sefirá, Yesod, corresponde, na Árvore na Vida, ao conceito de Fundação, Estabilidade. No Decálogo, ele expressa o conteúdo moral do nono mandamento "Não darás falso testemunho" (Êxodo, 20: 16). Aqui está inserta a ideia, muito cara aos cabalistas e também aos maçons, de que toda ação é reflexiva e projeta sua consequência sobre o seu autor. Isso simplesmente quer dizer que quem calunia ou difama seu próximo fatalmente será também caluniado e difamado por alguém, como reflexo da sua própria maledicência. O caluniador jamais terá estabilidade moral, social ou econômica, pois aquele que se levanta sobre a própria perfídia será derrubado por ela. Por isso, em todos os rituais dos graus filosóficos da Maçonaria será encarecida aos Irmãos a aquisição de um conceito fundamental de Justiça, no qual o principal tópico se refere sempre à busca e ao testemunho da verdade.

Isso porque sem uma base de verdade não há estabilidade. A comunidade cuja lei se funda em regras de direito promulgadas sem o fundamento de uma noção bastante firme de adesão aos fatos e testemunho da verdade se assemelha a um edifício sem fundações, ou com alicerces postos sobre bases movediças. Não resistirá à primeira intempérie.

O falso testemunho é a perversão da verdade. Aquele que testemunha em falso (e aqui também está incluída a mentira), seja por qual motivo for, não merece nem a alcunha de homem e muito menos de maçom. É preciso lembrar que muitos Irmãos pereceram em masmorras e em campos de concentração por se recusarem a quebrar seus compromissos com a verdade e com a fidelidade que deviam a seus Irmãos e à Ordem. Dessa maneira, quando se estabelece a correspondência entre a sefirá Yesod, que na Árvore da Vida exprime o conceito de Fundação,

---

206. Cf. o Ritual do Aprendiz.

Estabilidade, o que está na base desse simbolismo é o próprio conceito sobre o qual a Maçonaria se fundamenta, ou seja, o da Verdade.

10. Probidade

Na décima sefirá, Malkuth, associada ao conceito de Reino, encontramos o termo moral correspondente, que reflete o conceito de produto, resultado. Esse termo, no Decálogo, nos remete ao mandamento número dez que nos comanda: "Não cobiçarás as coisas alheias" (Êxodo, 20:17).

Esse mandamento, como é óbvio, refere-se ao nosso próprio estabelecimento como unidade familiar e social, em que os nossos bens, o nosso patrimônio, seja ele econômico ou cultural, deve ser respeitado e defendido. Toda a estabilidade social depende desse respeito, razão pela qual o instituto da propriedade privada ganhou relevância em todos os ordenamentos jurídicos experimentados pela sociedade humana até hoje. Nem os sistemas políticos que optaram pelo comunismo total dos bens da sociedade ousaram abolir por completo essa noção, já que ela faz parte da natureza humana. Portanto, no conceito de Reino, implícito na sefirá Malkuth, está o próprio fundamento do homem como célula social, ou seja, de que aquilo que é seu corresponde ao seu próprio reino.

Aqui está implícita também a ideia de que todo bem, quando é obtido por mérito, como resultado do trabalho honesto do homem, é santificado e deve ser defendido. Aqueles que não o obtiveram desse modo não têm o direito de cobiçá-lo nem exigir que seja compartido, senão na forma como a ordem jurídica e social da nação o determinar. Por isso, a Maçonaria incentiva a iniciativa privada e entende como justa toda riqueza que o indivíduo amealha com o resultado do trabalho honesto e digno. O que é nosso é nosso e o que é do outro é do outro. É o princípio da identidade sendo aplicado ao sistema econômico para se fazer verdadeira Justiça.

Essa é a razão pela qual a Maçonaria também dedica uma larga parcela dos seus ensinamentos para tratar da ordem política e social, levando para os seus capítulos várias especulações sobre esses temas. E, como desdobramento deles, um estudo sobre a questão da tributação, sendo esta, se bem aplicada e administrada, a fórmula mais perfeita de se alcançar a justiça social.

Por fim, é importante lembrar que o Reino do maçom é a sua casa, a sua família e o seu país. Por extensão, a Fraternidade que ele adotou como parte da sua vida. Tudo é parte da República da qual Ramsay falava. Por isso, na Árvore da Vida, esse Reino se realiza em Malkuth, sendo essa sefirá associada ao resultado final de toda a obra realizada.

Berur, templos à virtude, masmorras ao vício

Toda essa correspondência entre os termos do Decálogo e a "ordem social perfeita", perseguida pela Maçonaria, pode ser encontrada nos ensinamentos de Isaac Luria. Pois ali se aprende que a *Tikun* (a restauração da ordem rompida pelo pecado de Adão) só será conseguida pela prática do *Berur*.

Berur, ensina Scholem, é palavra hebraica que significa "seleção", ou seja, é a eliminação dos fatores negativos que perturbam a justa ordem, por meio de um processo semelhante àquele que os maçons desenvolvem no ritual do Grau 30 (o Cavaleiro Kadosh) com o uso da alegoria da Escada Mística.[207]

No caso da Cabala, esse processo se realiza pelo cumprimento dos *mitzvot* (mandamentos), os quais visam eliminar as "cascas" profanas que se mesclam ao sagrado da alma humana, liberando-a para se unir com o seu Criador. Ou, como diz Gershom Scholem, "Enquanto a última centelha divina (nitzotzot) de santidade e bem que caiu no tempo do pecado primordial de Adão no reino impuro das kelipot [...] não tenha sido colhida outra vez à sua fonte [...], o processo de redenção social não está completo. Então é deixado ao Redentor, o mais santo dos homens, cumprir o que nem a mais justa das almas no passado foi capaz de fazer: descer até os portões da impureza no reino das kelipot e resgatar as centelhas divinas aprisionadas lá. Tão logo essa tarefa seja cumprida, o Reino do Mal entrará em colapso, pois sua existência só se torna possível pela presença dessas centelhas em seu meio".[208]

Na Maçonaria, essa concepção se realiza na alegoria "levantar templos à virtude e cavar masmorras ao vício".

Eis, assim, estabelecida a correspondência conceitual entre a proposta filosófica contida na Árvore da Vida e o edifício legal e moral que se veicula nos comandos do Decálogo. Como toda visão gestáltica, ela só pode ser entendida com a lógica do espírito e analisada pelo método analógico-comparativo, pois aqui se trata de conceitos, e conceitos, como já vimos, pertencem à categoria dos arquétipos, coisas incorpóreas, universais, que podem caber nos mais variados contextos.

---

207. *A Cabala e Seu Simbolismo*, op. cit., p. 156.
208. Citado em *A Kabbalah da Alma*, p. 53.

Dessas analogias, entretanto, nós podemos tirar importantes ensinamentos morais que enriquecerão o nosso espírito e poderão nos guiar pelos caminhos do aperfeiçoamento pessoal, em vários sentidos, como a própria doutrina da Cabala nos sinaliza e a prática da boa Maçonaria nos concita.

CAPÍTULO XVI

O Processo Cármico

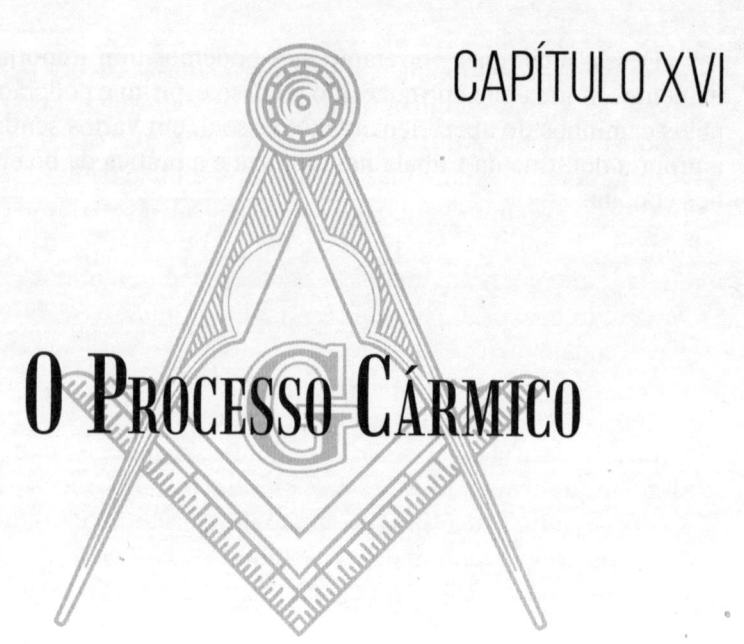

O sentido da vida

A vida tem sentido? Essa pergunta tem sido feita desde que o primeiro homem adquiriu consciência de si mesmo e perguntou-se o que ele era no contexto geral da natureza e qual seria o seu papel nesse processo todo. Nascia, concomitantemente com esse questionamento, esse estranho campo de investigação do pensamento humano, que é a ontologia.[209]

Na Bíblia, esse questionamento já aparece em especulações feitas pelo filósofo quando questiona a vida efêmera do homem sobre a Terra: "o que é o ser humano para que Tu o magnifiques, voltes a ele Teu coração e lembres dele a cada manhã, para testá-lo a cada instante?"[210]

O filósofo que fez essa especulação não tinha, como é óbvio, as dúvidas levantadas por Platão e Aristóteles, nem por pensadores mais recentes, como Kant, Spinoza, Nietzsche, Sartre e outros que se debruçaram sobre essa espinhosa questão de encontrar uma razão de existir e ser como somos, em um mundo onde a vida só parece ter o valor que nós mesmos lhe damos e, por isso, ela seria apenas uma jornada entre o ser e o nada. Ele, como se percebe, tinha uma noção já bem formada

---

209. Ontologia (do grego *ontos* + *logoi*) é o "conhecimento do ser", parte da Filosofia que trata da natureza do ser como existência física e das causas transcendentais que sustentarão essa existência.

210. Jó (7:17,18).

do objetivo da vida humana e, ao perquirir sobre as ocorrências do bem e do mal na vida do homem, as atribuía a Deus, e por essa razão todo questionamento era inútil.[211]

Isso porque os israelitas, ao intuírem a ideia da existência de um Deus único, acabaram também dando resposta a essa questão, situando o homem no centro de um processo divino de construção cósmica, que tem início, meio e fim. Com isso, eles desenvolveram uma escatologia em que tudo converge para um resultado, no qual o ser humano é um ator de fundamental importância, mas sobre a qual não tem qualquer interferência.[212]

A questão da finalidade da vida e da importância do homem no processo de construção e desenvolvimento do universo sempre foi tema central em praticamente todas as especulações filosóficas e religiosas. O taoismo, antiga filosofia dos chineses, por exemplo, também dava pouca importância ao homem na condução desse processo, embora fizesse dele o agente responsável pelo preenchimento do vazio cósmico, pois, sendo ele o estofo da chamada "Cem Famílias", era para ele que o Tao, Princípio Único que dá origem e comanda todas as coisas, atuava.[213] Todavia, para os taoistas, o homem, individualmente considerado, tinha um significado e uma importância apenas factuais. Um dos mais significativos versos do *Tao Te Ching*, o livro basilar dessa filosofia, diz: "O Céu e a Terra não são humanos; Não tem qualquer piedade; Para eles milhares de criaturas são como cães de palha que serão destruídos no sacrifício".[214]

Isso quer dizer que a natureza, para realizar sua missão, não se importa com nossos desejos e esperanças. Nós somos parte de uma engrenagem que realiza um trabalho e nada mais. Essa ideia é a que transparece no formidável texto bíblico de Jó.

Já a filosofia vedanta, desenvolvida pelos sábios do Hinduísmo, concede ao homem uma grande responsabilidade nesse processo. Porém, eles entendem que sua atividade é, de certa forma, nociva, pois o homem, agindo sempre pela força do ego, acaba criando um mundo ilusório (maya), eivado de culpa e maldade, que o faz gerar um carma ruim para si mesmo. Dessa forma, toda a atividade humana estaria

---

211. Referência à obra de SARTRE, Jean Paul. *O Ser e o Nada*. São Paulo: Círculo do Livro, 1986.
212. Escatologia (do grego εσχατο "último", mais o sufixo logia) é uma parte da teologia e da filosofia que trata da consumação da História ou do destino final do gênero humano.
213. As "Cem Famílias", no Taoismo, é designativo de humanidade.
214. *Tao Te Ching*, op. cit., p. 10.

sujeita ao dilema do agir ou não agir, pois não agindo o homem sujeita seu ego a uma imobilidade que o isenta de culpa, ao passo que, agindo, a sua culpa se acumula. Daí a filosofia dos Vedas ter se preocupado em encontrar uma fórmula para resolver esse impasse.

Um dos caminhos encontrados pelos sábios que estudaram essa questão foram a Ioga e as técnicas de meditação. Elas surgiram como maneira de purificar a mente das impurezas da matéria e, com isso, alcançar a iluminação. Esse é o catecismo seguido pelos iogues e pelos adeptos da mentepsicose, incluindo nesse rol os seguidores de Sidarta Gautama, conhecido como Buda.

Outra rota para esse conhecimento é preconizada pela *Baghavad Gita*, a *Sublime Canção*, um dos livros sagrados da religião dos hindus que pretende ensinar o caminho para essa realização por meio do reto agir, ou seja, uma fórmula de autoconhecimento, mediante a qual o homem pode realizar as ações corretas sem se contaminar pelos desejos egoístas e, assim, isentar-se de culpa. No fundo, a poesia da Guita se assemelha aos preceitos da doutrina socrática, no sentido de que só pode descobrir o sentido da vida aquele que aprende a conhecer a si mesmo.[215]

O que diz a Cabala

O conhecimento de si mesmo é também o caminho proposto pela Cabala, como veremos no desenvolver deste estudo. Isso porque, nessa tradição, há um processo que se inicia a partir de um *princípio*, desenvolve-se segundo uma *finalidade* e termina com um *resultado*, que é aquele que está na mente da Divindade articuladora de tudo isso. Essa entidade, que no caso é Deus, no entanto, não é algo tangível e passível de entendimento pela mente humana, como sói acontecer com a doutrina do Cristianismo, que humanizou o conceito de Deus colocando-o no nível de um soberano, ou um "pai" de família, como o faz Jesus com sua noção de um pai zeloso (Abba), que chega inclusive a mandar seu próprio filho para servir de vítima sacrificial para salvar a humanidade pecadora do castigo que se torna inexorável no fim da consumação escatológica dos tempos.

Essa, pelo menos, é a ideia que Jesus expressa em sua noção de um fim de mundo, com consequente julgamento de vivos e mortos e

---

215. KRISHNA. *Bhagavad Gita*. Tradução de Huberto Rohdein. 11. ed. São Paulo: Martin Claret, 1990.

atribuição de penas e premiações, segundo os méritos conquistados por cada alma.

Mas na Cabala não é assim. Aqui o processo é bem mais complexo do que a simples fabulação imaginada pelo severo redator da versão cristã do Apocalipse, que vê o mundo como palco de uma guerra entre as forças do mal (Satanás) e as forças do bem (o Cristo Jesus), com uma vitória final deste último.

Na Cabala, como veremos quando falarmos da questão da reencarnação, não se trata de um julgamento divino entre o bem e o mal, mas de um processo de desintegração e reintegração da energia que nos dá existência, o qual ocorre não só entre as criaturas humanas e o seu Criador, mas também entre todas as coisas existentes no universo. Em resumo, a crença cabalista é que tudo sai do Princípio Criador, cumpre a sua finalidade com certa dose de livre-arbítrio e, por fim, volta ao Princípio que o criou, porque ele, o Princípio, é único, e dele nada se perde, nem a ele nada se acrescenta. Isso significa dizer que nós somos centelhas de energia, saídas de um Centro Único irradiador, cumprimos a finalidade pela qual dele saímos, e voltamos a esse Centro Irradiante, talvez para um novo começo, em outra formulação.

Carma é ação

Literalmente, como sabemos, a palavra "carma" significa "ação". É uma vontade que inicia um movimento em algum tempo no passado e tem um efeito em algum outro tempo no futuro. Não precisa ser o passado anterior a nós, nem o futuro posterior a nós. Pode ser o nosso próprio intervalo de vida, embora a doutrina da Cabala acredite na existência de vidas passadas e pregue a possibilidade de vidas futuras, com consequências que se transmitem de uma vida a outras.

Isso quer dizer que o nosso sofrimento atual pode ser o resultado de pecados cometidos em vidas passadas, e poderemos pagar em vidas futuras os erros que estamos cometendo agora. Ou, ao inverso, se estamos bem agora, pode ser consequência da nossa virtude anterior, ou, então, a nossa virtude e felicidade em uma vida futura serão consequência do bem que fazemos nesta. Assim, inferno e paraíso ficam mais próximos ou mais distantes de nós, e o caminho para um ou para outro fica bem menos incerto que na doutrina cristã ou islâmica. Existem mapas bem precisos que nos levam a um ou outro lugar. Esses mapas são traçados por nossas ações. Dessa forma, para a Cabala, viver é uma jornada de aprendizado no tempo, no decorrer da qual podemos eliminar todas as "cascas" (as *kelipots*) que aderem à nossa alma em consequência das nossas experiências pelo reino da matéria.

Carma não significa necessariamente uma coisa negativa, como usualmente se pinta. As pessoas costumam dizer, quando acontece alguma coisa ruim, que "isso é o carma de fulano". Uma grande bobagem. Carma é apenas o resultado de uma ação. O carma é neutro. Não tem nada a ver com recompensas divinas. Ele é o resultado do funcionamento da lei do equilíbrio universal, perante a qual todo movimento, por menor e mais imperceptível que seja, provoca uma reação em algum lugar, que, por sua vez, terá de ser compensado por outro movimento. É a lei da ação e reação.

Ou seja, matéria e espírito constituem duas realidades inseparáveis. Uma não existe sem a outra, uma não se desenvolve sem a outra. Assim, a negação da matéria é a negação da própria vida. Porque só vivendo é que se pode perseguir a perfeição que nos fará, novamente, dignos de compartilhar da qualidade do divino. Da mesma forma que o sagrado se atinge pela transcendência do profano, espírito é matéria que foi transformada em elemento sutil. Essa é uma diferença essencial entre a visão da Cabala e da Gnose, pois, como vimos, no universo gnóstico, toda matéria é má.

A transformação da energia em matéria e da matéria em energia faz do universo um animal único, um organismo tecido por uma rede de relações, indissociáveis e interligadas por todos os pontos. Nesse organismo, a lei do carma atua como um sistema dinâmico, autoajustável, que emite um *feedback* constante, funcionando de acordo com a quantidade e a qualidade do aprendizado adquirido em cada experiência que vivemos. Assim, a reação que temos com o resultado delas é mais importante do que a própria experiência. Porque não é o ato em si que se julga, mas como reagimos a ele. É o resultado da nossa reação que importa, pois é ele que nos levará ao refinamento da virtude ou ao fortalecimento do vício.

Lei da causa e efeito

Destarte, podemos dizer que não há nenhum desígnio divino a fundamentar o conceito do carma, porquanto ele é um processo e, como tal, já tem o seu próprio rito de desenvolvimento. Está solidamente fundamentado em uma lei natural: a lei da causa e efeito. Assim, fica bem mais fácil para uma mente ocidental entender o processo cármico que compreende a mecânica que fundamenta o Maktub, conceito análogo que trata desse tema na crença dos muçulmanos. Porque a lei do carma combina muito bem com a noção, bastante cristã, diga-se de passagem, do livre-arbítrio, enquanto no Maktub não há vontade humana que possa modificar o curso do processo definido por Deus. Neste, tudo já está escrito. É a vontade de Deus que informa esse processo. Como diz o formidável poema de Omar Khayyam: "O dedo que se move escreve, e, tendo escrito, Se vai. E toda argúcia e piedade, entretanto, Não o trarão de volta a mudar meia linha, Nem as palavras podes apagar com o pranto". [216]

Assim, na doutrina da Cabala, carma não é definido como uma força que está além da nossa vontade, mas, sim, um processo que pode ser modificado pelas nossas próprias escolhas na vida. A lei do carma nos ensina que certos tipos de ação nos levam, inevitavelmente, a resultados similares. É, pois, um processo de causa e efeito, ação e consequência, atitude e resultado.

Quando fazemos algo bom para o mundo (e bom aqui significa uma ação que leva felicidade para o próximo ou melhora as condições de vida no ambiente), cedo ou tarde um resultado proveitoso acontecerá para nós também. Ao inverso, se fizermos algo que prejudique pessoas ou o ambiente, inevitavelmente um resultado danoso para nós também advirá em algum momento.

Parece lógico isso. Afinal, vivemos em mundo onde o movimento circular é a tônica. Tudo que um dia passa por nós tende a voltar em consequência desse movimento. Se jogarmos lixo na rua, ele não deixará que as águas da chuva escorram; o resultado será a inundação que trará o lixo para a nossa porta. Se não educarmos os nossos filhos conforme os nossos valores, eles irão aprender com outros, porque a nossa mente é feita de valores e na ausência deles não existe mente, mas apenas sentidos sem controle nem julgamento; o resultado desse caos é sempre catastrófico. Se matamos ou roubamos alguém, incumbamos o crime em nosso ambiente e, cedo ou tarde, o resultado dele também nos atingirá. Isso é o que, igualmente, expressa o conceito budista de causa e efeito, que na sua essência reflete a lei do carma: *certas causas produzem efeitos particulares que são similares à natureza das causas que os produziram.*

Na Cabala essa é uma sabedoria que os mestres deduziram dos discursos dos sábios eclesiásticos, em que se manda: "Lança o teu pão sobre as águas, porque depois de muitos dias o acharás. Reparte com sete, e ainda até com oito; porque não sabes que mal haverá sobre a terra". [217]

---

216. KHAYYAM, Omar. *Rubaiyat*. Tradução de Manuel Bandeira. Rio de Janeiro: Edições de Ouro, 1966.
217. Eclesiastes, 11.

Quer dizer: nossos guias são nossos olhos e nosso coração. Não adianta querer adivinhar qual é a Vontade de Deus. Mas ela pode ser intuída nas leis da natureza. Quem segue suas leis pouco incindirá em erro.

O processo cármico

A Cabala, portanto, é uma doutrina que mitiga as razões do Ego em proveito de melhor resultado para o espírito do indivíduo e para os interesses da coletividade. Daí o motivo de ela propor uma troca de atributos egocêntricos (apego, aversão, ódio, indiferença, inveja, arrogância, ganância, etc.) por outros menos egoístas, tais como renúncia, desapego, amor, compaixão, humildade, comprometimento, etc., para que o processo cármico possa ser vivido com mais inteligência e proveito.

Portanto, carma é resultado de uma ação intencional, consciente, deliberada e voluntária, e nada tem a ver com destino, fatalidade ou recompensa divina. Por isso é que se diz que as ações sem intenção, como caminhar, dormir, respirar, que não geram consequências morais, constituem um carma neutro. Só geram consequências cármicas as ações cujo arbítrio é inerente à atividade de pensar e agir.

Nessa concepção, a Cabala e o Budismo chegaram a conceitos paralelos e complementares. A doutrina budista ensina que existem três portas de entrada para as atividades prejudiciais ao carma: são o corpo, a mente e a voz. Lista três ações prejudiciais que podem ser praticadas pelo corpo, quatro pela voz e três pela mente. As três ações prejudiciais do corpo são matar, roubar e a prática de comportamento sexual impróprio. As quatro ações prejudiciais da voz são mentir, incitar a prática de atos maldosos, caluniar alguém e repetir inverdades sobre ações de outras pessoas. Já as três ações prejudiciais à mente são a avareza, a raiva e a ilusão. Evitando-se a prática dessas dez ações prejudiciais ao nosso carma, diz a doutrina budista, nós não atrairemos consequências similares para nossas vidas presentes ou futuras.

A doutrina da Cabala, a esse respeito, vai um pouco além. Para os cabalistas, toda causa tem seu efeito, que é proporcional à energia (física e mental) empregada na ação e consoante o seu resultado. Isso quer dizer que as condições que determinam a força ou o peso do carma aplicam-se ao sujeito e ao objeto da ação. Dessa forma, a lei do carma funciona como se fosse um processo judiciosamente julgado por uma inteligência superior, cujos parâmetros de julgamento são:

- A persistência da ação, sem se importar com o resultado: contumácia.
- A intenção da ação e a determinação com que é praticada: intencionalidade e energia empregada.
- A energia mental posta em ação para a estruturação mental da ação: planejamento.
- A inteligência da pessoa que pratica a ação: discernimento.
- Os resultados (bons ou ruins) das ações pregressas da pessoa (em vidas passadas ou na atual): antecedentes.

O princípio da transformação

O conceito cabalístico do carma dá um sentido à vida humana sobre a Terra, respondendo aos questionamentos filosóficos feitos por pensadores e cientistas materialistas, para quem a vida é apenas um fenômeno cósmico, que um dia brotou no universo por força de um mero acaso.

Para estes, a vida não cumpre nenhuma finalidade e só está sujeita às leis naturais. Mas para a Cabala o mundo não está acabado nem foi criado de forma perfeita, como a leitura literal da Bíblia dá a entender. Na verdade, o mundo está sendo erigido como se fosse um edifício eternamente em construção. É um processo que se desenvolve dialeticamente, de contradição em contradição. O perfeito nasce do imperfeito, ou, em outra dicção, o completo do incompleto, para, logo em seguida, ser superado por algo ainda mais elaborado. Assim, a vida é uma eterna procura que não se esgota no ato de viver, mas apenas se consuma no resultado de um processo que pode exigir, embora não obrigatoriamente, a experiência de muitas vidas.

A lei do carma envolve algo mais que o simples conceito da fatalidade. Fundamenta-se no *princípio da transformação*. Ele nos ensina que todas as coisas animadas e inanimadas já estavam incubadas no Princípio que deu origem à realidade universal. Em linguagem técnica, poderíamos dizer que todo o universo já estava informado no núcleo do átomo inicial (a Singularidade de Hawking, ou a sefirá Kether dos cabalistas) que deu origem ao fenômeno do Big Bang. Com a manifestação positiva desse Princípio, deu-se o nascimento do universo material. A energia (o Espírito de Deus, como diz a Bíblia) tornou-se visível e atuante. Assim, tudo que hoje existe já existia no começo e existirá no final desse processo na forma de energia modificada. Porque, nesse processo, nada se cria nem se perde; apenas se transforma.

Nossa alma, que também é energia, já estava presente no início de todas as coisas. Sendo energia que se movimenta, ela capturou massa e adquiriu um corpo material. Como a Energia que saiu de Deus fez em relação ao universo físico.

A matéria, por força de múltiplas transformações, incubou a vida em uma célula. As células se multiplicaram e, por força de milhares de interações, desenvolveram organismos. Assim, nosso organismo é como uma pilha na qual uma imensa energia está armazenada. Essa energia armazenada é que nos dá o que chamamos de vida. Quando a nossa massa corpórea se torna incapaz de conservar essa energia, por força de doença ou velhice, ela a abandona. O corpo volta à terra, de que é feito, mas a alma, que é luz, energia, deveria voltar ao Centro, de onde ela saiu. Ou seja, Deus, núcleo ao qual ela pertence.

A finalidade da reencarnação

Dissemos deveria, porquanto esse seria o seu destino certo, se ela não estivesse contaminada pelas diversas experiências de vida que teve. Mas, como veremos, essas experiências de vida, muitas vezes eivadas de desejos egoístas, que até nos levam a cometer muitos pecados, impedem que a alma se eleve até o seu Criador, pois sobre ela pesam as impurezas que a vida material lhe acrescentou. As nossas sucessivas reencarnações se destinam a eliminar essas impurezas. Nesse processo está o cerne da doutrina da reencarnação desenvolvida pela Cabala.

É uma tese que nos parece bastante lógica. Se o universo começou com a explosão de um corpo carregado de energia é porque havia algo, ou *Alguém*, nas solitudes cósmicas, carregado com essa força. Dele saiu o mundo, em forma de luz, como diz a Bíblia.

Assim, luz é energia liberada. Quando essa luz está presa no seu invólucro material, ela não se manifesta e é pura treva. Quando está livre, ela ilumina toda existência e permite a visão da verdade. Por isso, o conhecimento é sinônimo de iluminação. É *insight*. Liberar a luz interior é livrar a própria alma, a nossa centelha de luz interior, da escuridão.

Einstein, por exemplo, era judeu, e como tal deve ter tido conhecimento da doutrina cabalística, ainda que não a professasse. Mas será coincidência que tenha sido exatamente dele a intuição que permitiu que a mente do homem penetrasse na intimidade do núcleo atômico da matéria, para mostrar à humanidade a potência energética que ela encerra? Só mesmo uma consciência com noção da relação simbiótica que a nossa alma tem com o Princípio Único de todas as causas poderia intuir algo assim. Porque o átomo é uma partícula desse Princípio. Como o nosso próprio DNA, que carrega a informação primordial da nossa conformação orgânica, ele também é um *soft* do universo e contém a informação dele como um todo. Assim também é a nossa alma. Por isso os cabalistas dizem que na vida nada se aprende: apenas recordamos o que já sabíamos, "as coisas que esquecemos quando nascemos".

Cabala, Budismo e Cristianismo

Tudo o que nos acontece na vida é, pois, muito natural. Decorre apenas da nossa própria postura perante a existência. Porcos produzem porcos, abutres produzem abutres, pessoas produzem outras pessoas, minhocas e lagartixas produzem outras minhocas e outras lagartixas. Assim, pessoas más tendem a produzir outras pessoas más e pessoas boas tendem a produzir pessoas boas.

Dizemos *tendem* porque o ser humano tem o livre-arbítrio e a capacidade de mudar o rumo da sua tendência genética e da sua orientação sociológica. Os animais não. Só o ambiente pode fazer isso com eles.

Os seres humanos podem mudar até o ambiente. Por isso é importante entender o que significa, de fato, a lei do carma. Essa lei diz que, para todo evento que ocorre no mundo, obrigatoriamente seguirá outro evento, cuja existência foi causada pelo primeiro; e este segundo evento poderá ser bom ou ruim para a pessoa que o causou se a sua causa foi benéfica para o universo ou não.

Na doutrina budista, um evento útil e benéfico para o mundo é aquele que não foi produzido por cobiça, resistência ou ilusão. No conceito cabalista ele vai além dessas motivações. Os eventos que concorrem para o equilíbrio do universo são aqueles que por livre escolha do ator são produzidos com deliberada intenção de fazer o bem. Não é o bem que comumente chamamos de felicidade, porque este se define como uma satisfação dos sentidos. Ao contrário, é o bem que permite o aperfeiçoamento da pessoa individualmente considerada, da sociedade humana, pensada coletivamente, e do universo, pensado como organismo cósmico. Nesse sentido, às vezes, o que consideramos bondade, piedade, compaixão pode ser prejudicial ao resultado que o mundo precisa.

Assim, muitos eventos produzidos com essas causas (que na Maçonaria chamamos de vícios, ou seja, um evento viciado), na Cabala são chamados de eventos incorretos. São incorretos porque são produzidos por uma forma incorreta ou viciada de pensar. É, em outras palavras, um modo equivocado de usar a mente. A melhor forma de explicar esse aparente paradoxo é o conselho dado por um eminente rabino: "Não se deve ajudar a perpetuar a pobreza e a ignorância oferecendo meios de sobrevivência às pessoas pobres e ignorantes. Deve-se, ao contrário, oferecer a elas meios para que deixem de ser pobres e ignorantes".[218]

O Messias cabalístico

É nesse sentido, por exemplo, que a doutrina da Cabala também não admite a ideia da vinda de um Salvador da raça humana. A raça humana, segundo os mestres cabalistas, nunca se perdeu. Apenas se tornou caótica depois do pecado do Adão terrestre. Assim, o conceito do Messias bíblico se esgota na própria pedagogia que envolve o processo cármico. O Messias, individualmente, é um professor, um mestre que nos ensina uma forma de "organizar o caos". Ele, por si mesmo, não liberta ninguém. Não é um profeta, ou um Deus, que vem para libertar a alma do homem do pecado, nem um guerreiro que vem para nos livrar de um tirano político, mas um mestre que vem (ou já veio e continua vindo) para nos ensinar o caminho da liberdade interior. O Messias cabalístico é o realizador da *Tikun* (ou seja, o restaurador da ordem que foi quebrada com o pecado de Adão). No sentido místico, escatológico, o Messias é a própria nação de Israel, maquete da Humanidade Autêntica, portadora da Palavra (a Torá) de Deus, ferramenta com a qual a Ordem no Caos será restaurada.

A necessidade de um Salvador (da nossa alma) é produto do nosso próprio egocentrismo. O Salvador, como ensinam os cabalistas cristãos, já veio, e disse: "Escolha. Deixe brilhar a sua luz". "Vós sois a luz do mundo. Uma cidade edificada sobre um monte não pode ser escondida. Igualmente não se acende uma candeia para colocá-la debaixo de um cesto. Ao contrário, coloca-se no velador e, assim, ilumina todos os que estão na casa."[219]

Pois, como bem viu Hermann Cohen, é a luz que existe dentro de cada pessoa o verdadeiro Messias que liberta. Dessa maneira, a era messiânica deverá ser uma verdadeira era de cultura, em que o

---

218. *A Cabala*, op.cit.
219. Mateus, 5:14. Versão Soares.

conhecimento estará à disposição de todos, e todos poderão acessá-lo para processar sua própria redenção. É a realização da ideia cristã de que o reino de Deus está dentro de nós. Para a realização dessa ideia será preciso "um Deus único e uma humanidade unificada", o que afasta todo e qualquer ranço nacionalista e toda pretensão messiânica de caráter particular.[220]

E isso nos remete, de novo, ao discurso do Cavaleiro de Ramsay, ao levar para as Lojas Maçônicas da França os princípios da Maçonaria escocesa.[221]

---

220. *A Cabala e Contra História*, op.cit., p. 82 e ss.
221. PALOU, Jean. *Maçonaria Simbólica e Iniciática*, p. 71.

CAPÍTULO XVII

O Processo Cármico e a Maçonaria

O que é a vida?

Quando se considera o universo e a vida que nele habita somente um acidente cósmico sem sentido nem finalidade, perde-se o rumo da própria existência. Para que, então, se preocupar com os rumos do mundo e com o próprio destino individual se, façamos o que façamos, nada disso tem uma finalidade? Se tudo se perde, irremediavelmente, na voragem do tempo e na roda da entropia?

Será a vida apenas um fenômeno físico-químico que um acidente cósmico um dia produziu? Ou terá ela sido produzida como parte de algum projeto que envolve não só o seu próprio desenvolvimento, mas também um plano bem maior, de escala cósmica? E se cada vida fosse o elo de uma corrente que transmite, no tempo e no espaço, a energia criadora que faz do universo um ser vivo e convergente, que por dentro e por fora se metamorfoseia e vai adquirindo contornos e qualidades que, no fim, servem a uma finalidade definida por uma Mente Universal?

São exatamente essas as perguntas e as elucubrações feitas pelo ritual maçônico, quando se interroga pelo sentido da vida. O ritual do Grau 14 do REAA enfrenta essa questão quando o Muito Poderoso Mestre, que conduz os trabalhos do Grau, pergunta: "De onde viemos? O que somos? O que a morte fará de nós? Que é o homem? É apenas um átomo, gestado no corpo da mulher e que progressivamente se organiza, harmoniza-se em suas inúmeras partes? Que cresce, pensa, cai, transforma-se e volta à causa primária, deixando apenas reminiscência de sua última forma ou conservando uma partícula essencial, mutável e mortal?".

Nesse questionamento, a Maçonaria enfrenta a questão metafísica que tem desafiado a mente humana em toda a sua história de vida. Afinal, somos apenas uma sombra que passa, um fenômeno despregado de qualquer sentido, que um dia aconteceu no universo como resultado de causas exclusivamente naturais, ou ele é o desvelar de uma Vontade que se manifesta e percorre um longo processo evolutivo que começou, um dia, em um átomo que rompeu, por um processo ainda desconhecido, os limites da matéria inanimada?

Um maçom não pode acreditar na hipótese materialista, advogada na tese que sustenta ter a matéria as condições suficientes para explicar todos os fenômenos existentes no universo, inclusive a vida. Porque, se adotar essa crença, estará negando qualquer virtude à prática que adotou. Se o fenômeno da vida e, principalmente, a do ser humano, fosse um acaso perpetrado por leis exclusivamente naturais, "um vírus" inoculado na corrente sanguínea do universo, como o definiu uma vez um romancista, então ele não teria um espírito, e não se poderia falar na existência de um Criador, nem haveria qualquer motivo para se tentar uma união com Ele. Tudo que fazemos nesse sentido seria apenas uma simulação fantasiosa. É sob essa perspectiva que Anderson, em suas *Constituições*, diz: "um maçom é obrigado a obedecer à lei moral; e, se ele bem entender da arte, jamais será um estúpido ateu nem um libertino irreligioso".[222]

Um processo dirigido

Se os materialistas estivessem certos, toda religião, bem como toda prática iniciática não passariam de uma distração infantil, que mentes incapazes de conviver com a realidade desenvolvem para mitigar a incômoda impressão de que a nossa existência não tem qualquer finalidade, além daquela que os nossos sentidos nos indicam. Mas, felizmente, temos razões para pensar que as coisas não são assim; que nós não somos apenas matéria desprovida de espírito, seres organizados por leis naturais que só obedecem ao determinismo dos grandes números. O surgimento da vida em meio à matéria universal, como está a indicar

---

222. *As Constituições*, op.cit., p.12.

a metáfora bíblica da Criação, é fruto de um processo dirigido e bem elaborado por quem o projetou e o controla, ou seja, o Grande Arquiteto do Universo.

Mais uma vez é o grande Teilhard de Chardin que nos socorre nessa visão, mostrando como o surgimento da vida resulta de uma síntese que a união dos átomos transforma em moléculas, e estas, também, por um processo de sínteses cada vez mais elaboradas, dão origem ao fenômeno humano. Em páginas de extraordinária lucidez e envolvente poesia, esse grande pensador escreve: "Aqui reaparece, à escala do coletivo, o limiar erguido entre os dois mundos da Física e da Biologia. Enquanto se tratava apenas de um processo de mesclar as moléculas e os átomos, podíamos, para explicar os comportamentos da Matéria, recorrer às leis numéricas da probabilidade, e contentarmo-nos com elas. A partir do momento em que a mônada, adquirindo as dimensões e a espontaneidade superior da célula, tende a se individualizar no seio da plêiade, desenha-se um arranjo mais complicado no Estofo do Universo. Por duas razões, ao menos, seria insuficiente e falso imaginar a Vida, mesmo tomada em seu estágio granular, como uma espécie de fervilhar fortuito e amorfo".[223]

Quer dizer: a vida não surgiu no universo como surgem as bactérias em um processo de fermentação. Ela é, sim, o resultado de um processo, o qual está longe de ser regido apenas pelas leis da natureza. Ela surge como consequência de um *processo dirigido* como se fosse alguém, em uma cozinha, ou um laboratório, trabalhando para fazer um bolo ou para destilar uma bebida. Nesse processo, as bactérias surgem *como resultado do método empregado* e não como obra do acaso, ou da evolução natural do processo. Por isso a notável argúcia do nosso jesuíta complementa o seu pensamento dizendo: "*[...]* os inumeráveis componentes que compunham, nos seus inícios, a película viva da Terra, não parecem ter sido tomados ou juntados exaustivamente ou ao acaso. Mas a sua admissão nesse invólucro primordial dá antes a impressão de ter sido orientada por uma misteriosa seleção ou dicotomia prévias."[224]

Recordando Plotino

É a mesma intuição que inspirou o filósofo Plotino há quase dois milênios: "Imagine uma enorme fogueira crepitando no meio da noite.

---

223. *O Fenômeno Humano*, op.cit., p. 94.
224. Idem, p. 95.

Do meio do fogo saltam centelhas em toda as direções. Em um amplo círculo ao redor do fogo a noite é iluminada, e a alguns quilômetros de distância ainda é possivel ver o leve brilho desta fogueira. À medida que nos afastamos, a fogueira vai se transformando em um minúsculo ponto de luz, como uma lanterna fraca na noite. E, se nos afastarmos mais ainda, chegaremos a um ponto em que a luz do fogo não mais consegue nos alcançar. Em algum lugar os raios luminosos se perdem na noite e se estiver muito escuro não vamos enxergar nada. Nesse momento, contornos e sombras deixam de existir.

Agora imagine a realidade como sendo esta enorme fogueira. O que arde é Deus – e as trevas que estão lá fora são a matéria fria, onde a luz está fraca, da qual são feitos homens e animais. Junto a Deus estão as ideias eternas, as causas de todas as criaturas. Sobretudo, a alma humana é uma centelha do fogo. Mas por toda parte na natureza aparece um pouco desta luz divina. Podemos vê-la em todos os seres vivos; sim, até mesmo uma rosa ou uma campânula possuem um brilho divino. No ponto mais distante do Deus vivo está a matéria inanimada."[225]

Plotino (205-270 d.C.) é considerado o fundador da escola neoplatônica. O Gnosticismo deve a ele algumas de suas concepções mais originais, especialmente a ideia de que o verdadeiro conhecimento não pode ficar apenas no terreno intelectual, mas exige uma experiência direta dos sentidos com aquilo que se propõe a conhecer. É nesse sentido que se pode colocá-lo como precursor das chamadas escolas iniciáticas, ou seja, grupos que desenvolviam rituais com a finalidade de "sentir" as próprias realidades que idealizavam. Plotino é um dos inspiradores de famosos mestres do misticismo, como Mestre Eckhart, Papus, MacGregor Mathers, Aleister Crowley, Martinez de Pasqually e outros. Os autores maçons lhe votam um grande respeito, e os modernos gnósticos veem nele um precursor das teses científicas que descrevem o universo como um organismo único que se constrói por uma rede de relações. Suas palavras são por demais eloquentes e não necessitam de comentários explicativos. Se o universo existe é porque tem uma causa de existir: essa causa é Deus.

---

225. GARNER, Jostein. *O Mundo de Sofia*. São Paulo: Companhia das Letras, 1995. Na Imagem, o filósofo Plotino. Fonte: *Enciclopédia Barsa*.

Os rituais maçônicos

Por isso, o ritual do Grau 14 do REAA nos leva a fazer especulações sobre o sentido da vida e o papel que nós exercemos na construção da Obra do Criador. Essas especulações concluem com a ideia de que nós não somos meras relações estatísticas derivadas de interações ocasionais ocorridas na matéria física, sem qualquer conteúdo finalístico, como pensam os adeptos do niilismo, mas unidades conscientes do todo amorfo, que só ganha forma e consistência na medida em que nós mesmos vamos encontrando o nosso lugar no desenho estrutural do universo.[226]

E com isso a Maçonaria canta um dueto bem afinado com a doutrina da Cabala. Para os cabalistas, nosso corpo é como uma lâmpada que se acende em meio a um quarto escuro. Brilhamos por um tempo iluminando o espaço que nos cabe como jurisdição. E quando o combustível, que é a energia encerrada em nossas células, se esgota, apagamos. O corpo é o filamento que canaliza a energia e, quando ele deixa de ter condição para hospedá-la, ela o abandona. Mas a energia, como mostra a lei de Lavoiser, não se perde nem se extingue. Ela só se transforma. Ela continua a existir mesmo depois que a lâmpada que a refletia se extingue.

Essa energia acenderá outras lâmpadas que também brilharão por algum tempo e depois se apagarão. Cada uma a seu tempo, preenchendo o vácuo e realizando a missão que lhe cabe. Assim, a vida nos aparece como uma estrada cheia de luzes que se apagam e se acendem à medida que o tempo passa por elas e avança para o futuro. Por isso, o ritual do Grau 14, que trata especificamente desse tema, diz: "*[...] Sois uma parcela da vida universal, um germe que apareceu em um ponto do espaço infinito. Vosso ser sofreu inconscientes transformações. Tivestes sensações, depois ideias incoerentes, que mais tarde foram se tornando precisas. Por fim vos considerastes capaz de perceber a verdade. Esta é a luz que vistes. A humanidade levou séculos incontáveis antes de percebê-la. Nós consideramos o estado atual da nossa espécie sem que saibamos se ela está em seu começo, ou se prestes a alcançar o seu fim, e sem conhecermos seu destino, nada compreendemos do mundo ao qual ela pertence*".[227]

---

226. Niilismo é a doutrina filosófica que coloca o questionamento do sentido da vida perante um universo que parece ser indiferente a tudo que nos acontece.

227. Cf. o Ritual do Grau 1, p. 17-18.

Dessa forma, Cabala e Maçonaria concordam que o sentido de cada vida que vivemos é fornecer o seu "quanta" de luz para a construção da Obra de Deus. E por essa razão poderemos viver várias vidas. Nasceremos e morreremos tantas vezes quantas forem necessárias para a complementação dessa obra. Por isso, Jesus disse: "Assim deixai a vossa luz resplandecer diante dos homens, para que vejam as vossas boas obras e glorifiquem o vosso Pai que está nos céus".[228]

Pois não é com asas que se sobe aos céus, mas com as mãos. Pela simples e singela razão contida nessa metáfora, os maçons adotaram a profissão do pedreiro como símbolo da sua Arte.

A questão da reencarnação

A questão da reencarnação é de fundamental importância na tradição cabalística. Como diz um famoso rabino, não é possível entender essa doutrina sem acreditar que a alma é eterna e está sujeita a múltiplas reencarnações.[229]

A doutrina da reencarnação, no conjunto da teologia judaica, não é originária da Cabala. Na verdade, é uma crença que já fazia parte das doutrinas professadas por seitas judaicas anteriores ao Cristianismo. Ela já aparece entre as ideias defendidas pelos adeptos da seita dos fariseus, ferrenhos adversários de Jesus. Mas essa não era uma crença firmemente estabelecida entre os judeus, pois havia quem não acreditasse na possibilidade de reencarnação, e, ao que parece, o próprio Jesus não defendia essa doutrina, já que a sua ideia de ressurreição dos mortos estava vinculada a um final apocalíptico do mundo, em que todas as almas que experimentaram uma vida seriam julgadas, sendo recompensadas ou punidas segundo os atos que praticaram em suas vidas. Essa disposição aparece bem expressa no episódio em que Jesus confronta os saduceus que buscam a sua opinião acerca da ressurreição, colocando para ele a pegadinha da lei do levirato.

Os saduceus colocaram um caso hipotético a Jesus, segundo o qual havia sete irmãos. O primeiro, tendo casado, logo morreu; e, não tendo produzido descendência, deixou sua mulher para o seu irmão, o qual também não produziu descendente. E assim se seguiram os casamentos dos sete irmãos com a mesma mulher, sendo que nenhum deles conseguiu suscitar descendência ao irmão anterior. Por fim, morreu também a tal mulher. A pergunta feita a Jesus foi a seguinte: na ressurreição dos

---

228. Mateus, 5:16.
229. KAPLA, Rabi Arieh. *Meditação e Cabala*. São Paulo: Sefer, 2012.

mortos, de qual dos sete irmãos essa mulher seria esposa? Pois se todos os sete irmãos haviam se casado com ela, de quem seria esse direito? Jesus respondeu a esse enigma com outro: "Errais", disse ele, "não conhecendo as Escrituras nem o poder de Deus. Porque, na ressurreição, nem casam nem se dão em casamento; são, porém, como os anjos no céu. E, quanto à ressurreição dos mortos, não tendes lido o que Deus vos declarou: Eu sou o Deus de Abraão, o Deus de Isaque e o Deus de Jacó? Ele não é Deus de mortos, e sim de vivos".[230]

A lei do levirato (*yibum* em hebraico), prevista em Deuteronômio 25:5-6, obrigava um homem solteiro a se casar com a viúva sem filhos de seu irmão falecido com a finalidade de lhe dar uma descendência. O filho primogênito que nascesse dessa relação era considerado irmão falecido.[231]

O levirato, como se pode perceber, era uma lei de conservação tribal, uma regra de proteção do clã, que os israelitas haviam adotado para manter a sua pureza racial, evitando assim que o sangue israelense se contaminasse com entroncamentos familiares fora da sua própria comunidade e sua cultura se perdesse pela diversidade de relacionamentos.

Destarte, a crença da reencarnação parece ter se originado na prática dessa lei, porque, como se sabe, é por meio do fenômeno da "transmigração de almas" que a Cabala justifica o complexo processo defendido por essa doutrina. A crença embutida nessa prática era a de que o marido morto voltava à vida por intermédio da vida do filho nascido de sua mulher e seu irmão, em um casamento por levirato.[232] Assim, além da preservação da pureza do sangue e da conservação da herança familiar, essa lei cumpria também uma função escatológica no sentido de conservar a unidade do povo de Israel, com a manutenção da herança racial até em termos de vida espiritual.

A finalidade da ressurreição

A escatologia cabalística não trabalha com um necessário fim de mundo para que as almas dos homens tenham um julgamento e um destino final. Ela é uma doutrina finalística, não apocalíptica. Os pressupostos dessa doutrina, como se viu, já eram defendidos pela seita dos fariseus, os quais, em oposição aos saduceus, defendiam a ideia

---

230. Mateus 22:29-32.
231. Deuteronômio, 25:5; 6; ver também Gênesis 38:8.
232. *Levir*, *levita*, em hebraico, quer dizer cunhado.

da ressurreição, enquanto estes últimos, influenciados por doutrinas de origem helenística, a refutavam. Na verdade, essa nunca foi uma questão muito clara entre os judeus, e a própria Bíblia não esclarece muito a respeito. E, na doutrina da Cabala, ela só veio a ter um tratamento mais específico com as especulações do grande mestre cabalista Isaac Luria.[233]

Nesse processo, a alma é comparada a uma vinha que deve ser replantada várias vezes até que possa produzir uma fruta perfeita. Assim, a escatologia cabalística difere da cristã, já que esta prega um necessário fim de mundo e um consequente julgamento final. Na verdade, não há, para a Cabala, um final apocalíptico de mundo, mas um contínuo aperfeiçoamento da cepa espiritual da humanidade até um momento glorioso em que o mundo todo será redimido. Isso acontecerá quando cada alma, por meio de suas sucessivas reencarnações, completar, finalmente, a missão para a qual veio ao mundo. Quando isso ocorrer e todas as almas voltarem, completamente puras, para o Centro Único de onde todas saíram, a obra de Deus estará também completa e só então virá o fim. Mas será um final glorioso e não uma tragédia cósmica como a que prevê São João em seu Apocalipse. Por isso Jesus diz: "Verdadeiramente toda alma verá a salvação de Deus".[234]

Nesse sentido essa doutrina se aproxima bastante da visão teilhardiana, que prevê a consumação da experiência humana em um "Ponto Ômega", centro exclusivo onde toda a energia espiritual emitida pelo pensamento humano se reunirá finalmente em um ponto único, como um dia já esteve concentrada, antes do advento do Big Bang.[235]

Embora a questão da reencarnação reflita, como é óbvio, uma concepção judaica urdida para justificar suas próprias teses a respeito de uma duvidosa pureza racial e a suposta escolha que Deus teria feito desse povo para servir de "maquete" para a humanidade, essa crença oferece, não obstante, uma vigorosa ferramenta de autoajuda para aqueles que acreditam no livre-arbítrio.[236]

Porque aqui a felicidade (material e espiritual), nesta ou em qualquer outra vida, só depende do exercício voluntário de nossas próprias vontades, e não de uma disposição divina que ninguém sabe qual é; por conta disso, muitos espertalhões podem manipulá-la à vontade em prol de seus próprios interesses. É nessa defesa do livre-arbítrio que essa

---
233. Sobre a obra de Isaac Luria, ver o capítulo IV.
234. Lucas, 9:6.
235. *O Fenômeno Humano*, op.cit.
236. Gênesis 17:7. A Cabala substitui o termo gerações por encarnações.

crença se aproxima bastante dos ensinamentos originais de Jesus, que também atribui um importante papel à vontade humana no processo de salvação da alma, embora, na execução desse processo, o rito seja diferente.[237] Isso porque, na Cabala, como já dissemos, não há uma previsão de julgamento final, com um consequente fim apocalíptico do mundo, mas, sim, um contínuo aperfeiçoamento da humanidade, para que, um dia, ela possa se integrar ao seu Criador.

---

237. Ver, a esse respeito, MEIER, John. *Um Judeu Marginal*. São Paulo: Imago, 2001. v. III.

CAPÍTULO XVIII

A Transmigração das Almas

Guilgul neshamot

A doutrina da reencarnação, na Cabala, como já foi exposto, está estruturada em cima de outro conceito de difícil entendimento, que é a transmigração de almas. Esse conceito, geralmente chamado de *Guilgul neshamot,* está fundamentado em interpretações abertas de trechos bíblicos, nas quais Jeová promete uma eterna aliança entre Ele e a descendência do profeta Abraão. Com essa promessa, Deus teria estabelecido o povo de Israel como o seu "povo eleito" na Terra, ou seja, o povo pelo qual toda a humanidade poderia se espelhar e encontrar a salvação. A chamada descendência de Israel era, na verdade, toda a tribo, o clã inteiro, do qual Abraão era o líder. O nome Israel, inclusive, resulta de uma fórmula cabalística aplicada ao nome de um dos netos de Abraão, o qual, depois de consagrado como líder da tribo, teve seu nome trocado de Jacó para Israel, cujo significado é "o que luta com Deus".

O mesmo já havia acontecido com Abraão, que antes do contato com Jeová se chamava apenas Abrão. A aposição de um "a" no seu nome fez dele Abraão, "pai de uma multidão".

Por essa inferência se pode perceber que a tradição cabalística já era praticada nos tempos de Abraão, sendo verdadeira a tese segundo a qual essa era uma prática utilizada pelos sacerdotes caldeus nas suas artes de adivinhação.

Abrão, antes de tornar-se o mensageiro de Jeová, provavelmente professava a religião dos caldeus e estava a par dessas tradições. Segundo o texto bíblico, Deus teria dito a ele: "Quanto a ti irás para os teus pais, serás sepultado numa velhice feliz. É na quarta geração que eles voltarão para cá, porque até lá a falta (ou erro, ou delito) dos amorreus não terá sido pago" (Gênesis 15:15-16).

Os cabalistas veem nessa promessa uma referência à lei do carma e o cumprimento da doutrina da reencarnação, pois, segundo essa tese, Jeová era um Deus zeloso, que visitava a culpa dos pais sobre os filhos, na terceira e quarta geração daqueles que o odiavam, mas que também agia com benevolência ou misericórdia por milhares de gerações sobre os que o amavam e guardavam os seus mandamentos.[238]

Ao traduzir a promessa de Deus, os cabalistas substituíram o termo gerações por encarnações, e assim justificaram a sua tese segundo a qual Deus pode, por um desígnio seu, transferir culpa ou mérito de uma geração para outra, castigando ou premiando nos filhos os resultados dos pais, ou vice-versa. Nasceu, dessa forma, a teoria da reencarnação entre os judeus, justificando inclusive a lei do levirato, pois, ao manter dentro do próprio clã a semente espiritual, a corrente cármica, que na sua própria lógica conceitual deve fluir como um rio, não se bifurca nem se perde no imenso cipoal genealógico em que a humanidade se transformou. Tudo tem uma lógica dentro da Bíblia hebraica, e aqueles que só veem nela um conjunto de lendas sem respaldo na História pouco sabem da inteligência existente nas cabeças dos homens que a redigiram.

O *Shevirá*

Como já dissemos, foi o rabino Isaac Luria quem introduziu esse tema no conjunto da doutrina cabalística. Ele partiu do princípio de que a energia de Deus, após o *Tzimtzum*, definido como a contração da Energia Divina para o ato da Criação, estilhaçou-se através do Shevirá (o Big Bang dos astrônomos). As centelhas divinas saídas dessa explosão se distribuíram pelo nada cósmico e ficaram retidas na existência material que elas construíram na sua interação. Destarte, Deus fez o homem e lhe deu a consciência para que ele, por intermédio do aperfeiçoamento contínuo da sua própria essência, pudesse liberar essas centelhas da luz de Deus que estão presas na matéria, para devolvê-las à Divindade. Nesse sentido, todo homem seria um "Messias" (ou Cristo

---

238. Êxodo, 20:5-6.

na doutrina cristã), pois a toda alma é atribuída responsabilidade nesse processo de salvamento.[239]

Mas o homem (Adão) falhou nessa tarefa. Com isso, quebraram os "vasos cósmicos sagrados" nos quais a Luz Divina estava contida e ela espalhou-se pelo mundo manifesto, de forma caótica e desordenada. Para reconstituir o desequilíbrio cósmico que a queda do homem provocou, o Criador instituiu o *Tikun*, ou seja, a reordenação do processo criativo, tendo o arquétipo Messias como seu condutor e o povo de Israel como seu realizador.

Esse processo (o *Tikun*), que significa reparo ou emenda, constitui o cerne do misticismo cabalístico inaugurado por Luria. Ele fundamenta hoje a doutrina da restauração e salvação do mundo e das almas, pregada pelos mestres cabalistas modernos.

Pelo processo do *Tikun*, a humanidade é o centro da Criação e o destino do universo está na dependência da sua atuação. Esse pressuposto, como vimos, também está no cerne das ideias defendidas por Teilhard de Chardin, que vê no homem o alvo final da flecha da evolução. Nesse sentido, as ações humanas são decisivas para a redenção da humanidade. Luria acreditava que todas as gerações poderiam ser redimidas, bastando para isso que elas adotassem um comportamento de acordo com os preceitos da Torá. De certa forma, embora Luria fosse um judeu convicto e advogasse a Torá como fonte única e incontrastável da vontade de Deus, ele, não obstante, esposou ideias semelhantes às de Jesus, afirmando que a salvação depende inteiramente da ação do homem, do seu livre-arbítrio em escolher entre o bem e o mal.

Jesus, mestre cabalista

Todavia, é preciso sempre lembrar que os cabalistas não interpretam literalmente as palavras da Bíblia. Eles não veem como preceito divino a punição ou a premiação das pessoas, nos seus filhos ou netos, como parece dar a entender o texto sagrado literal. Essa seria uma incoerência e um pressuposto bastante fáceis de refutar, já que muitos pais e avôs sobrevivem por várias gerações, às vezes assistindo ao nascimento de cinco ou seis delas e assistindo à morte de muitos descendentes. O que, na verdade, se quer dizer com isso é que o espírito de um pai pode renascer no seu filho, ou neto, ou qualquer outro descendente, dentro da mesma família, para pagar o mal que praticou em sua vida, pois que o

---

239. Vide nota 219, do capítulo anterior.

carma de um indivíduo está profundamente ligado ao ambiente em que a ação é praticada.

Onde a ação provocou o desequilíbrio é justamente o local em que ele deverá ser corrigido para que tudo volte ao normal. Jesus, que provavelmente tinha conhecimento de todas essas teses, expressou esse mesmo pensamento em um de seus mais interessantes ensinamentos: "Eu, porém, vos digo que todo aquele que se encolerizar contra seu irmão, será réu de juízo. E quem disser a seu irmão: Raca, será réu diante do sinédrio; e quem lhe disser: Tolo, será réu do fogo do inferno. Portanto, se estiveres apresentando a tua oferta no altar, e aí te lembrares de que teu irmão tem alguma coisa contra ti, deixa ali diante do altar a tua oferta, e vai conciliar-te primeiro com teu irmão, e depois vem apresentar a tua oferta" (Mateus, 5:22-24).

Nesse preceito se percebe claramente que toda ação que provoca reação negativa no ambiente exige uma reparação, na mesma proporção e no mesmo ambiente. E, enquanto essa reparação não é feita, o universo permanece desequilibrado. E é em uma conjuntura dessas que o vício prospera, o erro se acumula, a moral, a ética e a virtude se retraem.

Essa ideia é uma clara referência à lei da causa e do efeito, no sentido de mostrar que toda ação, quando é respondida por outra que segue a mesma tendência, só consegue perpetuar o comportamento desencadeado. Por isso, o carma é mostrado como uma semente que se reproduz segundo a sua espécie e que só tomando consciência desse fato é que nós podemos quebrar esse padrão, quando ele nos conduz a maus resultados. É nesse sentido que a teoria da reencarnação, da maneira como ela é vista pela Cabala, acaba sendo uma ferramenta de aprendizado e libertação do ser, pois nos ensina que cada ação pode ser uma oportunidade nova para eliminar o mal que fizemos ao mundo e a nós mesmos.

Várias passagens do evangelho cristão mostram que Jesus tinha em mente concepções semelhantes a essas quando ensinava a sua doutrina. Uma dessas ideias está explícita no monólogo do Sermão da Montanha, quando ele exorta os seus ouvintes a não responder ao mal com o mal, à violência com violência, pois se o ato maldoso ou violento desequilibra o sistema, não é respondendo da mesma forma que o equilíbrio vai ser recomposto. Ao contrário, é a resposta não violenta que vai quebrar esse padrão. Mahatma Ghandi provou a verdade dessa tese ao derrotar a tirania do império inglês e conquistar a liberdade da Índia sem disparar um único tiro. Não é estranho que o melhor e mais vitorioso de todos os seguidores dessa tese tenha sido exatamente um hindu, e não um judeu ou um cristão, pois o Budismo defende conceitos bem semelhantes a esses, e não são poucos os estudiosos que veem na doutrina original de Jesus claros paralelos entre os seus ensinamentos e aqueles que foram ministrados por Sidarta Gautama, o Buda.[240]

Nefesh (espírito vital), Ruah (mente) e Neshama (alma)

A doutrina da transmigração das almas (*Guilgul neshamot*) acrescenta à necessidade de reencarnação outra possibilidade de redenção, que é a associação da alma de um defunto com a alma de uma pessoa viva. Assim, a alma de um morto que foi mau durante sua vida pregressa pode se associar à alma de um parente vivo, que seja virtuosa, para reparar as suas faltas passadas; no sentido inverso, a alma de uma pessoa virtuosa, que já faleceu, pode se associar à alma de uma pessoa má, em vida, para ajudá-la a superar as suas dificuldades de aperfeiçoamento. Essa estranha fórmula, aperfeiçoada pelos rabinos modernos, já constava do *Zohar*, em que se previa que a alma de um pai podia descer, ocasionalmente, do céu, para operar a redenção de um filho; e inversamente, que a alma de um filho podia transformar-se na alma de um pai.[241]

Dessa forma, a alma de uma mulher poderia encarnar no corpo de um homem, e vice-versa, tornando-se as mulheres em maridos e os maridos em mulheres. Não se trata, aqui, de uma mudança de estado em relação à alma da pessoa que recebe a alma-irmã, mas de uma união entre elas, realizada no sentido de permitir à alma em dificuldade uma possibilidade de redenção que ela, individualmente, não se mostra capaz de conseguir.

Essa noção de coabitação da alma de uma pessoa viva com a alma de uma pessoa morta no mesmo indivíduo é uma das originalidades da Cabala em relação a todas as demais doutrinas que acreditam na teoria da reencarnação. E ela só pode ser entendida a partir da crença cabalista que admite a existência de uma tríplice essência na estrutura da pessoa humana: essa tríplice essência é conhecida pelos nomes de *nefesh* (que é o espírito vital, a energia que dá suporte à vida), *ruah* (sinônimo de mente, energia que é responsável pelos nossos pensamentos, ou seja,

---

240. "A vitória provoca o ódio; o vencido vive na angústia. O pacato vive feliz, não se preocupa com a vitória ou a derrota." (Dhammapada 201. *Teachings of Buddh*. Bukio Dendo Kiokai).
241. *Sepher Ha-Zohar*, livro IV.

o espírito) e *neshama* (a centelha divina que nos vem diretamente do Criador, a alma propriamente dita).[242]

Essa noção é interessante porquanto ela encontra um importante reflexo na crença do Espiritismo. O espírito vital (*nefesh*) aqui é visto como uma espécie de corpo astral, uma aura, uma capa etérica que cobre o nosso corpo enquanto estamos vivos. Quando morremos, ele continua preso ao corpo até que este entre em decomposição. É essa parte da nossa essência que muitas vezes pode ser vista como fantasma a rondar a sepultura, e com quem as pessoas sensitivas podem se comunicar. É ela também que, muitas vezes, pode fazer bem ou mal a pessoas vivas, dependendo do grau de relação que ela estabelece com essas pessoas, pois as *nefeshs* são feitas de energia em suspensão, sem consciência, como partículas que sentem falta de um centro onde possam se integrar.

Almas penadas, espíritos benfazejos, guias espirituais são, via de regra, *nefeshs* desencarnadas que continuam presas à matéria, procurando corpos para serem absorvidas. Por sua vez, a *ruah*, energia que se cristalizou como a nossa própria personalidade na Terra, toma a forma do nosso corpo carnal e, quando morremos, ela se desgruda do corpo e vai para um plano superior, que pode ser comparado a uma espécie de átrio do paraíso, ou seja, um lugar intermediário, onde ela aguardará a sua *nefesh* redimida, para entrar no Éden superior. Quando isso não acontece, a *neshama* precisa voltar à Terra, em novo organismo, para realizar esse resgate. Assim, o que reencarna é a *neshama* (a alma) e não a *ruah* (o espírito propriamente dito). Isso explica a aparente contradição apontada pelos opositores dessa doutrina em relação ao número de pessoas que desencarnam e a quantidade que nasce, sendo esta muito maior do que aquela.

Conclui-se, dessa forma, que uma *neshama* pode incorporar diversas *ruahs* (mentes, personalidades), com suas respectivas *nefeshs* (espíritos), em tempos e existências diferentes. Porém, só uma dessas existências terrestres será preservada no final, ou seja, aquela que, limpa e pura, puder se integrar ao Princípio único como Luz. Assim, volta-se ao antigo conceito budista, tão amado pelos epicuristas e pelos primeiros cristãos, de que é preciso desamarrarmo-nos completamente dos nossos sentidos para poder entrar no paraíso.

Essa noção nos leva de volta à ideia de que no Éden superior só se entra como pura luz. Pois é quando a *ruah* (personalidade humana), revestida da sua *nefesh* (corpo etérico, espírito), torna-se completamente limpa e pura, que ela retorna ao seu estado original de *neshama*, centelha de

---

242. Idem.

energia luminosa, emanada diretamente pelo Criador. É quando atinge esse estado que a alma, completamente purificada, não precisa mais voltar à Terra, pois ela já cumpriu a missão para a qual foi criada e mandada ao mundo.

A influência na Maçonaria

Assim, o conceito enunciado no *Guilgul* (reencarnação) ensina que uma alma (*neshama*) pode ter de voltar várias vezes à vida até cumprir todas as leis da Torá. Cada alma, segundo esse conceito, tem dois tipos de missão nesse mundo. A primeira é a missão geral de cumprir todas as prescrições (*mitzvot*) contidas no Livro Sagrado. Não só os preceitos do Decálogo, como também os do Deuteronômio, Levítico e demais da religião judaica, considerados fundamentais pelos intérpretes da Lei. Além disso, cada alma tem uma missão específica. Essa é uma descoberta que cada indivíduo deve fazer por si mesmo, pois, caso uma alma não tenha cumprido a missão designada, ela deverá retornar a este mundo para fazê-lo. E, enquanto não fizer, a sua *nefesh* não se unirá à sua *ruah* para liberar a sua *neshama* da necessidade de reencarnar.

Dessa forma, ajudar a descobrir qual é a missão específica de cada alma na Terra é uma das funções da Cabala filosófica. E é essa mesma disposição que encontramos nos ensinamentos da Maçonaria.

Em praticamente todos os graus filosóficos, o ensinamento que encarece uma regeneração espiritual do maçom, para que ele possa, de fato contemplar a Estrela Flamejante, está presente. Ele trabalha, é claro, com elementos de linguagem e cultura diferentes, pois a Maçonaria reflete, como é óbvio, o pensamento ocidental, e sua base filosófica é o Iluminismo. Destarte, toda essa filosofia será desenvolvida em temas que envolvem conceitos universais como Direito, Justiça, Igualdade, Liberdade, Fraternidade, Humanismo, Direitos Humanos e outros arquétipos que moldam a estrutura ideal de uma sociedade moderna.[243]

Mas, como bem viu Gershom Scholem, todo esse arcabouço filosófico tem suas raízes fincadas na tradição cabalista, especialmente na doutrina de Isaac Luria, que desenvolveu os temas do processo cármico

---

243. Na imagem, Gershom Scholem, o mais famoso historiador da Cabala dos tempos modernos. Fonte: *A Cabala e Contra História*, op. cit.

e a teoria da reencarnação. Pois, conforme constata esse autor, o próprio movimento iluminista sofreu grande influência do sabataísmo, corrente doutrinária cabalista, também conhecida como messianismo, que se apropriou das ideias de Isaac Luria para fundamentar suas pretensões. Segundo nos informa o autor de *A Cabala e Contra História*: "Tão radicalmente diferente como o Iluminismo possa parecer em contraste com o messianismo místico sabataísta, há uma conexão oculta entre eles, na medida em que o sabataísmo involuntariamente preparou o terreno para o racionalismo laico".[244]

Essa conexão, como informa o autor anteriormente citado, passa pela Maçonaria, pois foi exatamente nos rituais maçônicos que a tradição cabalista encontrou os seus melhores canais de divulgação no Ocidente. E o que conhecemos hoje como "filosofismo maçônico" nada mais é que o lurianismo adaptado ao pensamento ocidental.

---

244. *A Cabala e Contra História*, op. cit., p. 101 ss.

CAPÍTULO XIX

A Árvore e o Templo

A Árvore e o Templo

Originariamente, nos Templos maçônicos mais antigos, o altar do 2º Vigilante ficava no lado ocidental da Coluna do Sul, paralelamente ao trono do 1º Vigilante, assim como ainda é encontrado em alguns graus superiores do Rito Escocês. Acredita-se que o deslocamento do altar do 2º Vigilante para a direita, na Coluna do Sul, como se observa nos Templos atuais, tenha ocorrido para compatibilizar a planta do Templo onde se pratica o Rito Escocês com a dos templos ingleses e americanos, praticantes do Rito de York. Ocorreu, pois, como iniciativa destinada a unificar os dois principais ritos maçônicos, dando à Maçonaria uma característica de prática mundial.

Mas, se tomarmos o formato original do Templo onde se pratica o REAA, é possível ver que a planta do Templo Maçônico mantém uma formidável semelhança com a disposição das sefirot, como se vê na Árvore da Vida.

Note-se que o Átrio, onde os neófitos aguardam para serem iniciados e os Irmãos são reunidos para a entrada no Templo, é justamente a antecâmara na qual se inicia a prática maçônica. Ali está o ponto intermediário, que separa o profano do sagrado, cuja porta é guardada pelo Irmão Cobridor. Ultrapassada aquela porta, o Irmão entra no território sagrado das manifestações divinas, que na Cabala é simbolizada pela Árvore da Vida e, na Maçonaria, pelo recinto do Templo. Dali para a frente, toda uma ritualística terá de ser seguida para que o fluxo da energia que ali circula não seja obstruído. Por isso, os detalhes de um ritual que muitas vezes escapa à compreensão dos Irmãos.

Essa é a razão de pensarmos ser a planta do Templo Maçônico uma inspiração da Árvore da Vida, embora nos templos modernos uma boa parte dessa mística tenha sido obscurecida por força de adaptações e mudanças feitas nos rituais.[245]

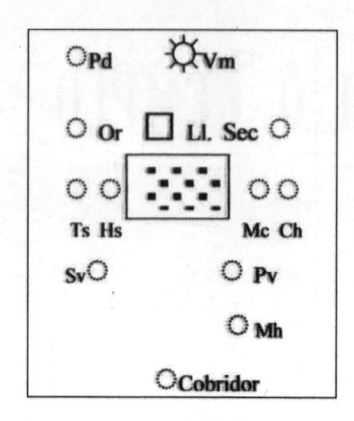

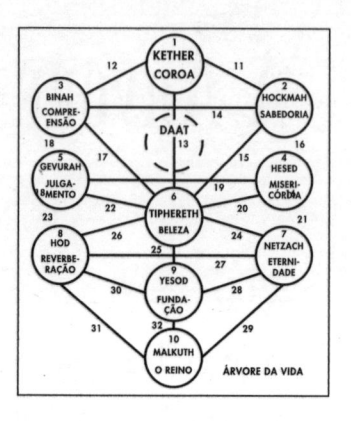

Planta da Loja   A Árvore da Vida
Disposição atual dos oficiais da Loja
na planta do Tempo maçônico.

VM – Venerável Mestre (Kether)	Coroa ou Princípio
Or. – Orador (Hockmah)	Sabedoria
Sec – Secretário (Binah)	Compreensão
LL – O Livro da Lei (Daath)	Conhecimento
Ts – Tesoureiro (Gevurah)	Julgamento
MC – Mestre de Cerimônias (Tiphereth)	Beleza
Ch – Chanceler (Hesed)	Misericórdia
PV – Primeiro Vigilante (Hod)	Esplendor
SV – Segundo Vigilante (Netzach)	Eternidade
MH – Mestre de Harmonia (Yesod)	Fundação
CI – Cobridor Interno (Malkuth)	Reino
Pn – Painel da Loja	

---

245. Como o Mestre Hospitaleiro, por exemplo, que na Árvore da Vida está posicionado do lado direito e na planta do Templo no lado esquerdo.

Sabemos que, na tradição arcana, o termo *Loja* (em sânscrito *Loka*) designa as diferentes partes do universo onde a vida se manifesta. Essa é uma das informações que situa o conceito de Loja Maçônica no mesmo sistema de referências que temos da Árvore da Vida na doutrina da Cabala. As duas estruturas referem-se às diferentes fases que a energia cósmica deve manifestar, em dez etapas de elaboração, para que o universo físico e a humanidade possam cumprir o seu destino cármico.[246]

Destarte, na terminologia maçônica, a Terra seria uma *Loka*, assim como outras partes do Cosmo onde o Criador, supostamente, possa ter semeado alguma forma de vida. Nesse sentido, em termos puramente analógicos, o pensamento humano, reunido em *Loja* e dirigido para uma finalidade definida, poderia influenciar na conformação do universo como um todo. Em um sentido místico, essa seria a função da Maçonaria como obra de construção universal.

Nasce daí a ideia de que a reunião dos Irmãos em Loja tem o condão de formar uma egrégora, ou seja, uma central de energia, da qual se beneficiam os membros da Loja para a elevação dos seus espíritos, e para proporcionar o equilíbrio do universo, que dela extrai a harmonia necessária ao seu perfeito desenvolvimento.[247]

Essa seria uma visão espiritualista dos propósitos da Maçonaria como estrutura arquetípica da arquitetura cósmica, em que os maçons são vistos como "pedreiros da construção universal" realizando a obra que o seu Grande Arquiteto planejou e executa. Por isso, também o Templo Maçônico onde se reúne a *Loja* dos maçons é visto como um microcosmo que reflete o macrocosmo, ou seja, uma representação simbólica do universo, onde a vida cumpre os seus ciclos energéticos, realizando sempre uma evolução no sentido da busca da perfeição suprema.[248]

---

246. Ver, a esse respeito, a obra deste autor: ANATALINO, João. *O Tesouro Arcano*. São Paulo: Madras Editora, 2013.

247. Idem. Ver introdução deste autor a esse tema, publicada na obra referida na nota anterior.

248. Ver, a esse respeito, GUÉNON, René. *Discursos sobre a Iniciação*. São Paulo: Pensamento, 1968.

Kav, o relâmpago brilhante

Quando comparamos a planta de um Templo Maçônico e um diagrama da Árvore da Vida, não podemos nos furtar de fazer algumas analogias, tanto visuais como conceituais, pois, para o propósito para o qual as duas plantas foram desenhadas, as relações são bastante visíveis.

De pronto se vê que ambas são construídas utilizando-se planos geométricos bem semelhantes. Os pontos de emanação da energia, nos dois conjuntos, formam triângulos que se opõem pelo vértice, permitindo que a corrente de energia percorra os pontos de convergência e distribuição que se situam nos locais onde se colocam as sefirot, na Árvore da Vida, ou pelos pontos em que se distribuem os altares dos oficiais, em uma Loja Maçônica. A correspondência é notável, conquanto do ponto de vista geográfico, os altares de alguns oficiais da Loja tenham sido deslocados para outros locais dentro do Templo, o que acreditamos tenha ocorrido pela necessidade de facilitar a locomoção interna ou, como já referido, para unificar conceitos entre os diversos ritos. Mas essa disposição, adotada apenas por questões pragmáticas e geográficas, não invalida a analogia aqui proposta de que o desenho da Árvore da Vida e a planta do Templo Maçônico são correspondências simbólicas da mesma ideia.

Essa constatação pode ser feita por meio da análise dos significados de cada sefirá na Árvore da Vida e do simbolismo atribuído a cada cargo dentro da Loja, e da própria mística que se atribui a um e outro desenho.

Na Cabala, a Árvore da Vida retrata a formação do universo físico e espiritual, por intermédio da emanação da Luz que vem dos Véus da Existência Negativa.[249] Neles, a energia de Deus se manifesta como Luz Ilimitada e percorre as esferas da Árvore da Vida na forma de um Relâmpago Brilhante. É como um raio que esse relâmpago desce da primeira e primordial esfera (Kether), verticalmente, acendendo a segunda (Hockmah) e esta acendendo a terceira (Binah). E assim sucessivamente, até a ultima, de nome Malkuth. É a anterior transmitindo a luz para a posterior, sem que cada uma perca a própria luminosidade, que continua intacta. Na Loja Maçônica esse simbolismo é representado pela Espada Flamígera, a qual, como pode ver no desenho a seguir, guarda uma estreita semelhança com o *Relâmpago Brilhante* da

---

249. Os Véus da Existência Negativa são Ayn, Ayn Soph e Ayn Soph Aur. Ver, a esse respeito, o capítulo VII desta obra.

Árvore da Vida.²⁵⁰ E dessa forma o universo cabalístico se compõe como uma emanação do Princípio Criador que se derrama pelo nada cósmico, gerando a realidade universal. É nesse sentido que a chamada *Espada Flamígera,* instrumento com o qual o Venerável Mestre consagra todas as iniciações e investiduras em Loja, pode ser considerada um simbólico sucedâneo desse "relâmpago" vital.

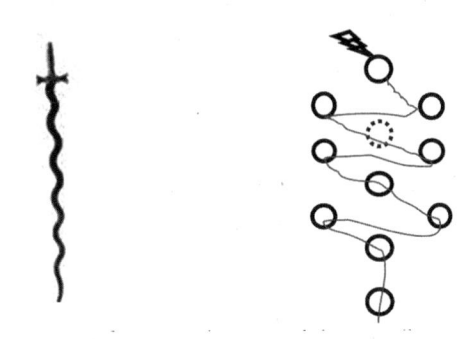

Da mesma forma, o universo maçônico se realiza na Loja, tanto em relação ao universo físico quanto ao espiritual. E o que é verdade para a totalidade cósmica também o é para o mundo individual do iniciado, que na interação com seus Irmãos e no influxo da energia gerada pela egrégora, lapida o seu próprio caráter. Do céu para a Terra, da Terra de volta para o céu. O macrocosmo refletindo no microcosmo e deste voltando, como reflexo trabalhado pela consciência modificada do Irmão, para a imensidade cósmica. É assim que se compõe o edifício universal, tal como visto pela mística que a atividade maçônica inspira ao espírito do iniciado maçom. Aqui está inserta a antiga tradição egípcia simbolizada pelo culto à deusa Maat, cuja prática visava ao mesmo resultado, ou seja, levar para o céu o fluxo dos pensamentos humanos e projetar de volta o reflexo da resposta dos deuses no coração dos homens, como resultado dessa relação simbiótica entre o divino e o profano.

Destarte, essa é a ideia que fundamenta a teoria da egrégora, que por definição é uma congregação de mentes, reunidas com a finalidade de captar a energia necessária, capaz de influenciar a psique dos Irmãos e dirigi-los em seus trabalhos. Daí se dizer que a função da egrégora maçônica é colocar "ordem no caos" (*ordo ab chaos*), como tal entendidas a realização da harmonia, a conquista da paz social e a promoção do progresso da civilização, como objetivos coletivos, e o equilíbrio psíquico e a própria felicidade pessoal do Irmão, como objetivos individuais.

---

250. Note-se que a Espada Flamígera também apresenta 11 meias esferas, em uma estreita semelhança com a disposição das esferas da Árvore da Vida.

Caminhos da sabedoria

Assim como Cabala e Maçonaria são sócias do mesmo projeto espiritualista, o desenho da Árvore da Vida e a planta do Templo Maçônico hospedam o mesmo conteúdo filosófico. Tanto em uma quanto em outra tradição, a ideia é a de que não é possível a uma pessoa que não esteja em paz consigo mesma pretender atuar como pacificadora ou condutora de processos destinados a fazer a felicidade dos demais. Nem pode um indivíduo em guerra com o mundo encontrar, sozinho, a própria paz interna. O homem precisa estar em equilíbrio consigo mesmo e com o mundo em que vive.

É nesse sentido que visualizamos na prática de vida que a Maçonaria propõe uma semelhança muito estreita com aquela sugerida pela Cabala. E, se no desenho da Árvore da Vida pode ser lida uma mensagem de sabedoria para uma vida espiritual equilibrada e sadia, a Loja Maçônica é o correspondente geográfico desse esquema místico, no qual essa mensagem é ritualizada para que ela se incorpore ao psiquismo do Irmão como regra de comportamento. Como bem diz Ann Willians Heller, a "Árvore da Vida é uma forma de vida, uma maneira de viver, de pensar, de se relacionar, de despertar, uma forma de autodescoberta, um modo de compartilhar".[251]

E nós podemos dizer que nenhum maçom, que de fato viva a Maçonaria, poderá negar a similitude de objetivos e a semelhança de propósitos que podem ser observadas em um e outro sistema. Porque, tanto no sistema cabalístico descrito na Árvore da Vida, quanto nos trabalhos de Loja, ocorre o que diz a mestra anteriormente citada: as questões espirituais são tratadas como questões materiais e as materiais como espirituais. Funde-se, dessa forma, matéria e espírito em um todo integrado, já que nenhuma pessoa pode encontrar a felicidade vivendo unicamente no mundo da matéria ou vagando pelo mundo sutil. Nem o mundo em que vivemos pode ser totalmente material ou espiritual, pois um subsiste do que é produzido no outro.[252]

Nesse sentido é que vemos Cabala e Maçonaria como ramos de uma mesma árvore, ou seja, caminhos para uma Gnose, uma sabedoria que se desvela ao espírito humano para que ele possa alcançar o máximo aperfeiçoamento.

---

251. HELLER, Ann Willians. *Cabala, o Caminho da LIberdade Interior*. São Paulo: Pensamento, 1990.
252. Idem, p. 23.

Planos estruturais do universo

Não é outro o pensamento de Teilhard de Chardin quando fala da estreita dependência entre as duas energias que formatam o universo: a física e a espiritual. *"Sem dúvida alguma"*, escreve esse autor, "a Energia material e a Energia espiritual sustentam-se e prolongam-se mutuamente por alguma coisa. Bem no fundo, de algum modo, não deve haver, a atuar no mundo, senão uma única Energia. E a primeira ideia que nos vem à mente é de nós representarmos 'a alma' como um foco de transmutação para onde, por todas as avenidas da Natureza, convergiria o poder dos corpos a fim de interiorizar-se e se sublimar em beleza e verdade".[253] Por seu turno, René Guénon sustenta que a Loja Maçônica é um modelo metafísico do universo e, por reflexo, da própria humanidade.[254] Por outro lado, nenhum maçom ignora que o desenho e a disposição dos oficiais, dos paramentos e símbolos postos no Templo Maçônico são desenhados e distribuídos na forma de um fluxograma místico, destinado a representar uma rede de relações cósmicas, com o intuito de captar um fluxo energético para a obtenção de certo resultado. Esse resultado é o equilíbrio do psiquismo do Irmão e do mundo em que ele vive. Ou seja, a realização da Ordem no Caos, que seria análoga à *Tikun* dos cabalistas.

É nesse sentido que o ritual maçônico estipula que, após o início da seção, a "nenhum Irmão é permitido passar de um lugar para outro nem se ocupar de assuntos proibidos por nossas leis".[255] Essa medida é necessária para evitar que o deslocamento ou a dispersão dos espíritos dos Irmãos congregados em Loja interrompam, ou bloqueiem, o fluxo energético que deve percorrer a egrégora. Destarte, todo Irmão sabe que o movimento dentro do Templo, em reunião da Loja, deve ser feito com certa precisão ritualística, cujo sentido é muitas vezes ignorado, mas, a partir da visão que estamos colocando neste trabalho, torna-se perfeitamente compreensível. É que a Loja, reunida em seção ritual, também tem, como a Árvore da Vida, os seus "caminhos", por onde a energia cósmica flui. Assim, percorrer de forma equivocada esses "caminhos" pode obstruir ou desviar esse fluxo energético, e todos sabemos que qualquer tipo de energia desviada dos fins para os quais foi captada acaba fazendo mais estragos que benefícios.

---

253. *O Fenômeno Humano*, op. cit., p. 63.
254. GUÉNON, René. *Estudos sobre o Esoterismo Cristão*. São Paulo: Pensamento, s.d.
255. Conforme o Ritual de abertura dos trabalhos em Loja Simbólica.

Cumpre-se, dessa forma, os objetivos esotéricos para os quais foram desenhados, tanto a planta da Loja quanto o desenho místico-filosófico da Árvore da Vida. Ambos podem ser vistos como *planos estruturais do universo*, especificamente desenhados para captar a energia cósmica dos princípios e distribuí-la por canais próprios, por onde ela pode se transformar em realizações concretas.

CAPÍTULO XX

AS SEFIROT E OS OFICIAIS DA LOJA

A composição da Loja

Vejamos agora as correspondências simbólicas e filosóficas existentes entre as esferas (sefirot) da Árvore da Vida e as funções dos oficiais da Loja.

Já vimos que, no plano microcósmico, que se refere à psique humana, cada sefirá da Árvore da Vida corresponde a uma qualidade desenvolvida pelo homem na luta pelo aperfeiçoamento do seu espírito. A aquisição e o exercício dessas qualidades, no nível máximo da excelência, são o corolário do ser humano como criatura que atinge o ápice da sua competência como agente de Deus na construção do edifício cósmico. Nesse sentido, a Cabala se apresenta como uma enciclopédia do saber universal e uma escada de ascensão em direção ao divino. Estudá-la equivale a fazer um curso de aperfeiçoamento pessoal e espiritual, e praticá-la é aplicar os ensinamentos obtidos na estruturação de uma existência profícua e feliz, capaz de administrar com habilidade as situações de desconforto que a vida naturalmente nos traz.

Cabala e a Maçonaria podem ser consideradas como verdadeiros sucedâneos da Ioga no Ocidente. Sua prática proporciona uma saudável salubridade para a mente, livrando-a das impurezas e dos contrastes que tanto nos levam a escolhas equivocadas. Essa ritualização, na Cabala, já como visto, está estruturada no desenho mágico-filosófico da Árvore da Vida. E, na Maçonaria, ela se reflete na composição da Loja, cujo desenho e funções exercidas pelos seus oficiais refletem esse mesmo simbolismo e buscam realizar idênticas aspirações.

Pensamentos e emoções são realidades conscientes, ou seja, refletem manifestações que podem ser detectadas, medidas e compreendidas pelos equipamentos que temos em nossa mente e por aparelhos que nós construímos para torná-las mais visíveis e passíveis de serem estudadas. Já as atividades inconscientes da nossa mente são aquelas que, por falta de ferramentas linguísticas para lhes dar melhor referência, nós catalogamos como "espirituais". Chamamos essas atividades de realidades inconscientes porque não podemos classificá-las nem explicá-las. Mas elas existem porque projetam na vida real a prova das suas existências. São como a eletricidade, cuja origem e constituição não conhecemos, mas que atuam no mundo da matéria, agindo sobre ela. Espírito é energia que não pode ser detectada, nem medida. Mas sua atuação gera consequências no mundo real.

Como todo maçom sabe, o universo maçônico é representado no teto do Templo por meio dos astros que o iluminam. Assim, todo oficial da Loja tem a sua correspondência nesse universo por intermédio de um astro filosófico que é pintado na abóbada do Templo. Essa representação pictórica é obrigatória em todos os Templos maçônicos.

Nesse sentido, é possível notar a similitude que existe entre as posições dos astros do céu maçônico, a disposição dos oficiais em Loja e as aproximações que se podem fazer com o desenho da Árvore da Vida. Tudo converge para uma mesma ideia, fundamentada em um mesmo conceito arquetípico: a de que o mundo é uma estrutura desenhada e planejada por uma Mente Universal que a projeta e administra a sua disposição.

Kether, o Trono do Venerável

Tal como na Árvore da Vida, onde a sefirá Kether, a Coroa da Criação, é a primeira manifestação da Energia Criadora no mundo das realidades manifestas, na Loja é o trono do Venerável Mestre que exerce essa função. Na Árvore Sefirótica, Kether é o momento número um da Criação, canal receptor por onde a Luz do Princípio Criador penetra no mundo real. Na Árvore da Vida, a energia que gera essa Luz vem de "fora" do mundo manifesto. Da mesma forma, a autoridade do Venerável Mestre da Loja é algo que transcende a sua própria pessoa, pois ele também a recebe de "fora", por força de um poder que lhe é conferido por um Estatuto e pela própria vontade dos Irmãos em Loja, que o revestiram dessa soberania.

Na Árvore da Vida, a sefirá Kether, depois de refletida nas duas sefirot seguintes, Hockmah e Binah (formando a primeira trindade sefirótica), e onde se veste de Sabedoria e Compreensão, tem sua luz "filtrada" pela sefirá oculta Daath. Isso ocorre para que, revestida dos atributos da matéria, a Luz que ela irradia transcenda do mundo da formação, ou seja, o mundo arquetípico (Atziloth), para o mundo seguinte, o mundo criativo (Briah). Assim, também o Venerável Mestre precisa escudar a sua autoridade na presença do Livro Sagrado, que deve estar sempre à frente do seu altar, para refletir e referendar essa autoridade.

Daath, o Livro da Lei

A sefirá oculta Daath, como sabem os estudantes da Cabala, não é uma esfera de emanação, como as demais sefirot da Árvore da Vida. Ela é a própria Torá. Ela é a *Cabala*, ou seja, a Palavra divina comunicada aos homens. Na Loja Maçônica simboliza a esfera do Conhecimento, ou seja, uma espécie de véu que "filtra" a emanação divina que vem do mundo dos arquétipos, formado pela primeira trindade sefirótica (Kether, Hockmah e Binah). Daath "filtra" essa emanação na forma de conhecimento, para que, assim revelado, o "pensamento divino" possa ingressar no mundo das realidades manifestas na forma de "conhecimentos *a priori*", ou universais, no dizer de Platão, para permitir à humanidade a ciência da Vontade de Deus. Nas tradições religiosas de todos os povos, esse conhecimento se traduz nos seus livros sagrados. Por isso, dizem os cabalistas, a sefirá Daath é a própria Torá escrita.[256]

A sefirá Daath, portanto, na planta do Templo e na disposição da Loja Maçônica, é o Livro Sagrado. Representa a "Vontade Manifesta" de Deus a formatar as leis que regulam o desenvolvimento e o equilíbrio do edifício cósmico que o Templo e a Loja simbolizam.

Destarte, no desenho da Árvore da Vida, Daath não é uma esfera de recepção e emanação de energia, mas, sim, um véu que a filtra e

---

256. *A Cabala e Seu Simbolismo*, op. cit., p. 101.

purifica, fazendo com que todas as emanações energéticas saídas do Triângulo Sagrado formado por Kether, Hockmah e Binah sejam filtradas em forma de Conhecimento.

E nada simboliza melhor o conceito de Conhecimento que o Livro Sagrado. Nele está condensada a Sabedoria divina na forma de imagens, visões proféticas, preceitos, prescrições, e uma história com começo, meio e finalidade, que ao registrar a saga do povo de Israel indiretamente está se referindo à história de toda a humanidade.

Por isso é que na Loja Maçônica essa sefirá corresponde ao Livro da Lei. Ele está ali na qualidade de filtro para que as emanações que fluem do Altar do Venerável saiam purificadas do Oriente para o Ocidente da Loja, da mesma forma que faz com que elas voltem puras do Ocidente para o Oriente. As decisões da Loja são tomadas pelo Venerável Mestre, referendadas pelo Orador, como Guarda da Lei; em seguida, registradas pelo Secretário como escriba da Loja e se consolidam no Livro Sagrado que simbolicamente as recepciona, como faz a Bíblia com as manifestações da Vontade de Deus. O Livro Sagrado é, pois, a lei manifesta, e por isso ele sempre é aberto e fechado pelo Orador. Como a sefirá oculta Daath, no desenho da Árvore, é entre o Orador e o Secretário que ele se coloca, sobre o Altar dos Juramentos, para que dali possa refletir para o Ocidente da Loja, que simboliza os mundos da Criação (Briah), da Formação (Yetzirah), os quais se condensam no mundo da Matéria (Assiah).

Triângulo da Emanação

Na mística da tradição maçônica, o raio de luz, Relâmpago Brilhante que emana de Kether, passa por Hockmah e fertiliza Binah, é a chamada Estrela Flamígera. Na iconografia maçônica ela é o brilho de energia emanada pela letra G, de Geometria. No antigo Egito essa estrela aparecia nos ritos e práticas sagradas da religião, na forma de um astro filosófico com uma dupla face que representava a materialidade e a imaterialidade da divindade e a sua projeção no homem. Conforme afirma Bernard Rogers, os hierofantes egípcios chamavam essa estrela de "Shá", designando ser ela, ao mesmo tempo, uma porta e um ensinamento, que correspondia, para todo aquele que se iniciava naqueles Sublimes Mistérios, a uma decisão (atravessar uma porta, penetrar em outra realidade) e a uma aquisição mental, que era a sabedoria iniciática.[257]

---

257. ROGER, Barnard. *Descobrindo a Alquimia*. São Paulo: Círculo do Livro, 1983.

A estrutura formada pelas sefirot Kether, Hockmah e Binah (o Oriente) simboliza, na Árvore da Vida, o triângulo da Emanação. Da mesma forma o Venerável Mestre, o Orador e o Secretário, na estrutura da Loja Maçônica, constituem o chamado Triângulo da Decisão, pois é dessa estrutura que emanam as decisões tomadas em Loja. O Venerável decide, o Orador homologa e o Secretário registra. Dessa forma se consolidam as manifestações da vontade da Loja, as quais são transmitidas ao Ocidente (o universo manifesto) pelas sefirot seguintes, componentes do segundo triângulo, chamado de Triângulo Ético.

O Mundo de Atziloth

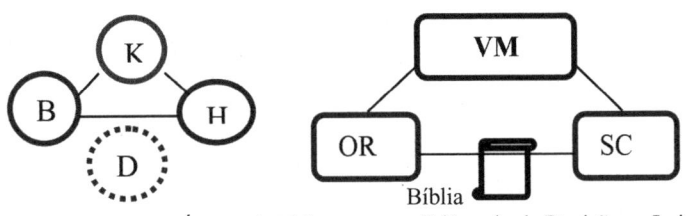

Triângulo da Emanação na Árvore da Vida   Triângulo da Decisão na Loja

Saindo do mundo da Emanação (Atziloth), a Luz de Kether, depois de refletir em Hockmah e Binah, desce para o segundo triângulo da Árvore da Vida, que representa o mundo da Criação (Briah). Na Árvore da Vida esse mundo criativo, no qual as ideias são formadas, ou seja, os planos do edifício universal são interpretados pelos Mestres Arcanjos, construtores do universo, a atividade é inteiramente espiritual. Nesse plano de construção universal, chamado de Mar Primordial, temos três sefirot que representam a atuação das forças primárias da natureza na composição do desenho universal. Essas sefirot são: Gevurah, sinônimo de Severidade; Chesed, sinônimo de Compaixão; e Tiphereth, sinônimo de Beleza. Note-se que a sefirá oculta Daath projeta parte da sua esfera de influência nesse mundo, pois, sendo a esfera do Conhecimento, ela significa a porta que se abre entre o mundo das realidades divinas e o mundo das realidades físicas. Isso é o que leva muitos filósofos gnósticos a dizer que o conhecimento perfeito das coisas divinas não se dá por revelação, como quer a doutrina desenvolvida pelas religiões reveladas, mas pela experiência sensitiva ou pela meditação iniciática, que são os únicos meios de se obter Gnose, ou seja, iluminação. Nesse triângulo sefirótico, alguns arquétipos conformadores do espírito humano são projetados pelos Mestres Arcanjos. Por isso se diz que Gevurah, Chesed e Tiphered formam o chamado *Triângulo Ético* que as potências do céu desenvolvem para colocar ordem no universo. Ele atua no chamado plano astral, que é o mundo de Briáh, o Mundo Criativo, ou seja, o mundo da Criação, das formas arquetípicas, propriamente dito.

Severidade, Compaixão e Beleza são as três qualidades arquetípicas desenvolvidas nesse plano. Com efeito, esses três conceitos são fundamentais para o equilíbrio do universo moral que se pretende desenvolver nesse nível e projetar para o mundo seguinte, que é o mundo da Formação (Yetziráh). A Severidade, que também significa seriedade, ética, comprometimento, honestidade, moral, é inspiração pura que emana da sefirá Gevurah. Da mesma forma, a Compaixão, que também significa piedade, tolerância, compassividade, bondade, é forma moral arquetípica que emana da sefirá Chesed. E a Beleza, associada à sefirá Tiphered, também é sinônimo de arte, refinamento, aperfeiçoamento, enfim todas as qualidades que agradam ao espírito.

O Mundo de Briah

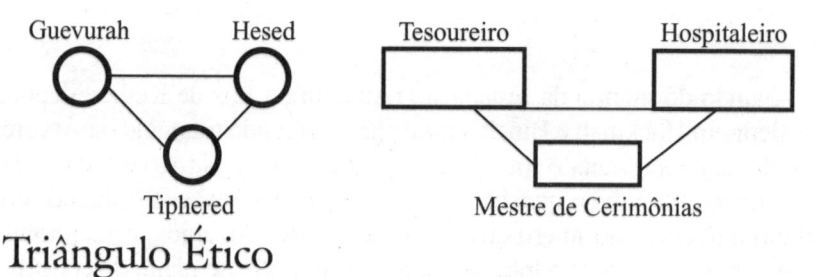

Triângulo Ético

Compreende-se, dessa forma, que os rituais maçônicos se refiram com tanta ênfase a essas formulações do Triângulo Ético nas passagens do Irmão pelos graus de perfeição filosóficos, como virtudes que devem ser emuladas para que ele chegue ao ápice da Escada de Jacó. Na Loja Simbólica essas três sefirot estão representadas pelo Tesoureiro (Gevurah), Hospitaleiro (Hesed) e Mestre de Cerimônias (Thiphereth). Gevurah está associada ao Tesoureiro por razões óbvias. De ninguém mais se exige tanta severidade no cumprimento de suas funções como a esse oficial. A ele se atribui naturalmente comprometimento, ética no trato com os recursos da Loja, honestidade a toda prova, seriedade e outras virtudes. Ele ali está como guardião e administrador dos valores financeiros da Irmandade. A função do Irmão Hospitaleiro é associada à sefirá Hesed pelo fato de esta esfera de emanação simbolizar o arquétipo Compaixão. Com efeito, é da função desse Irmão, nos trabalhos de Loja, que emanam as manifestações de compaixão, bondade, piedade, que devem fluir, naturalmente, dos corações dos membros da Loja, quando deles se requer ajuda e socorro aos necessitados. Essa é a função do Hospitaleiro, o Irmão que recolhe as contribuições da Congregação para aplicar nas obras de filantropia que a Loja patrocinar.

Por fim, a última sefirá desse triângulo, Tiphereth, está associada à função do Irmão Mestre de Cerimônias, por razões também muito óbvias. É esse oficial o encarregado de manter a ritualística dos trabalhos em Loja, laborando para que tudo corra na mais perfeita ordem. Na ordem e no cumprimento da liturgia programada pelo ritual está a beleza da seção. É a imagem visual da Arte Real que ali se expressa, pois, quanto mais à risca se cumpre o cerimonial, mais bela é a sessão, e mais ela alegra o espírito de quem dela participa.

Logo em seguida vem o triângulo formado pelas sefirot Hod (Reverberação, Reflexo), Netzach (Eternidade, Perenidade) e Yesod (Fundação, Estabelecimento). Na Árvore da Vida essas três sefirot formam o Triângulo da Confirmação, ou da realização efetiva da Vontade de Deus no mundo da realidade manifestada. Por isso se diz também que as esferas Hod, Netzach e Yesod significam, no plano das realidades cósmicas, a Glória (Hod) manifestada de Deus, a Vitória da sua Vontade (Netzach) e o Fundamento final dessa Vontade (Yesod), que se consumam na última sefirá, Malkuth, o Reino. Na planta do Templo Maçônico essas sefirot correspondem às funções do Primeiro Vigilante, do Segundo Vigilante e do Mestre de Harmonia, respectivamente. Na estrutura da Loja este é o chamado Triângulo da Confirmação.

O Mundo de Yetzirah

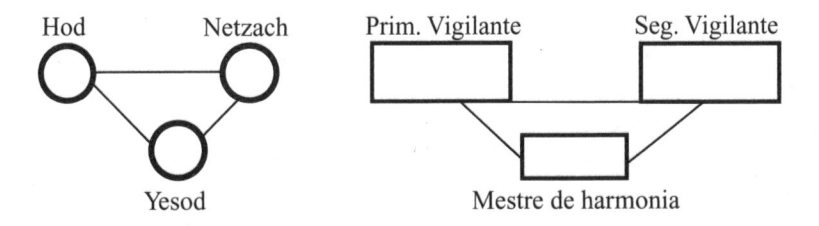

Hod   Netzach   Prim. Vigilante   Seg. Vigilante

Yesod   Mestre de harmonia

Triângulo da Confirmação

Como veremos, as virtudes que lhe são associadas, na Árvore da Vida, guardam perfeita correspondência com a função dos oficiais correspondentes nos trabalhos de Loja. Com efeito, a função dos Vigilantes é confirmar, no Ocidente, as emanações vindas do trono do Venerável, as quais, como vimos, são referendadas pelo Orador e registradas pelo Secretário. No Ocidente da Loja, elas são recepcionadas pelos Vigilantes, os quais as confirmam aos Irmãos do Ocidente, por meio das batidas rituais. Não é fortuita, portanto, a asserção de que aquilo que o Venerável decide, o Primeiro Vigilante estabelece e o Segundo confirma. E para confirmar a justiça e a perfeição dessas emanações, elas são associadas à música ambiente selecionada e proporcionada pelo trono do Mestre da Harmonia.

Na Árvore da Vida essas são, precisamente, as funções das sefirot Hod, Netzach e Yesod. Diz-se da sefirá Hod que ela representa o brilho da manifestação divina da terra. Isto é, ela reflete, no mundo real, a Luz de Deus, a sua Glória. Ela é Reverberação, Esplendor. Por isso, na planta da Loja ela está simbolizada no Primeiro Vigilante, cuja função reflete para o Ocidente as decisões que vêm do Trono do Venerável. É ele que, com as pancadas rituais, *estabelece* a decisão da Loja, razão pela qual sua coluna, a coluna B (Booz), é a que corresponde, no Templo de Salomão, à coluna da *Estabilidade*.

Nesse mesmo sentido, a sefirá Netzach corresponde, na planta da Loja Maçônica, ao Segundo Vigilante. Na Árvore da Vida, considerando o plano cósmico, Netzach significa eternidade, perenidade. No sentido formativo, essa sefirá nos dá também a ideia de vitória, sucesso, afirmação. Essa é a razão pela qual ela está associada à função do Segundo Vigilante na Loja, pois é justamente desse Oficial que saem as pancadas ritualísticas que *confirmam* as decisões emanadas do Oriente. Releva-se ainda o fato de sua coluna corresponder, no simbolismo do Templo de Salomão, à coluna J (Jakin), que na estrutura daquele Templo (um simulacro do próprio cosmo) correspondia à *Força*.

E, por fim, a nona séfira, Yesod, corresponde ao Mestre de Harmonia, na planta da Loja Maçônica. Essa analogia se faz em razão da própria função desse oficial nos trabalhos em Loja. Essa esfera, que simboliza o arquétipo harmonia, tem nesse Mestre o responsável pela música que acompanha os atos litúrgicos. Recorde-se de que, na tradição cabalística e na doutrina de Pitágoras, duas das mais fortes influências da Maçonaria, Deus faz o universo com as ferramentas do número (as combinações feitas com o Nome Inefável), da forma (a Geometria) e do som (a escala diatônica).

Fecha-se, dessa maneira, o círculo simbólico de distribuição da energia pelas funções dos oficiais da Loja, da mesma forma que na Árvore da Vida essa circulação se dá entre as sefirot.

Malkuth, o Cobridor Interno

E tudo se consuma em Malkuth, a última manifestação dessa energia, que é o mundo real propriamente dito. Malkut representa toda a matéria universal manifestada, ou seja, o Reino, o mundo material. Por isso, na Loja, ela está associada ao papel do Cobridor Interno, que é o guardião do Templo, pois somente por meio dele a realidade do mundo interior (o Templo) toma contato com o mundo de fora (o exterior) e vice-versa.

O Cobridor Interno é o guardião da porta de entrada do Templo, e tudo que sai de dentro dele, assim como o que entra, deve ser feito por esse oficial. Assim, ele é o contato entre o ambiente sagrado do Templo com o ambiente profano do exterior, da mesma forma que a sefirá Malkuth simboliza o mundo físico propriamente dito.

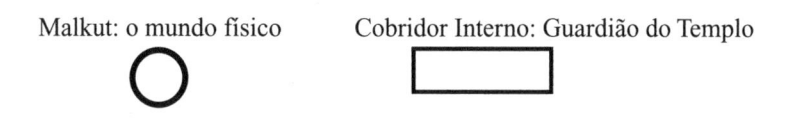

Malkut: o mundo físico   Cobridor Interno: Guardião do Templo

As demais ilações e *insights* que tal analogia possa inspirar ficam por conta da sensibilidade dos Irmãos. Só queremos lembrar, para aqueles que de fato conhecem o ritual maçônico em toda sua inteireza, que a Escada de Jacó é a representação alegórica do ensinamento contido no simbolismo da Arte Real, e que só pode considerar que a subiu até o fim aquele que vê, no fim dessa Escada, o Pentagrama Sagrado, Estrela Flamejante, que para a Cabala representa Kether, a sefirá número Um, designativa da primeira manifestação de Deus no mundo das realidades positivas.

Por isso, em todos os temas dos graus superiores, desde os primeiros graus chamados graus de Perfeição e Inefáveis, depois passando pelos Filosóficos e por fim pelos Administrativos, o que sempre se releva são temas cujo objetivo é acessar o inconsciente dos Irmãos para neles despertar emoções e sentimentos que estão armazenados no mais profundo de suas mentes, na forma de arquétipos. Essa é razão de esses ensinamentos serem, no mais das vezes, transmitidos na forma de símbolos, alegorias, figuras, lendas e outros modos de linguagem, que para muitos parecem incompreensíveis e, às vezes, até pueris.

Mas como todos os grandes Mestres sempre afirmaram, é nessa forma de linguagem que se hospeda a verdadeira sabedoria.

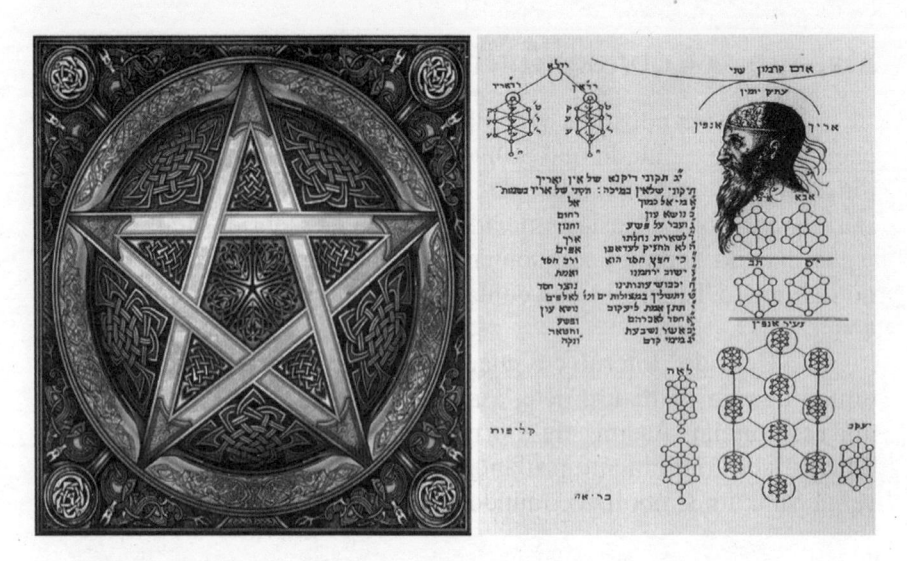

Nas imagens, símbolos do Pentagrama Sagrado e o diagrama do "Homem Universal, com suas correspondências na Árvore da Vida. Fonte: Wikipédia Foundation.

CONCLUSÃO

Chegamos ao fim do nosso estudo sobre as correspondências simbólicas existentes entre as tradições da Maçonaria e da Cabala. Terminamos com a conclusão de que a Loja Maçônica, em seu plano de trabalho, foi desenhada de forma a reproduzir o desenho da Árvore da Vida, que os mestres cabalistas usam para representar os planos de construção do universo por meio das emanações da energia divina.

Este é um estudo sobre simbolismo. Como todos os trabalhos que investigam esse campo minado do inconsciente humano, muitos dos pressupostos e especulações aqui colocados podem ser levados na conta de meros devaneios do autor.

Não nos aborreceremos se assim forem considerados. Guia-nos aqui uma proposição de George Sassoon, autor de um curioso livro chamado *The Ancient of Days: Deity Manna or Manna Machine?*,[258] no qual ele faz a bizarra afirmação de que o chamado "Ancião dos Dias", imagem figurativa que os cabalistas fazem de Deus, era, na verdade, uma máquina de fazer maná. O maná, como se sabe, é uma espécie de alimento que Deus fez cair do céu para alimentar o faminto povo de Israel, quando este, peregrinando pelo deserto, após ter saído do Egito, estava ameaçado de extinção pela fome.[259]

---

258. SASSOON, George; DALE, Rodney. "O Ancião dos Dias. Deidade ou Máquina de Maná?" *New Scientist*, p. 22-24, Apr. 1976.

259. Êxodo, 16.

Na verdade, segundo os estudiosos da ciência moderna, que veem nessa Gestalt produzida pelos cultores da Cabala uma antecipação das descobertas científicas atuais, o "Ancião dos Dias" nada mais é que a imagem de Deus no momento da criação do Universo, pois é nesse instante que ele cria o tempo e este, por ser de duração impossível de medir, foi associado aos antigos patriarcas bíblicos, cujo tempo de vida parecia ser interminável.

Isso tudo nos mostra quão longe a imaginação pode nos levar. Mas que não se veja nessa capacidade da mente humana qualquer atitude aberrante, determinada pela natural tendência que nós temos de, às vezes, tentar escapar da dura lógica que a vida diária nos obriga a cultivar. Como diz José Arnaldo em seu prefácio à edição brasileira da *Kabbalah Denudata* (*A Kabbalah Revelada*), publicada pela Madras Editora, a razão abriga apenas a verdade que ela pode acomodar. Por isso, as grandes descobertas da ciência não são feitas por cientistas e técnicos que *somente* trabalham diuturnamente nos laboratórios em busca de conhecimentos que eles sabem existir, mas ainda não dominam. As grandes verdades da ciência estão no inconsciente coletivo da humanidade, ou, como disse Platão, no mundo dos arquétipos, e esse mundo só pode ser acessado por quem não tem medo nem constrangimento de imaginar, de sonhar, de ousar pensar além dos limites da razão. Como diz Gershom Scholem em seu estudo sobre o simbolismo cabalístico, "os racionalistas podem criticar o misticismo, mas não podem negar a influência que os místicos exercem sobre a história humana". E a história dos povos se confunde com a história das religiões. E todas, como sabemos, têm seu lado místico, que lhes serve de base e fundamento. Isso quer dizer que não existe uma religião baseada unicamente em postulados racionais. Aliás, uma religião assim não seria religião, mas filosofia ou ciência.

Antes de qualquer prova é preciso imaginar o que pode ser. E, nesse sentido, como nas visões que a Gestalt nos proporciona, não adianta querer compreender o mundo por partes, somando apenas aquilo que se conhece. O mundo é muito mais que a soma das suas partes. Ele é o que é, e na sua maior parte não o conhecemos. E ainda é mais que isso, porque cada vez que o observamos ele se modifica com a nossa observação.

Como escreveu Borges em sua visão do Aleph, todo o universo que já foi, é, ou será, está contido em uma esfera de poucos centímetros de diâmetro.[260] Borges contemplou a sefirá Kether no momento em que

---

260. *O Aleph*, op. cit.

ela surgiu, no primeiro instante do tempo, e viu que nela o universo inteiro já estava contido. Por isso, na tradição cabalista, o Aleph, por ser a primeira letra do alfabeto hebraico, designa a célula *mater* do universo, na qual o mundo pode ser visto em suas vidas passadas, presente e futura.

Tudo que pode ser é. Isso quer dizer que a nossa imaginação não opera no vazio. Se a mente humana foi capaz de imaginar, é porque o objeto dessa imaginação existe. O que separa o louco do gênio é apenas uma questão de resultado.

A Cabala, tal como a Maçonaria, pode ser uma boa ferramenta de aperfeiçoamento moral e espiritual. Depende da forma como a vemos e usamos. Todo simbolismo é de interpretação subjetiva. As respostas não vêm do símbolo propriamente dito, mas da relação que o nosso inconsciente estabelece com ele. Querer dar uma interpretação lógica e unificada para um símbolo é loucura, pois todo símbolo é uma forma de Gestalt. A cada vez que olhamos para ele, uma nova conformação aparecerá em nossa mente. Assim, aquele que procura respostas na letra e na imagem que lhe são mostradas não encontrará na Cabala, nem na Maçonaria, nem em qualquer outra doutrina, uma satisfação para o seu desejo de saber, nem alimento substancioso para sua capacidade de imaginar.

Talvez seja por isso que, de tantos iniciados, só uns poucos sobem, com proveito, a Escada de Jacó, e contemplam, de fato, a Estrela Flamígera. Espero que você, meu Irmão, seja um deles e que este nosso incipiente estudo o ajude nessa jornada.

BIBLIOGRAFIA

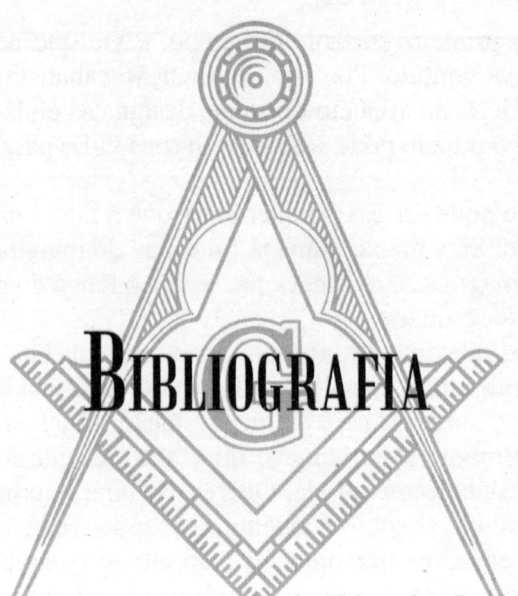

ALEXANDRIAN, Sarane. *História da Filosofia Oculta*. São Paulo: Martins Fontes, 1983.
AMBELAIN, Robert. *A Franco-Maçonaria*. São Paulo: Ibrasa, 1999.
ANATALINO, João. *Conhecendo a Arte Real*. São Paulo: Madras, 2007.
_____. *Mestres do Universo*. São Paulo: Biblioteca 24x7, 2010.
_____. *PNL para a Vida Diária. O Poder dos Arquétipos*. São Paulo: Madras, 2012.
_____. *O Tesouro Arcano*. São Paulo: Madras, 2013.
ANDERSON, James. *As Constituições*. São Paulo: Ed. Fraternidade, 1982.
BARSA. *Enciclopédia Britânica*. São Paulo: Planeta, s.d.
BENSON, Ariel. *O Zohar, Livro do Esplendor*. São Paulo: Sefer, 2004.
BERG, Michael. *O Caminho*: Usando a Sabedoria da Cabala para a Transformação e Plenitude Espiritual. Rio de Janeiro: Imago, 2001.
BERG, Yehuda. *O Poder da Cabala*. Rio de Janeiro: Imago, 2010.
BERGIER, Jacques; PAUWELS, Louis. *O Despertar dos Mágicos*. 26. ed. Rio de Janeiro: Bertrand Brasil, 1996.
BIALE, David. *A Cabala e Contra História*. São Paulo: Objetiva, 1982.
BÍBLIA HEBRAICA. Tradução de Jairo Fidlin e David Gorodovitz. São Paulo: Sefer, 2015.
BLAVATSKY, Helena P. *Síntese da Doutrina Secreta*. São Paulo: Pensamento, s.d.
_____. *Ísis sem Véu*. São Paulo: Pensamento, s.d. v. I a IV.

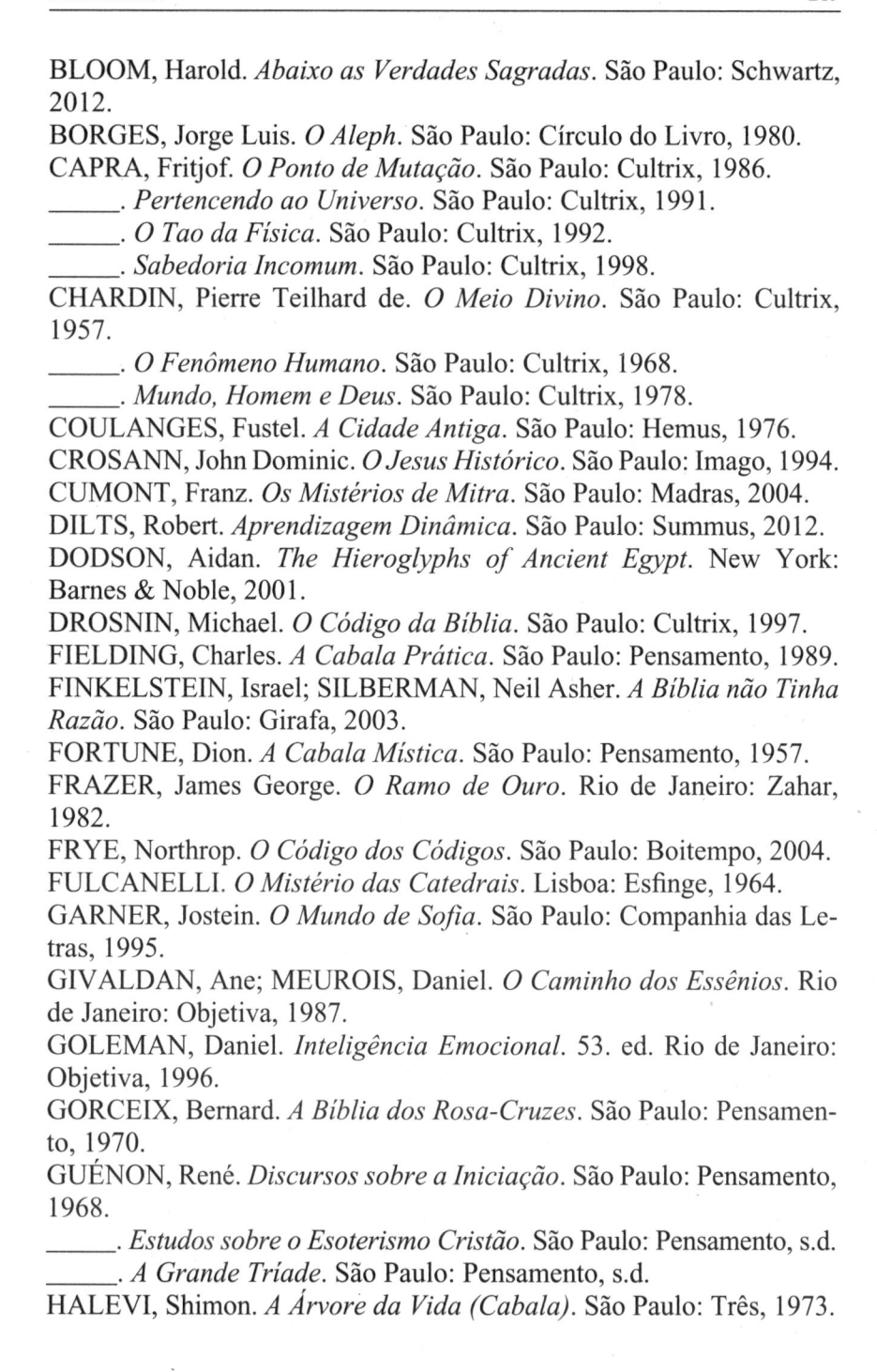

BLOOM, Harold. *Abaixo as Verdades Sagradas*. São Paulo: Schwartz, 2012.
BORGES, Jorge Luis. *O Aleph*. São Paulo: Círculo do Livro, 1980.
CAPRA, Fritjof. *O Ponto de Mutação*. São Paulo: Cultrix, 1986.
_____. *Pertencendo ao Universo*. São Paulo: Cultrix, 1991.
_____. *O Tao da Física*. São Paulo: Cultrix, 1992.
_____. *Sabedoria Incomum*. São Paulo: Cultrix, 1998.
CHARDIN, Pierre Teilhard de. *O Meio Divino*. São Paulo: Cultrix, 1957.
_____. *O Fenômeno Humano*. São Paulo: Cultrix, 1968.
_____. *Mundo, Homem e Deus*. São Paulo: Cultrix, 1978.
COULANGES, Fustel. *A Cidade Antiga*. São Paulo: Hemus, 1976.
CROSANN, John Dominic. *O Jesus Histórico*. São Paulo: Imago, 1994.
CUMONT, Franz. *Os Mistérios de Mitra*. São Paulo: Madras, 2004.
DILTS, Robert. *Aprendizagem Dinâmica*. São Paulo: Summus, 2012.
DODSON, Aidan. *The Hieroglyphs of Ancient Egypt*. New York: Barnes & Noble, 2001.
DROSNIN, Michael. *O Código da Bíblia*. São Paulo: Cultrix, 1997.
FIELDING, Charles. *A Cabala Prática*. São Paulo: Pensamento, 1989.
FINKELSTEIN, Israel; SILBERMAN, Neil Asher. *A Bíblia não Tinha Razão*. São Paulo: Girafa, 2003.
FORTUNE, Dion. *A Cabala Mística*. São Paulo: Pensamento, 1957.
FRAZER, James George. *O Ramo de Ouro*. Rio de Janeiro: Zahar, 1982.
FRYE, Northrop. *O Código dos Códigos*. São Paulo: Boitempo, 2004.
FULCANELLI. *O Mistério das Catedrais*. Lisboa: Esfinge, 1964.
GARNER, Jostein. *O Mundo de Sofia*. São Paulo: Companhia das Letras, 1995.
GIVALDAN, Ane; MEUROIS, Daniel. *O Caminho dos Essênios*. Rio de Janeiro: Objetiva, 1987.
GOLEMAN, Daniel. *Inteligência Emocional*. 53. ed. Rio de Janeiro: Objetiva, 1996.
GORCEIX, Bernard. *A Bíblia dos Rosa-Cruzes*. São Paulo: Pensamento, 1970.
GUÉNON, René. *Discursos sobre a Iniciação*. São Paulo: Pensamento, 1968.
_____. *Estudos sobre o Esoterismo Cristão*. São Paulo: Pensamento, s.d.
_____. *A Grande Tríade*. São Paulo: Pensamento, s.d.
HALEVI, Shimon. *A Árvore da Vida (Cabala)*. São Paulo: Três, 1973.

HAWKING, Stephen. *Uma Breve História do Tempo*. São Paulo: Círculo do Livro, 1989.
_____. *O Universo numa Casca de Noz*. São Paulo: Intrínseca, 2001.
HELLER, Ann Willians. *A Cabala, o Caminho da Liberdade Interior*. São Paulo: Pensamento, 1990.
HORNE, Alex. *O Templo do Rei Salomão na Tradição Maçônica*. São Paulo: Pensamento, 1998.
JOSEFO, Flávio. *Obra Completa*. Filadélfia: Kleger Publications, 1981.
JUNG, Carl Gustav. *Obras Completas*. São Paulo: Vozes, 2011.
KAPLA, Rabi Arieh. *Meditação e Cabala*. São Paulo: Sefer, 2012.
KHAYYAM, Omar. *Rubaiyat*. Tradução de Manuel Bandeira. Rio de Janeiro: Edições de Ouro, 1966.
KRISHNA. *Bhagavad Gita*. Tradução de Huberto Rohdein. 11. ed. São Paulo: Martin Claret, 1990.
KYOKAI, Bukio Dendo, Fundação. *A Doutrina de Buda*. Tóquio, s.d.
LAITMAN, Michael. *A Sabedoria Oculta da Cabala*. Ontário: Laitman Cabala Website Editores, s.d.
_____. *Cabala. Alcançando Mundos Superiores*. São Paulo: Planeta, 2006.
LAO-TSÉ. *Tao Te Ching*. São Paulo: Pensamento, 1986.
LAPERROUSSAZ, Ernest Marie. *Os Pergaminhos do Mar Morto*. São Paulo: Círculo do Livro, 1990.
LEAD BEATER, C. W. *Pequena História da Maçonaria*. São Paulo: Pensamento, 1997.
LEET, Leonora. *A Kabbalah da Alma*. São Paulo: Madras, 2006.
LÉVI, Eliphas. *As Origens da Cabala*. São Paulo: Pensamento, 1977 (13ª reimpressão em 2013).
MACKENZIE, Kenneth. *The Royal Masonic Cyclopaedia*. Londres: Ed. Aquarian Press, 1987.
MALLOVE, Eugene Franklin. *The Quickening Universe*. New York: St. Martin's Press, 1987.
MEIER, John. *Um Judeu Marginal*. São Paulo: Imago, 2001. v. III.
MELLO, Francisco Manuel de. *Tratado da Ciência da Cabala*. São Paulo: Imago, 1997.
NICHOLS, Sallie. *Jung e o Tarô*. São Paulo: Cultrix, 1980.
NICKELSBURG, George W. E. *Jewish Literature Between the Bible and the Mishnah*. 2. ed. Filadélfia: Fortress Press, 1981.
NIETZSCHE, Friedrich W. *Assim Falava Zaratustra*. São Paulo: Hemus, 1979.
_____. *O Anticristo*. Porto Alegre: L&PM Pocket, 2009.

OVASON, David. *A Cidade Secreta da Maçonaria*. São Paulo: Planeta, 2007.
PALOU, Jean. *A Franco-Maçonaria Simbólica e Iniciática*. São Paulo: Pensamento, 1964.
PAPUS, Dr. Gerard Encause. *O Que Deve Saber um Mestre Maçom*. São Paulo: Pensamento, s.d.
_____. *A Cabala*: Tradição Secreta do Ocidente. São Paulo: Pensamento, 2005.
PAUWELS, Louis; BERGIER, Jacques. *O Despertar dos Mágicos*. Rio de Janeiro: Bertrand Brasil, 1966.
PIKE, Albert. *Morals and Dogma*. Montana: Kessinger Publishing Co., 1992.
RAGON, J. M. *Ritual do Grau de Mestre*. São Paulo: Pensamento, 1964.
_____. *Ritual do Aprendiz Maçom*. São Paulo: Pensamento, s.d.
RITUAIS, Graus 1 a 33, editados pelo GOB.
ROGERS, Bernard. *Descobrindo a Alquimia*. São Paulo: Círculo do Livro, 1983.
ROSENROTH, Knorr von. *A Kabbalah Revelada*: Filosofia Oculta e Ciência. São Paulo: Madras, 2005.
RUYER, Raimond. *A Gnose de Princeton*. São Paulo: Cultrix, 1974.
SARTRE, Jean Paul. *A Náusea*. São Paulo: Círculo do Livro, 1986a.
_____. *O Ser e o Nada*. São Paulo: Círculo do Livro, 1986b.
SASSOON, George; DALE, Rodney. "O Ancião dos Dias. Deidade ou Máquina de Maná?" *New Scientist*, p. 22-24, Apr. 1976.
SCHOLEM, Gershom. *A Cabala e Seu Simbolismo*. São Paulo: Perspectiva, 2015.
SCHONFIELD, Hugh. *A Bíblia Estava Certa*. São Paulo: Ibrasa, 1964.
_____. *A Odisseia dos Essênios*. São Paulo: Mercuryo, 1984.
SEROUYA, Henry. *A Cabala*. Traduzido do francês: *La Kabbale*. Paris: Presses Universitaires de France, 1970.
SITCHIN, Zecharias. *O 12º Planeta*. São Paulo: Madras, 2012.
TRICA, Maria Helena. *Os Apócrifos da Bíblia*. São Paulo: Mercuryo, 1989.
URBANO JR., Helvécio de Resende. *Templo Maçônico*: dentro da Tradição Kabbalística "Sob a Luz do Sol da Meia-Noite". São Paulo: Madras, 2012.
VERLUIS, Arthur. *Os Mistérios Egípcios*. São Paulo: Círculo do Livro, 1998.

WATTS, Alan. *Tao, o Curso do Rio*. São Paulo: Ibrasa/Pensamento, 1989.
WEISS, Brian L. *Muitos Mestres, Muitas Vidas*. 30. ed. Rio de Janeiro: Sextante, 1998.
WHYBRAY, R. N. *The Making of the Pentateuch*: a Methodological Study. Sheffield: JSOT Press, 1987.
WITTGENSTEIN, Ludwig. *Tratado Lógico-Filosófico*. São Paulo: Edusp, 1954.
WRIGHT, Dudley. *Os Ritos e Mistérios de Elêusis*. São Paulo: Madras, 2004.
YATES, Frances. *Giordano Bruno e a Tradição Hermética*. São Paulo: Cultrix, 1964.
_____. *O Iluminismo Rosa-cruz*. São Paulo: Cultrix, 1967.